整合管理系列丛书
ZHENGHE GUANLI XILIE CONGSHU

主　编　冯　婕
副主编　余　蓉　汪嘉彬　董亚妮

市场培育与拓展

SHICHANG PEIYU YU TUOZHAN

西南财经大学出版社
Southwestern University of Finance & Economics Press

图书在版编目(CIP)数据

市场培育与拓展/冯婕主编. 一成都:西南财经大学出版社,2012.9
ISBN 978 - 7 - 5504 - 0825 - 8

Ⅰ.①市…　Ⅱ.①冯…　Ⅲ.①市场营销学　Ⅳ.①F713.50

中国版本图书馆 CIP 数据核字(2012)第 201187 号

市场培育与拓展

主　编:冯　婕
副主编:余　蓉　汪嘉彬　董亚妮

责任编辑:张　岚
封面设计:何东琳设计工作室
责任印制:封俊川

出版发行	西南财经大学出版社(四川省成都市光华村街55号)
网　址	http://www.bookcj.com
电子邮件	bookcj@foxmail.com
邮政编码	610074
电　话	028 - 87353785　87352368
照　排	四川胜翔数码印务设计有限公司
印　刷	四川森林印务有限责任公司
成品尺寸	185mm × 260mm
印　张	15.25
字　数	335 千字
版　次	2012 年 9 月第 1 版
印　次	2012 年 9 月第 1 次印刷
印　数	1— 2000 册
书　号	ISBN 978 - 7 - 5504 - 0825 - 8
定　价	29.80 元

序

市场的培育是从新产品开发就开始的，不是每一个渠道都需要由厂商自行去建立，维系和巩固既有的消费者而不是开拓新的目标消费群是企业最经济的营销之道，在成熟的市场上企业不是在卖产品而是在卖品牌……我们希望这本书能帮助正在或者将来会从事市场管理和营销策划的人士建立正确的市场观念，并且在短时间内知悉从产品开发到培育成长的每一个关键的成长点中可以采取的手段和策略。

本书以企业的产品培育成长过程为主线，从新产品开发程序与策略、消费者定位与开拓、忠诚消费者的培养、渠道管理、渠道拓展与渠道创新、促销及推广策略、市场竞争战略、品牌的塑造与品牌忠诚营销等方面进行了整合分析。

在我们对本科生进行教学，对企业市场营销人员进行培训的过程中，发现对已经具备了市场营销基本知识的学生和从业人员而言，虽然市场上有各种相关性的教材和书籍，但缺乏以一种更通俗更简明的形式把如上内容整合在一起，简明清晰地从新产品开发到品牌培育整个过程进行逻辑梳理，为后期的进阶阅读进行比较全面的营销知识铺垫的教材。而市场对这样的教材却有着很大的需求。

因此，我们以"实用、可操作"为编写原则，"通俗、精炼"为编写风格，针对经济管理、营销策划等相关专业，结合市场需求，在内容的设计上，宽基础、重实践，偏重指导阅读者的实际操作能力培养，增加读者分析问题和解决问题的能力。在栏目设置和写作风格上，充分运用图表、案例、延伸阅读等形式，使本书的结构层次分明，阅读更轻松。

2006 年以来，该教材的主要内容已在成都理工大学的相关专业本科生和对部分企业进行营销策划培训过程中使用，并根据学生的反映和教学情况进行调整修改，增进和更新了案例分析内容，强调了方法的运用，深受培养对象喜爱。本书可作为市场营销、广告推广、工商管理等专业的培训教材，也可作为从事市场营销、广告策划、企业管理等工作的人士的应用参考工具书。

本书由冯婕担任主编，余蓉、汪嘉彬、董亚妮担任副主编。各章节编写的具体分工如下：第一章，谢娟；第二章，陈晓；第三章，冯婕；第四章，董亚妮；第五章，王军、肖梁；第六章，汪嘉彬；第七章，汪嘉彬；第八章、第九章，余蓉；第十章，冯婕。

　　本书是四川省教育厅教育科学研究项目"地方院校工商管理专业培养模式研究"成果之一，并受到成都理工大学创新团队教育计划资助，在此一并表示感谢。

　　因时间紧迫和学术水平有限，本教材还存在不少需要完善的地方，希望广大师生和读者在使用过程中提出宝贵意见，以便进一步改进完善。

编　者

2012 年 7 月

目录

第一章
新产品开发程序与策略

小链接

　　宝洁公司始创于 1837 年，最初只是生产销售肥皂和蜡烛。1859 年，宝洁年销售额首次超过 100 万美元，公司员工发展为 80 人。1890 年，宝洁在 Ivorydale 工厂建立了一个分析实验室，研究及改进肥皂制造工艺，这是美国工业史上最早的产品开发研究实验室之一。公司的研究实验室和工厂一样繁忙。新产品一个接一个地诞生：象牙皂片（一种洗衣和洗碗碟用的片状肥皂）、CHIPSO（第一种专为洗衣机设计的肥皂）以及 CRISCO（第一种改变美国人烹调方式的全植物性烘焙油）。所有这些创新产品的产生都是基于对消费者需求的深入了解：公司以领先的市场调研方法研究市场，研究消费者。20 世纪初期，宝洁开始在辛辛那提以外设厂。1915 年，宝洁首次在美国以外的加拿大建立生产厂。

　　1931 年，宝洁公司创立了专门的市场营销机构，由一组专门人员负责某一品牌的管理，而品牌之间存在竞争。这一系统使每一品牌都具有独立的市场营销策略，宝洁的品牌管理系统正式诞生。1933 年，由宝洁赞助播出的电台系列剧"Ma Perkins"在全美播出，大受欢迎，"肥皂剧"也因此得名。1937 年，宝洁创立一百周年，年销售额达到 2.3 亿美元。

　　1946 年，宝洁推出被称做"洗衣奇迹"的汰渍（Tide）洗衣粉。汰渍采用了新的配方，洗涤效果比当时市场上所有其他产品都好。卓越的洗涤效果及合理的价格使汰渍于 1950 年成为美国第一的洗衣粉品牌。它的成功为宝洁积累了进军新产品系列以及新市场所需的资金。在汰渍推出后的几年里，宝洁开拓了很多新的产品。第一支含氟牙膏佳洁士得到美国牙防协会首例认证，很快就成为首屈一指的牙膏品牌。宝洁的纸浆制造工艺促进了纸巾等纸制品的发展，宝洁发明了一次性的婴儿纸尿片，并于 1961 年推出帮宝适。宝洁原有业务的实力不断加强，同时开始进军其他市场。最重要的举措是 1961 年收购 Folger's 咖啡，以及推出第一种织物柔顺剂 Downy。

　　为拓展全球业务，宝洁开始在墨西哥、欧洲和日本设立分公司。到 1980 年，宝洁在全世界 23 个国家开展业务，销售额直逼 110 亿美金，利润比 1945 年增长了 35 倍。1980 年，宝洁已发展成为全美最大的跨国公司之一。1988 年，宝洁在广州成立了在中国的第一家合资企业——广州宝洁有限公司，从此开始了宝洁投资中国市场的历程。目前，宝洁公司已陆续在广州、北京、上海、成都、天津等地设立了十几家合资、独资企业。通过收购 Norwich Eaton 制药公司（1982），Recherdson - Vicks 公司（1985），宝洁开始活跃于个人保健用品行业；通过 20 世纪 80 年代末 90 年代初收购 Noxell、Max Factor、Ellen Betrix，宝洁在世界化妆品和香料行业扮演着重要角色。这些收购项目也加快了宝洁全球化的进程。为了充分发挥跨国公司的优势，宝洁建立了全球性的研究开发网络，其研究中心遍布美国、欧洲、日本、拉美等地。2001 年，宝洁公司从施贵宝公司收购了全球染发、护发领导品牌伊卡露系列。2003 年，宝洁收购了德国威娜公司。

目前宝洁是世界上最大的日用消费品公司之一，拥有众多深受信赖的优质、领先品牌，包括玉兰油、SK - Ⅱ、潘婷、飘柔、海飞丝、沙宣、伊卡璐、威娜、舒肤佳、吉列、博朗、护舒宝、佳洁士、欧乐 - B、帮宝适、汰渍、兰诺、碧浪、金霸王、品客等品牌产品。宝洁的全球雇员近 10 万，在全球 80 多个国家设有工厂及分公司，所经营的 300 多个品牌的产品畅销 160 多个国家和地区。在《财富》杂志 2009 年评选出的全球 500 家最大工业/服务业企业中，宝洁排名第 68 位；在 2010 年《财富》杂志公布的"2010 年全球最受尊敬企业"排名中位列榜单第六位。

资料来源：宝洁网站（http://www.pg.com.cn/）等，其内容经过了编者整理。

从宝洁的发展历程中，我们看见了资本运作的影子，看见了营销的魔力，更看见了产品开发之于企业发展的重要性。

我们必须认识到，一个企业一定是以提供产品作为其存在的前提条件。企业要生存，必须要市场接受其产品、消费者购买其产品。可以说，企业的生命力在于产品，成功开发出新产品是企业在市场中生存发展的根本。当今世界，消费者的需求复杂多变，企业间的竞争日益激烈，这些都迫使企业在产品方面要不断推陈出新。所以说，企业的产品又魂系开发。无数的企业在新产品开发过程中或有成功经验或有失败教训，这些都值得所有企业学习和借鉴。在新产品开发过程中，采取有针对性的新产品开发策略，遵循科学的开发程序，有效地组织和实施开发活动，可以大大降低开发失败的风险。

第一节　产品及新产品概述

一、产品整体概念（TPC）

人们通常说到产品，想到的就是看得见、摸得着的东西，是某种特定物质形状和用途的物品。但在现代社会，这已经被视为对产品的一种狭义理解。市场营销学认为，广义的产品是指人们通过购买而获得的能够满足某种需求和欲望的有形物品和无形服务的总和；

它既包括具有物质形态的实体，又包括非物质形态的利益。这种理解就是所谓的"产品整体概念"（Total Product Concept）。

产品整体概念依次经历了三层次和五层次两种层次结构学说，应该说这是一个渐进的发展和完善过程。三层次结构说认为整体产品应该包含核心产品、形式产品、附加产品三个层次。1994 年，P. 科特勒在《市场管理：分析、计划、执行与控制》一书的修订版中，将产品概念的内涵由三层次结构说扩展为五层次结构说。产品整体概念包括核心产品、形式产品、期望产品、附加产品和潜在产品五个层次，如图 1.1 所示。

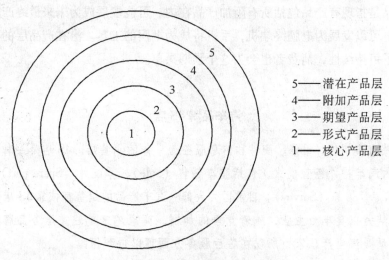

5——潜在产品层
4——附加产品层
3——期望产品层
2——形式产品层
1——核心产品层

图 1.1　产品整体概念的五个层次

核心产品也称实质产品，是指消费者购买某种产品时所追求的利益，是顾客真正要买的东西，因而在产品整体概念中也是最基本、最主要的部分。核心产品只是一个抽象的概念。消费者购买某种产品，并不是为了占有或获得有形产品本身，而是为了获得经由有形产品而实现的某种需要的效用或利益。

如人们买衣服主要是为了御寒，买面包主要是为了充饥，买房子主要是为了遮蔽风雨，买汽车主要是为了代步，买化妆品则是希望美丽、体现气质、增加魅力，接受治疗是为了恢复健康。因此，企业在开发产品、宣传产品时应明确地确定产品能提供的根本利益，这样产品对消费者才会具有吸引力。

形式产品是核心产品的承载体，是产品的基本效用得以实现的形式，即向市场提供的实体和服务的形象。两者之间的关系可以说就是内容和形式的关系。如果形式产品是实体物品，则它通常表现为品质、式样、特征、品牌及包装等。如果形式产品是服务，则通常表现为一系列的行为过程。

期望产品是指购买者在购买某种产品时期望得到的与产品密切相关的一套属性和条件，如购买的东西便于携带、购物时就近方便、购买的产品是名牌成品等。期望产品使消费者基于核心产品得以实现的利益更加充分和完善。

附加产品是顾客购买产品时所获得的全部附加服务和利益，包括提供信贷、免费送货、保证、安装、售后服务等。附加产品的概念来源于对市场需要的深入认识。因为购买者的目的是为了满足某种需要，因而他们希望得到和满足与该项需要有关的其他一切。

由于产品的消费是一个连续的过程，消费者不仅需要企业售前宣传产品，获取信息，售中企业提供方便，获得快捷，更需要企业保障售后产品能持久、稳定地发挥效用。可以预见，随着市场竞争的日趋激烈和用户要求不断提高，附加产品将会越来越成为企业竞争获胜的重要手段。

潜在产品是指现有产品包括所有附加产品在内、可能发展成为未来最终产品的潜在状态。例如彩电可以发展为电脑终端机，手机将成为上网的工具。潜在产品层的存在，使产品本身具有了可持续性，消费者也会为这个预期买单。

小链接

汽车品牌 4S 店

4S 店是集汽车销售、维修、配件和信息服务为一体的销售店。4S 店是一种以"四位一体"为核心的汽车特许经营模式，包括整车销售（Sale）、零配件（Spare part）、售后服务（Service）、信息反馈等（Survey）。目前国内大部分汽车产品的销售都依靠 4S 店销售渠道。

以前 4S 店是以卖车为主业，随着竞争的加剧，商家越来越注重服务品牌的建立，而且 4S 店的后盾是汽生产厂家，所以在售后服务方面可以得到保障。

由于 4S 店一般只针对一个厂家的系列车，因为有厂家的系列培训和技术支持，所以对车的性能、技术参数、使用和维修方面都非常专业，做到了"专而精"。

4S 店同时有一完整的客户投诉、意见、索赔的管理制度，必须承担为客户解决困难的责任，因此在客户中拥有很高的信誉度。

4S 店让车主真正的享受到"上帝"的感觉，累了有休息室，渴了有水喝，无聊可以看报刊、上网，如果急着用车还有备用车供你使用，整个流程有专门的服务人员为你打理，不用自己操心就完成汽车相关业务。

资料来源：汽车消费网，http://inf.315che.com/news/78622.htm，内容有改编。

产品整体概念是对市场经济条件下产品概念的完整、系统、科学的表述。它对企业培育和拓展市场具有重要的意义，可以断言，不懂得产品整体概念的企业不可能真正贯彻市场营销观念。在产品整体概念的各个层次上，企业都可以形成自己的特色，从而与竞争产品区别开来。企业要在激烈的市场竞争中取胜，就必须致力于创造自身产品的特色。企业只有通过产品多层次的最佳组合才能确立其产品的市场地位。

二、新产品的含义及类型

产品寿命周期理论对于我们准确认识新产品很有启发。一般来说，对新产品的界定可以从企业、市场和技术三个角度进行。对企业而言，第一次生产销售的产品都叫新产品；对市场来讲则不然，只有第一次出现的产品才叫新产品；从技术方面看，在产品的原理、结构、功能和形式上发生了改变的产品叫新产品。营销学的新产品包括了前面三者的成分，但更注重消费者的感受与认同，它是从产品整体概念的角度来定义的。凡是产品整体概念中任何一部分的创新、改进，能给消费者带来某种新的感受、满足和利益的相对新的或绝对新的产品，都叫新产品。除包含因科学技术在某一领域的重大发现所产生的新产品外，新产品还包括：在生产销售方面，只要产品在功能或形态上发生改变，与原来的产品产生差异，甚至只是从原有市场进入新的市场的产品，都可视为新产品；在消费者方面，则是指能进入市场给消费者提供新的利益或新的效用而被消费者认可的产品。

通常新产品可分为全新型、模仿型、改进型、形成系列型、降低成本型和重新定位型六种类型。

（1）全新型新产品是指应用新原理、新技术、新材料，具有新结构、新功能的产品。该新产品在全世界首先开发，能开创全新的市场。

（2）模仿型新产品是企业对国内外市场上已有的产品进行模仿生产，称为本企业的新产品。

（3）形成系列型新产品是指在原有的产品大类中开发出新的品种、花色、规格等，从而与企业原有产品形成系列，扩大产品的目标市场。

（4）改进型新产品是指在原有老产品的基础上进行改进，使产品在结构、功能、品质、花色、款式及包装上具有新的特点和新的突破。改进后的新产品，其结构更加合理，功能更加齐全，品质更加优质，能更好地满足消费者不断变化的需要。

（5）重新定位型新产品指企业的老产品进入新的市场而被称为该市场的新产品。

（6）降低成本型新产品是以较低的成本提供同样性能的新产品，主要是指企业利用新技术，改进生产工艺或提高生产效率，削减原产品的成本，但保持原有功能不变的新产品。

小链接

产品生命周期理论

产品生命周期（Product Life Cycle），简称PLC，是产品的市场寿命，即一种新产品从开始进入市场到被市场淘汰的整个过程。产品和人的生命一样，要经历形成、成长、成熟、衰退这样的周期。就产品而言，也就是要经历一个开发、引进、成长、成熟、衰退的阶段。这个周期在不同技术水平国家里，其发生的过程和时间是不一样的，存在着较大的差距和时差。

典型的产品生命周期一般可以分成四个阶段，即介绍期（或引入期）、成长期、成熟期和衰退期。

（1）介绍期（引入期）。这是指产品从设计投产直到投入市场进入测试阶段。此时产品品种少，顾客对产品还不了解，除少数追求新奇的顾客外，几乎无人实际购买该产品。生产者为了扩大销路，不得不投入大量的促销费用，对产品进行宣传推广。该阶段由于生产技术方面的限制，产品生产批量小，制造成本高，广告费用多，产品销售价格偏高，销售量极为有限，企业通常不能获利，反而可能亏损。

（2）成长期。成长期是产品经过引入期，销售取得成功的阶段。产品通过试销效果良好，购买者逐渐接受该产品，在市场上站住脚并且打开销路，需求量和销售额迅速上升，生产成本大幅度下降，利润迅速增长。与此同时，竞争者看到有利可图，也纷纷进入市场参与竞争，使同类产品供给量增加，价格随之下降，企业利润增长速度逐步减慢，最后达到生命周期利润的最高点。

（3）成熟期。这是指产品进入大批量生产并稳定地进入市场销售、市场需求趋于饱和的阶段。此时，产品普及并日趋标准化，成本低而产量大，销售增长速度缓慢直至转而下降。由于竞争的加剧，同类产品生产企业之间不得不加大在产品质量、花色、规格、包装服务等方面的投入，一定程度上增加了产品成本。

（4）衰退期。随着科技的发展以及消费者消费习惯的改变，市场上会出现其他性能更好、价格更低的新产品，足以满足消费者的需求，产品在市场上开始老化，不能适应市场需求，销售量和利润持续下降，产品进入淘汰阶段。此时成本较高的企业就会由于无利可图而陆续停止生产，该类产品的生命周期陆续结束，以至完全撤出市场。

资料来源：MBA智库百科（wiki. mbalib. com/wiki）产品生命周期理论，内容有改编。

美国 BA&H 管理咨询公司对美国 700 家公司在 1979—1984 年间投入市场的新产品的分类情况进行了调查，具体情况如图 1.2 所示：[①]

高 对公司的新颖程度 低	模仿型 20%	全新型 10%
	改进型 26%	形成系列型 26%	
	降低成本型 11%	重新定位型 7%	

低　　　　　　　　　　对市场的新颖程度　　　　　　　　高

图 1.2　新产品的分类和比重

---

① 资料来源：罗伯特·G. 库伯. 新产品开发流程管理［M］. 3 版. 北京：电子工业出版社，2010：12.

开发新产品对于企业的意义是不言而喻的，它使企业能够更好地满足人们日益增长的需求，提升企业的竞争实力，提高企业经济效益，保障企业的生存和发展。上述统计数据告诉我们，上市的新产品中大约四分之三都可归入由现有产品改进而产生的新产品。因此，无论哪类企业都应重视从现有产品的改进中去开发新产品。但是企业在开发新产品的同时，必须要从企业实际出发确定开发方向和类型，根据市场需要来开发适销对路的新产品。

第二节　新产品开发程序

一、新产品开发的线性程序

中国的很多企业往往仅将新产品开发工作看成一项技术活动。而国外的企业比较早地将其和营销、财务等活动结合起来，从而提高了新产品开发的成功率。新产品开发是一项极其复杂的工作，从根据用户需要提出设想到正式生产产品投放市场为止，其中经历了许多阶段，这些阶段之间互相制约、互相促进、涉及面广、科学性强。要使产品开发工作协调、顺利地进行，必须要按照一定的程序开展工作。由于行业的差别和产品的不同特点，特别是因为选择产品开发方式的不同，新产品开发所经历的阶段和具体内容并不完全一样。通常这个过程将经过如图 1.3 所示的八个阶段，即寻求创意、创意筛选、概念开发和测试、制定营销战略、商业分析、产品开发、市场试销、商业化。这种线性程序常常被看做开发新产品的标准模式。

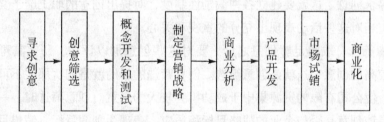

图 1.3　新产品开发的过程

小链接

将客户的需求融入到新产品开发中

位于美国缅因州的 L. L. Bean 公司是世界著名的生产和销售服装及户外运动装备的企业。为顾客着想，倾听顾客意见，这些源于创始人 L. L. Bean 的企业理念始终主导公司的行为，也贯穿于新产品开发的过程中。

当 L. L. Bean 公司准备开发一项新产品时，它首先要做的是了解顾客的真实感受。由公司里不同部门人员组成的产品开发小组将产品开发的过程列出详细的计划，并向真正有大量类似产品使用经历的顾客介绍情况。这些顾客是根据他们的户外活动经历和坦率程度挑选出来的。选定对象以后，开发人员对这些顾客进行访谈。每支面谈队伍将会使用同样一组广泛的、开放式问题来探究户外活动者的世界，其目的是想知道各种户外活动的环境到底是什么样子。当结束一次面谈的时候，小组会尽快详细回顾并整理面谈内容，找出那些关键的、印象深刻的描述来。

所有的面谈结束后，整个开发团队进入隔离阶段，集中研究顾客需求，努力将顾客的语言翻译成一连串关于新产品要满足的需求。由于太多的需求可能导致产品无法设计出来，团队采取投票的方法将需求按重要性排列。最后，数量有限的几个需求组形成。封闭会议结束的时候，产品开发团队开发出了一份列有最终顾客需求的总结报告。这个总结是对顾客世界的需求的共识，并将指导团队对新产品的设计。

资料来源：根据汪立耕《案例：将客户的需求融入到新产品开发中》一文内容改编，网址为 http://qkzz.net/article/c698091b-5890-4fab-95de-715697e67fcd.htm。

（1）寻求创意。新产品开发过程是从寻求创意开始的。所谓创意，就是开发新产品的设想。虽然并不是所有的设想或创意都可变成产品，寻求尽可能多的创意却可为开发新产品提供较多的机会。所以，现代企业都非常重视创意的开发。新产品创意的主要来源有顾客、科学家、竞争对手、企业推销人员和经销商、企业高层管理人员、市场研究公司、广告代理商等。除了以上几种来源外，企业还可以从大学、咨询公司、同行业的团体协会、有关的创刊媒介那里寻求有用的新产品创意。一般说来，企业应当主要靠激发内部人员的热情来寻求创意。这就要建立各种激励性制度，对提出创意的职工给予奖励，而且高层主管人员应当对这种活动表现出充分的重视和关心。

（2）创意筛选。取得足够创意之后，要对这些创意加以评估，研究其可行性，并挑选出可行性较高的创意，这就是创意筛选。创意筛选的目的就是淘汰那些不可行或可行性较低的创意，使公司有限的资源集中于成功机会较大的创意。创意筛选时，一般要考虑两个因素：一是该创意是否与企业的战略目标相适应，表现为利润目标、销售目标、销售增长目标、形象目标等几个方面；二是企业有无足够的能力开发这种创意。这些能力表现为资金能力、技术能力、人力资源、销售能力等。

（3）概念开发和测试。经过筛选后保留下来的产品创意还要进一步发展成为产品概念。在这里，首先应当明确产品创意、产品概念和产品形象之间的区别。所谓产品创意，是指企业从自己角度考虑的、能够向市场提供的可能产品的构想。所谓产品概念，是指企业从消费者的角度对这种创意所作的详尽的描述。而产品形象，则是消费者对某种现实产品或潜在产品所形成的特定形象。产品概念形成后，必须向适当的目标消费者介绍，研究他们的反应。

（4）制定市场营销战略。形成产品概念之后，需要制定市场营销战略。企业的有关人员要拟定一个将新产品投放市场的初步的市场营销战略报告书。报告书由三个部分组成：①描述目标市场的规模、结构、行为、新产品在目标市场上定位，头几年的销售额、市场占有率、利润目标等。②略述新产品的计划价格、分销战略以及第一年的市场营销预算。③阐述计划长期销售额和目标利润以及不同时间的市场营销组合。

（5）营业分析。在新产品开发过程的这一阶段，企业市场营销管理者要复查新产品将来的销售额、成本和利润的估计，看看它们是否符合企业的目标。如果符合，就可以进行新产品开发。

（6）产品开发。如果产品概念通过了营业分析，研究与开发部门及工程技术部门就可以把这种产品概念转变成为产品，进入试制阶段。只有在这一阶段，文字、图表及模型等描述的产品设计才变为确实的物质产品。

（7）市场试销。如果企业的高层管理对某种新产品开发试验结果感到满意，就着手用品牌名称、包装和初步市场营销方案把这种新产品装扮起来，把产品推上真正的消费者舞台进行试验。其目的在于了解消费者和经销商对于经营、使用和再购买这种新产品的实际情况以及市场大小，然后再酌情采取适当对策。市场试验的规模决定于两个方面：一是投资费用和风险大小，二是市场试验费用和时间。总的来说，市场试验费用不宜在新产品开发投资总额中占太大比例。

（8）批量上市。经过市场试验，企业高层管理者已经占有了足够信息资料来决定是否将这种新产品投放市场。如果决定向市场推出，企业就需再次付出巨额资金：一是购买或租用全面投产所需要的设备形成生产能力，二是进行大量的市场营销活动。在这里，工厂规模大小是至关重要的决策，很多公司慎重地把生产能力限制在所预测的销售额内，以免新产品的盈利收不回成本。

图1.4是罗伯特·G. 库伯（Robert . G. Cooper）设计的阶段门模型的简略图①。该模型明确标示出新产品开发的各个环节，但在中间加入了一系列的"门"（gate，简记为"G"），每一个门都是一个决策点。一个新产品必须通过这些审核点才能成功地完成从最初的设想到最终产品的历程。

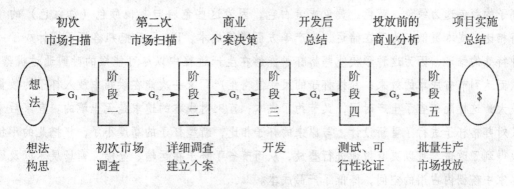

图1.4　新产品开发的阶段门模型

①　资料来源：根据康拉德·贝伦森等的《新产品开发》（2 版. 北京：中国人民大学出版社，2003：5－7.）结合罗伯特·G. 库伯的《新产品开发流程管理》（3 版. 北京：电子工业出版社，2010：108－119.），有改编。

由于消费品和工业品的复杂程度不同，它们的新产品开发过程并不一定都非经历八个细分阶段不可，细分阶段的前后次序也可能根据不同产品有所调整。但是，无论是消费品还是工业品，其概念、样品、商业化三大开发阶段则是共同的，缺一不可，并有严格的顺序。

二、新产品协同开发模式

由于市场需求的复杂多变，产品的生命周期越来越短，这就要求企业在开发新产品时必须尽可能地缩短产品开发周期。同时，企业开发出来的产品要能成功上市，不仅产品本身要满足消费者的质量功能要求，而且其价格既应在消费者接受的范围内，又要能给企业带来期望的利润。而这些要求往往是线性的标准开发模式无法解决的。新产品协同开发模式恰好可以适应这些要求。它将产品开发过程中的各个活动视为统一的整体，从全局优化的角度出发，对产品开发过程实施系统化的管理和监控，其关键是产品开发过程的重组和并行化。

小链接

低价格思想贯穿宜家产品设计始终

在宜家有一种说法："我们最先设计的是价签"，即设计师在设计产品之前，宜家就已经为该产品设定了比较低的销售价格及成本，然后在这个成本之内，尽一切可能做到精美、实用。以邦格杯子的设计为例，生产员 Pia 在 1996 年接到设计一种新型杯子的任务，她同时还被告知这种杯子在商场应出售的价格必须低得惊人——只有 5 个瑞典克朗。也就是说，在设计之前，宜家就确定这种杯子的价格必须能够真正击倒所有竞争对手。为了以低成本生产出符合要求的杯子，Pia 与同事必须充分考虑材料、颜色和设计等因素，如：杯子的颜色选为绿色、蓝色、黄色或者白色，因为这些色料与其他颜色（如红色）的色料相比，成本更低；为了在储运、生产等方面降低成本，Pia 最后把邦格杯子设计成了一种特殊的锥形，因为这种形状使邦格杯子能够在生产过程中以尽可能短的时间通过机器，从而达到节省成本的效果；邦格杯子的尺寸使得生产厂家一次能在烘箱中放入杯子的数量最大，这样既节省了生产时间，又节约了成本；宜家对成本的追求是无止境的。宜家后来又对邦格杯子进行了重新设计，与原来的杯子相比，新型杯子的高度小了，杯把儿的形状也得到了改进，可以更有效地进行叠放，从而节省了杯子在运输、仓储、商场展示以及顾客家中碗橱内占用的空间，降低了产品成本。

资料来源：根据《宜家设计经验谈》一文内容改编。网址：http：//liaozhai. pujia. com/thread－332508－1. html。

新产品协同开发模式如图1.5模型所示①。协同开发的核心问题是网络支持的"共享环境"、"共同任务"、"协同任务"和"软件共享"等。协同开发模型描述了产品、团队、设计过程和资源之间的关系。

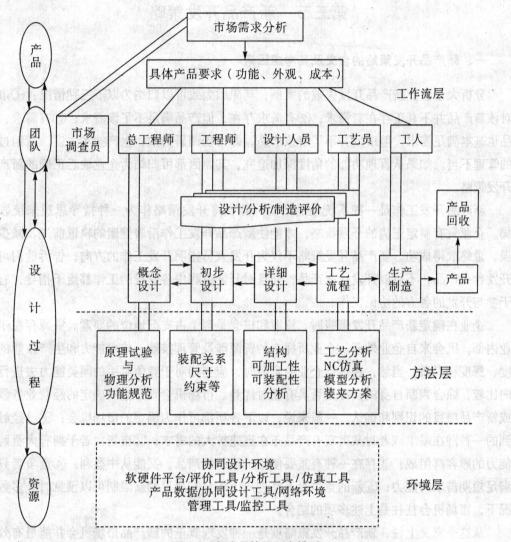

图1.5 新产品协同开发模型

产品是联系各个方面的纽带，它是根据市场调查提供的调研报告制定出来的开发任务。设计过程是协同开发的核心，它仍然遵循线性开发模式的基本程序，但从一开始它就受到企业自身条件和产品性质的约束，并将产品应用领域、产品的成本、产量的规模和原材料的来源等作为限制条件。设计过程强调根据产品的特点选定相应的设计方法，考虑整个设计过程中相关活动之间的相互关联和影响，并且动态地适应开发过程中的变化。团队

① 资料来源：任君卿，等. 新产品开发 [M]. 2 版. 北京：科学出版社，2009：29.

是设计过程的执行者。团队成员既有分工，更有合作，在同一领域和不同领域之间利用网络的便捷性实现信息的交互，使用各种环境资源实现协同开发。

第三节 新产品开发策略

一、新产品开发策略的含义及其考虑因素

分析大量企业新产品开发失败的案例，其原因大致可以归纳为以下三种情况：①市场对该新产品并不真正存在着需求；②有需求存在，但产品满足不了该需求；③有需求，产品也基本满足需求，但市场并不了解该产品，即市场调研失败，生产技术失误，营销过程的管理不当。如果从管理功能的角度深加追究，其原因都可归结为企业缺乏正确的新产品开发策略。

新产品开发工作是一种系统性的活动，需要将开发策略作为一种指导思想来统领全局。企业只有制定正确的开发策略，才能使新产品开发工作沿着健康的轨道前进，减少失误，最终取得成功。新产品开发策略不仅为开发人员指明开发工作的方向，告诉他们可以开发什么产品，不可以开发什么产品，而且对开发过程中各阶段的工作都给予指导，有利于参与开发的各方的协调工作。

企业在确定新产品开发策略时，资源和机会是两个占支配地位的要素。资源存在于企业内部，机会来自企业外部。企业所拥有的资源涉及管理技能、技术能力和生产技能的广度、深度和素质。当然，在估计企业的资源时，应当相对于竞争对手的同类能力去进行横向比较，综合判断自身的资源是否具有相对优势。市场机会则是指对确定的经营业务领域或新产品项目的识别和确认。一般来说，以下各项都可作为确定的市场机会：①已经触及到的一种潜在需求或者对某类现有产品正在迅速扩大的需求；②市场由若干拥有大量购买能力的顾客群组成；③存在一种有重要使用价值的新产品，又能从中盈利；④竞争者只有满足短期需求的能力；⑤新的竞争者不易进入市场；⑥严重的新限制可以预见时。多数情况下，市场机会往往是上述多项的结合。

从这个意义上说，新产品开发策略就是一种发现真正的新产品市场机会并能最有效地利用企业资源的指南。

二、新产品开发策略的类型

目前，很多的理论分析中新产品开发策略分类混乱，造成实践中策略选择的盲目，究其原因，乃是分类所依据的标准混杂。

现代产品管理理论认为，新产品开发策略至少要包含对以下四个方面的描述：

（1）产品类型和目标市场；

（2）新产品开发的目标；

（3）取得上述目标的基本途径；

（4）开发过程的协调与控制的基本原则。

从新产品开发策略的含义来看，这四个方面较好地表述了策略的全貌，可以发挥其应有的作用。

这四项内容中任何一项的变化都可能形成一种不同的开发策略。其中每一项又都可以设立出若干不同的子项目标准。因此，以不同的项目或标准来划分，就会有不同的新产品开发策略。表1.1列举了常见的一些开发策略。此外，以产品准备进入的档次、品质优劣的程度和产品品牌的形象等仍可列出许多不同的开发策略。

表 1.1　　　　　　　　　　　　常见新产品开发策略类型

划分依据	划分的具体标准	策略类型
产品和市场	产品技术与市场组合状况	技术驱动策略
		市场驱动策略
		技术市场双驱动策略
开发目标	企业成长程度的目标	迅速增长策略
		有限增长策略
		维持性策略
		防止过快衰退策略
	希望取得的市场地位的目标	争取新市场机会的策略
		寻求新市场份额的策略
		保住市场占有率的策略
		扩大市场占有率的策略
开发途径	市场营销为基础的开发来源	改进竞争产品策略
		产品重新定位策略
		扩展产品线策略
		改进本企业产品的品牌与包装策略
	应用于产品的适用技术的来源	基础研究
		应用技术研究
		开发研究与工艺改进
	新产品将实施的革新程度	开拓型策略
		采用型策略
		模仿型策略
	以技术为基础的开发来源	自主开发策略
		联合研制策略
		购买产品生产许可证或专利策略
		企业兼并策略
协调控制	掌握开发时机和艺术	抢先策略
		迅速反应策略
		后进策略

事实上，这些类型之间往往有一定的关联性。任何一种新产品开发策略的拟定都会涉及上述各项标准中的大多数标准，而每一划分标准之下又有若干不同选择的可能性。按照排列组合计算，即使除去其中的重复部分，仍可以得出数百种的开发策略方案。在研究新产品开发策略、选择和拟定企业具体的开发策略的类型时，必须做好以下两个方面的工作：

（1）找出拟定新产品开发策略时至关重要的决定因素，并对其不同的选择方案进行比较。如果解决了主要因素的权衡和取舍，其他的相关因素的选择往往可以随之解决。

经验证明，企业在拟定新产品开发策略时，最重要的是要处理好四个关系：①以市场为中心或以生产技术为中心；②以创新为主或以应用、模仿为主；③自主开发还是联合开发；④开发全新产品为主还是改进现有产品为主。

（2）必须对可能形成的多种开发策略进行综合分析，以便对可以选择的策略方案有一个比较清楚的整体认识和准确判断。当然这并不是一件轻而易举就能取得一致看法的事情。

三、新产品开发策略的概括

不同组合的新产品开发策略可以归纳为三种基本类型：

（1）维持强化型策略。该策略也叫防卫性策略。这种策略的着眼点是控制风险的出现，确定有限的最高目标，尽可能减少开发失败而造成的损失。企业如果对其经营状况基本上感到满意，如果希望将来有所增长，则可以考虑采用维持强化型策略。其制订的任何新产品计划都表现为保住市场份额，防止利润下降，维持原有经营状况。这种策略所利用的革新的手段主要是在市场营销方面，以降低产品成本、提高质量为特征。其革新的程度通常是很有限的，多开发市场型新产品，技术上以应用适应性技术或仿制为主。与这种策略相适应的投放产品的时机，一般不采取领先或抢先进入市场，但也不愿成为落伍者。

（2）改革型策略。这种策略具有进攻性，风险更大，而且在开发过程中伴随更多的创造性活动。为了使企业获得更多开发新产品的机会，在开发策略中对开发方向的规定往往采用产品的最终用途的术语进行描述。这种策略的目标很明确：通过增加销量和提高市场占有率达到较大的增长。有的企业的改革型策略的实现完全依附于一两个方面的革新成果，而大多数企业则把市场营销和技术改革相结合。技术革新的程度比较接近开拓型，也有许多企业采取采用型，并且以自主开发为主。这种策略要求掌握市场投放时机，要么最先投放，要么紧跟第一家，以便取得足够的市场份额。总的来说，改革型策略以承担更大的风险来换取高额利润。但与第三种风险型策略相比，仍然属于有节制的冒险。

（3）风险型策略。当改革型策略不完全满足企业希望达到的经营目标，或不适应企业达到的经营目标时，或企业确认不采取更冒险的策略就无法提高市场占有率时，可以选择第三种，即风险型开发策略。以迅速成长为目标的风险型策略，通常不仅强调产品的最终用途的新颖性，而且强调技术的进步作用，并常常以技术的重大突破作为开发工作的中心。采取这种策略需要有雄厚的资源，投放市场时机往往是抢先占领市场或者紧跟第一家投放者投放。以这种策略为指导所开发的新产品，在技术性能、结构特征、品牌与包装等方面的异样化程度应当具有相当的独特性，否则不可能实现企业所确定的大步向前的目标。这样的新产品一旦开发成功，风险即转变为巨大的盈利机会，而这正是采取冒险策略的企业家所追逐的目标。

小链接

反应性策略和预测性策略

格伦·厄本和约翰·豪泽在他们合著的《新产品的设计与营销》一书中把新产品开发策略分为两类：

（1）反应性策略。反应性策略是基于对前期所产生的各种问题如何处理而制定的。最适合反应性策略的企业应满足以下条件：

①需要对现有产品或市场投入更多的资源；

②新产品革新成果不易保护；

③新产品市场太小，不能弥补开发费用的支出；

④有可能因为竞争者的模仿而被挤垮；

⑤其他新产品抢走本企业的分销渠道。

（2）预测性策略。预测性策略以明确地将资源分配到将来准备抢先夺取的领域为目的。如果有些企业处于非常有利于革新的地位，那么就应当采取预测性策略去开发新产品。这些企业的条件是：

①采用成长型的总体战略；

②乐于进入新的产品或市场；

③有取得保护专利或保护市场的能力；

④有进入高销量或高增值市场的能力；

⑤拥有开发新产品所需要的资源和时机；

⑥竞争者不能用"居二更好"的策略进入的市场；

⑦分销渠道稳定而畅通。

资料来源：格伦·厄本，约翰·豪泽. 新产品的设计与营销［M］. 韩冀东，译. 北京：华夏出版社，2002.

思考题

1. 从宝洁公司的历程中，整理其各个阶段的产品，分析其新产品的类型及其新产品开发策略的选择情况，你从中可得到哪些启示？

2. 在新产品开发过程中应该怎样优化质量、时间和成本这组关系？

3. 传统新产品开发过程中的做"价格加法"与宜家的做法有什么样的本质区别？对你有何启示？

4. 企业在选择新产品开发策略时，应该重点考虑哪些因素？

参考文献

[1] 吴健安，等. 市场营销学 [M]. 3 版. 北京：高等教育出版社，2007：246 -277.

[2] 纪宝成，等. 市场营销学教程 [M]. 北京：中国人民大学出版社，2002：170 -186.

[3] 菲利普·科特勒. 营销管理 [M]. 宋学宝，等，译. 北京：清华大学出版社，2003：179 -186.

[4] 康拉德·贝伦森，等. 新产品开发 [M]. 2 版. 北京：中国人民大学出版社，2003：5 -7.

[5] 罗伯特·G.库伯. 新产品开发流程管理 [M]. 3 版. 青铜器软件公司，译. 北京：电子工业出版社，2010：12 -14，108 -119.

[6] 任君卿，周根然，张明宝. 新产品开发 [M]. 2 版. 北京：科学出版社，2009：28 -30.

[7] 彭芳. 如何进行新产品开发 [M]. 北京：北京大学出版社，2004：72 -75.

[8] 莫尔·克劳福德，安东尼·迪·毕尼迪托. 新产品管理 [M]. 7 版. 黄炜，等，译. 北京：中国人民大学出版社，2006.

[9] 格伦·厄本，约翰·豪泽. 新产品的设计与营销 [M]. 韩冀东，译. 北京：华夏出版社，2002.

[10] 李光斗. 企业新产品开发模式的创新 [J]. 中国机电工业，2009 (2)：68 -69.

[11] 中国品牌总网. 新产品开发策略概述 [EB/OL]. http：//www. ppzw. com/Article_Show_33566. html.

第二章
消费者定位与开拓

问题：怎样通过对消费者的定位与开拓，提升企业的竞争力？

故事一：《青蛙》

将一只青蛙放在大锅里，向锅里加水再用小火慢慢加热，青蛙虽然可以约微感觉水温在慢慢变化，却因惰性与麻木没有往锅外跳，最后被水煮熟而不自知。

☞ **盘点：** 企业竞争环境的改变大多是渐热式的，如果企业管理者与消费者对环境之变化没有疼痛的感觉，企业最后就会像这只青蛙一样，被煮熟、淘汰了而不自知。

☞ **思考：** 运用怎样的方法使企业立于不败之地？

故事二：《猴子》

科学家将四只猴子投在一个密闭房间里，每天喂食很少的食物，让猴子饿得吱吱叫。几天后，实验者在房间上面的一个洞放下一串香蕉。一只饿得头昏眼花的大猴子一个箭步冲向前，可是它还没拿到香蕉，就被预设机关所泼出的滚烫热水烫得全身是伤。当后面三只猴子依次爬上去拿香蕉时，一样被热水烫伤。于是几只猴子只好望"蕉"兴叹。

几天后，实验者换进一只新猴子进入房内，当新猴子饿得也想尝试爬上去吃香蕉时，立刻被其他三只老猴子制止，并告知有危险，千万不可尝试。实验者再换一只新猴子进入，当这只新猴子想吃香蕉时，有趣的事情发生了，这次不止剩下的两只老猴子制止他，连没被烫伤的猴子也极力阻止他。

实验继续，当所有的猴子都是新猴子之后，没有一只猴子曾经被烫伤，上头的热水机关也被取消了，香蕉唾手可得，却没猴子敢前去享用。

☞ **盘点：** 企业禁忌经常故老相传，虽然事过境迁、环境改变，大多数的组织仍然恪遵前人的失败经验，平白错失大好机会。

☞ **思考：** 管理者应该怎样保持企业的创新性与先进性？具体运用什么方法？怎么做？

第一节　消费者定位

小链接

"定位"可谓历史悠久,早在1969年,就由著名的美国营销专家艾尔列斯(Al Ries)与杰克特罗(Jack Trout)提出来了。当时,他们在美国的《广告时代》发表了名为《定位时代》的系列文章。以后,他们又把这些观点和理论集中反映在他们的第一本著作《广告攻心战略》一书中。正如他们所言,这是一本关于传播沟通的教科书。1996年,杰克特罗整理了25年来的工作经验,写出了《新定位》一书。这本书也许是更加符合时代的要求,但其核心思想却仍然源自他们于1972年提出的定位论。定位理论的产生,源于人类各种信息传播渠道的拥挤和阻塞,可以归结为信息爆炸时代对商业运作的影响。科技进步和经济社会的发展,几乎把消费者推到了无所适从的境地。首先是媒体的爆炸:广播、电视、互联网,各种音像制品使消费者目不暇接。其次是产品的爆炸:仅电视就有大屏幕的给人以眼花缭乱的感觉。再就是广告的爆炸:电视广告、广播广告、报刊广告、街头广告、楼门广告、电梯广告,真可谓无孔不入。因此,定位就显得非常必要。

按照艾尔列斯与杰克特罗的观点:定位,是从产品开始,可以是一件商品,一项服务,一家公司,一个机构,甚至是一个人,也可能是你自己。定位并不是要你对产品做什么事情,定位是你对产品在未来的潜在顾客的脑海里确定一个合理的位置,也就是把产品定位在你未来潜在顾客的心目中。如电视机定位可以看成对现有产品的、小屏幕的,平面直角的、超平的、纯平的,从耐用消费品到日用品,都有的一种创造性试验。"改变的是名称、价格及包装,实际上对产品则完全没有改变,所有的改变,基本上是在作着修饰而已,其目的是在潜在顾客心中得到有利的地位。"

资料来源:MBA智库百科(wiki.mbalib.com/wiki)定位理论,内容有改编。

一、消费者定位

小链接

家乐福(Carrefour)公司是欧洲第一大、全球第二大零售商,目前经营四种零售业态:大型超市、超级市场、小型市场和便利商店。2003年,其销售额为789.94亿欧元,全球店铺数量达到10 385家,业务遍及全球18个国家及地区。家乐福公司于1993年进入中国内地,2004年实现销售额162.40亿元人民币,排列中国零售业的第五位。截至2004年底,家乐福公司在中国内地已拥有62家店铺。

问题:

1. 针对家乐福这个案例,根据已知的定位方法,应该怎样对它进行分析?

2. 从这个案例中，我们可以学到些什么？

资料来源：MBA 智库百科（wiki. mbalib. com/wiki）市场定位，内容有改编。

（一）定位理论

1. 引子

所谓定位，就是令你的企业和产品与众不同，形成核心竞争力；对受众而言，即鲜明地建立品牌。——杰克·特劳特

定位是对产品在未来的潜在顾客的脑海里确定一个合理的位置。定位的基本原则不是去创造某种新奇的或与众不同的东西，而是去操纵人们心中原本的想法，去打开联想之结。定位的真谛就是"攻心为上"，消费者的心灵才是营销的终极战场。消费者有五大思考模式：消费者只能接收有限的信息，消费者喜欢简单、讨厌复杂，消费者缺乏安全感，消费者对品牌的印象不会轻易改变，消费者的想法容易失去焦点。掌握这些特点有利于帮助企业占领消费者心目中的位置。

2. 消费者定位

消费者定位是指对产品潜在的消费群体进行定位。对消费对象的定位也是多方面的。比如从年龄上，有儿童、青年、老年；从性别上，有男人、女人；根据消费层次，有高低之分；根据职业，有医生、工人、学生，等等。

3. 消费者行为

消费者行为就是指人们为满足需要与欲望而寻找、挑选、购买、使用、评价或处置产品、服务时介入的活动和过程。

4. 消费者心理定位

人的行为总是受到一定动机的支配，消费行为也不例外。常见的消费动机有价值、规范、习惯、身份、情感等几种。根据杰克特劳特的定位理论，有人把消费者的消费动机称为消费者心理定位。相应地，消费者心理定位也就有价值心理、规范心理、习惯心理、身份心理、情感心理等。

（二）消费者定位的影响因素

影响消费者定位的因素从大体上来看有两个方面：消费者心理因素和消费者行为因素。

1. 消费者心理因素主要包括价值心理、规范心理、习惯心理、身份心理等

（1）消费者的价值心理

艾尔强森认为，消费者之所以喜欢某种产品，是因为他相信这种产品会给他带来比同类产品更大的价值，也就是说该产品具有更大的潜在价值。潜在价值取决于产品的潜在质量。所谓潜在质量，它不是指质量监管部门检测出的质量，而是指在消费者心中感受到的质量，是消费者主观上对一种品牌的评价。

（2）消费者的规范心理

规范是指人们共同遵守的全部道德行为规则的总和。在许多情况下，规范可以成为诱发消费行为的动机。据营销专家的长期调查与研究，消费者喜爱某种品牌，常常是为了避免或消除一种与其规范和价值相矛盾的内心冲突。消费者在做出购买或不购买某一品牌产品的决定时，规范是一个重要的影响因素。

（3）消费者的习惯心理

习惯是长期养成而一时难以改变的行为。习惯常常是无法抗拒的，它甚至比价值心理对人的决定作用还要大。消费者一般都有特定的消费习惯，这是消费者在日常生活的长期的消费行为中形成的。

（4）消费者的身份心理

每个人都有一定的身份，人们也在不知不觉中显露着自己的身份。对企业来说，开发比竞争对手更胜一筹的、能够显露消费者身份的产品，也就成为了一个重要课题，因为这直接影响到消费者的购买决策，进而影响到产品定位。

2. 消费者行为因素

（1）文化因素

文化是指人类从生活实践中建立起来的价值观念、道德、理想和其他有意义的象征的综合体，它包括语言、法律、宗教、风俗习惯、价值观、信仰等诸多方面。文化是决定人类欲望的行为的最基本的因素，对消费者购买行为的影响最为广泛和深远。每个人都是在一定的社会文化环境中成长起来的，通过家庭和其他社会组织的社会化过程学习，形成了基础的文化观念。不同国家和地区因为有不同的文化传统和风俗习惯，体现在消费者购买行为中，也有较大差异。

（2）社会因素

①相关群体：A. 示范性，即相关群体向消费者展示了新的消费行为和生活方式。B. 模仿性，即相关群体的消费行为引起人们模仿的欲望。C. 一致性，即由于模仿使消费者的消费行为趋于一致。

②家庭：A. 各自做主型，即各个家庭成员对自己所需要的商品均可独立作出购买决策。B. 丈夫支配型，即家庭购买决策权掌握在丈夫手中。C. 妻子支配型，即家庭购买决策权掌握在妻子手中。D. 共同支配型，即家庭大部分购买决策由家庭成员共同协商作出。

③角色和地位：消费者在作出购买决策时往往会考虑自己的角色和地位，根据自己的角色产品需求来购买商品或服务。

（3）个人因素

①经济因素：影响消费者购买行为的可支配收入、消费信贷、商品价格、商品效用、机会成本、经济周期等因素。经济因素是个人购买行为的首要影响因素。

②生理因素：年龄、性别、体貌特征、健康状况和嗜好等生理特征的差别。

③个性和自我形象：个性是一个人比较固定的心理特征，使人对环境作出比较一致和持续的反应，可以引发直接和间接的购买行为。自我形象是与个性相关的一种概念。

④生活方式：一个人在生活中表现出来的活动、兴趣和态度的综合模式。

二、消费者定位的分析与方法

（一）引子

消费者定位是指依据消费者的心理与购买动机，寻求其不同的需求并不断给予满足。纵观世界经济发展史，每次行业剧变都会对消费者的意识和行为造成冲击，潜在或强制改变着消费者的意识行为和审美观，并形成新的产业品类或造就强势企业。如工业革命催生了汽车产业，现代网络造就了百度、谷歌，现代的能源危机感成就了日本的概念汽车时代，也成就了丰田等一批世界名车。而这些企业都是对行业的发展趋势有着超强的触觉，并能及时把握这种行业趋势和消费者的需求。在方便面行业，白象大骨面可谓这方面的优秀代表。随着人们生活水平的提升，人们消费方便面的需求点逐步由方便向营养转化。白象正是通过对消费者行为的分析，而研制出大骨面并成功推广。对消费者行为进行分析并不是要求我们去满足所有消费者的需求，而是找出最合适、与企业资源状况最匹配的消费群体，集中运作去满足这部分消费者的需求。

（二）定位的方向与方法

"真正决定营销成败的是消费者的大脑，消费者的认知就是事实。"今天亚马逊网站上最畅销的广告书是杰克·特劳特和阿尔·里斯在1980年写的《定位：头脑争夺战》。定位已可谓无人不晓。如今没有哪家公司是在推出一个新品牌之前不搞份定位声明的。

然而，当你仔细研究这些定位声明，你会发现许多营销人士已经偏离轨道太远了。他们一般是从公司的观点出发。比如，"我们把我们的品牌定位为该品类的第一。"像这样的定位声明错在哪里了？全错！它把潜在消费者置于定位法则之外了。定位要求从潜在消费者的观念出发。如果你这样为你的产品定位，你的选择是有限的。

1. 消费者定位的方向

（1）寻找空当

价格是潜在消费者大脑里最容易理解的空当，也最容易去填补。哈根达斯引进了一条最昂贵的冰激凌生产线，让其品牌建立起了"高价冰激凌"的定位，从而使哈根达斯几十年来获得了持久的营销成功。

同样，依云在矿泉水业，奥维尔·雷登巴切在爆米花行业，劳力士在手表业，梅塞德斯—奔驰在汽车业，都是以填补高价位空档而成功的。低价位是消费者大脑里的另一个空档。比如沃尔玛和西南航空等品牌正在低端做得热火朝天。

（2）创建新的产品类别

有时在消费者大脑里没有明显的空当，那你不得不自己创建一个。这就是定位法则中讲的："如果你不是第一，就创建一个你能成为第一的新品类。"比如，佳得乐是第一个运动饮料，能量棒（Power Bar）是第一个补充能量的巧克力条。红牛从中得到启发，它是第一个补充能量的饮料。

但是得注意，你不仅需要给你的品牌起一个好名字，还必须给你所创建的这个新品类起一个容易理解的品类名。

比如，瑞玛（Zima）是第一个……什么呢？产品的标签上说是"清麦芽"，但没人知道那是什么意思。电视广告也没帮上什么忙。"里面是什么？"酒吧间的男侍者问。"是个秘密。有不同的东西。"穿白西服戴黑帽子的销售员回答道。可想而知，瑞玛会卖得好吗？

（3）把自己定位为第二品牌

消费者喜欢选择。你可以通过给消费者一个与领导者不同的选择而成为强大的品牌。

不过什么战略才能成功建立起第二品牌呢？一般想法是这样的："我们可以生产比领导者更好的产品，虽然我们没指望能超过它，但可以牢牢站稳第二的位置。"这是最差劲的方法。为什么这么说呢？因为在消费者头脑里，领导者已经占有了它们生产这个行业最好的产品的认知了。你说你比它好，那怎么不是第一？

那该怎么办呢？与领导者对立！可口可乐是年纪大的人喝的可乐，百事可乐就定位为年轻人喝的可乐。李斯德林漱口液能够杀死口腔细菌和消除异味，但它本身有股难闻的药味，于是斯科特就定位成味道好的漱口液而成为第二品牌。

（4）聚焦成为专家

在美国，每家咖啡店都卖咖啡，但除此之外，它们还卖汉堡、热狗、法国炸鸡、苹果派、油炸圈以及十几种其他食品和饮料。你要扩大生意是卖更多的东西呢还是减少？

看看星巴克做的，它只卖咖啡，成为当今最成功的品牌之一。再看，麦当劳聚焦于做汉堡，生意遍及全球；赛百味则聚焦于做潜艇三明治，它的连锁店在美国已经比麦当劳还多。

在与通才品牌的竞争中，专家品牌总是赢家。

（5）创建渠道品牌

你也可以通过填补销售渠道上的空当来定位品牌。比如 L'eggs 原是第一个专为超市推出的连裤袜品牌，但现在它已是美国销售最好的连裤袜品牌了。保罗·米切尔则是通过聚焦于专业美发沙龙这个渠道，而成为价值 6 亿美元的护发和皮肤护理品牌的。

今天在互联网上有很多创建品牌的机会，像亚马逊（Amazon）、电子海湾（eBay）、查尔斯·施瓦布（Charles Schwab）等网站都是一些成功的互联网品牌。

（6）创建性别品牌

有时你可以通过把焦点集中于一半市场而成为一个大品牌。比如"万宝路"通过定位成第一个男性香烟而成为大品牌，"Virginia Slims"则以第一个女性香烟而成为大品牌，"Right Guard"定位成第一个男性除臭剂而成为大品牌，"Secret"则通过定位成第一个女性除臭剂而成为大品牌。

2. 消费者定位的方法

消费者定位的具体方法有定位图法（钻石定位法）。

（1）三种主要定位图比较

表 2.1　　　　　　　　　　　三种主要定位图比较①

特征说明	基于属性数据绘制的感知定位图	基于相似性数据绘制的感知定位图	顾客感知和偏好组的综合定位图
优点	表明各种产品位置和属性向量的空间图，展示产品在竞争中的各个属性的位置，可以清楚地识别出基本维度，品牌少也可以绘图	表明各种产品位置的相关图，展示谁是或谁不是竞争替代品	表明各种产品位置、属性向量和顾客理想点和偏好点的空间图，可以将顾客感知和偏好结合在一起
缺点	要求一定的数据规模，没有与顾客偏好联系起来	缺乏解释基本维度的机制，要求评价的品牌需超过 8 个，没有与顾客偏好联系起来	工作量大而相对复杂
适用性	市场结构主要由无形属性（如：产品外观、性能、服务特点）决定时	市场结构主要由无形属性（如：形象、审美观念、气味）决定时	市场结构由综合属性决定时，有着广泛的实用性
绘制步骤	1. 确定一组产品及评价产品的属性（耐用、时尚、服务等） 2. 从目标顾客那里取得对自我和竞争品牌各属性的打分数据 3. 选择一种感知绘图方法，常用因子分析法 4. 解释因子分析法的输出结果	1. 找出研究的产品对象，是顾客熟悉的产品，8 个品牌以上 2. 建立一个相似性矩阵，让顾客判断自我和竞争品牌的相似性 3. 根据调查数据绘制感知图 4. 确定感知图的维数 5. 解释感知图的维度	1. 一种方法是在基于属性的感知图中，加入一个理想品牌，将顾客对理想品牌的属性评价视为偏好，然后进行顾客偏好和产品属性评价的比较，绘制成图 2. 另一种方法是直接在基于属性的感知图中，加入一个偏好属性，让顾客对每一个属性打分，确定相应的偏好，再与属性进行比较，绘制成图

有效的定位条件包括四个条件：①必须对目标顾客有一个清晰的认识，不同顾客会对同一产品属性特征有不同的定位认知；②定位确定的另一点必须是目标顾客最为看重的要素之一，低价利益点对于价格不敏感的顾客来说就属于非重要因素；③定位必须建立在公司和品牌现有的竞争优势基础上；④定位应该是可以向目标顾客传播的，即应该简单、可修正，便于转化为有吸引力的广告。

（2）钻石定位法模型（定位的步骤与要素）

如图 2.1 所示：

---

① 资料来源：李飞. 钻石图定位［M］. 北京：经济科学出版社，2006：13.

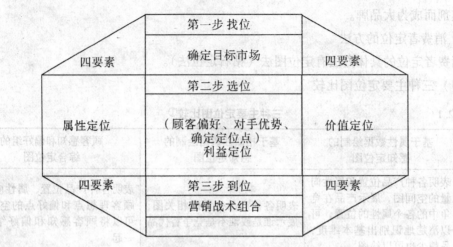

图 2.1　钻石定位法模型①

随着竞争激化，为了解决同质化、相似化日益严重的问题，所以需要创造心理差异，他们主张从传播对象（消费者）角度出发，研究了解消费者的所思所想，由外向内在传播对象心目中占据一个独特的位置。

（3）具体步骤

定位图法的具体步骤如图 2.2 所示：

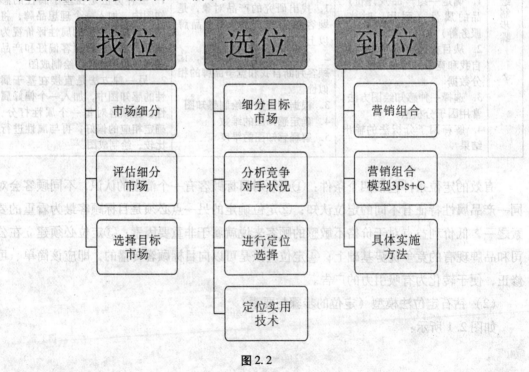

图 2.2

---

① 资料来源：李飞. 钻石图定位 [M]. 北京：经济科学出版社，2006：15.

"消费者定位"最大的贡献在于"固定化"。它把原本纷乱复杂的产品特征加以分析，选择其中最有力的一个诉求点，以最简洁的方式把它"固定"在企业的目标消费对象上，使人产生一种条件反射式的反应。一谈到"王老吉"，就能立即想到它的定位是"预防上火"；一谈到"百事可乐"，就能立即知道它的定位人群是"年轻人"。这就是"定位"的巨大威力。但是，"定位理论"的最大缺陷也在于"固定"。在日新月异的市场营销战中，一旦位置"固定"下来，也就只能任凭别人从你头上"越位"了。

"消费者定位理论"的策略基础就是在广告宣传中通过放弃大量的产品特征和放弃大量的消费者而对特定的消费者传播特定的产品特征。换句话说，所谓"定位"就是在当今巨浪滔滔的市场营销大河中，定了"只取一瓢饮"的观念。

3. 消费者定位的重要性

（1）定位能创造差异：通过向消费者传达定位的信息，使差异性清楚地凸显于消费者面前，从而使消费者注意你的产品，并使你的产品驻留在消费者心中。

（2）定位是基本营销战略要素：竞争将市场推向了定位时代，在营销理论中，市场细分、目标市场与定位都是公司营销战略的要素，被称为营销战略的市场目标定位（STP）。

（3）定位是制定各种营销策略的前提和依据：只有以定位为制定各种策略的依据，各种手段相互配合，协同向消费者传达产品的定位信息，才能使产品准确击中目标市场。

（4）定位形成竞争优势：在这个定位时代，关键的不是对一件产品本身做些什么，而是你在消费者的心中做些什么。单凭质量的上乘或价格的低廉也难以获得竞争优势。

三、重新定位

（一）引子

产品或品牌定位应该保持长期的稳定性，随便改变定位是营销中的大忌，许多成功的品牌之所以成功就是其对合适定位的长期坚持，而很多品牌的失败原因就在于其定位随意变动。

定位的稳定性与变迁是相对而言的。定位最终是对以消费者的需求为基础的。消费者的需求随时在变，在市场急剧变化的情况下，固守原来的定位，有可能导致产生被市场抛弃的后果。所以，企业应该随时关注消费需求的变化，看自己的定位是否可以适应新的需求。

重新定位一般是发生在市场需要发生了重大变化后才会进行，而不会因为市场的细微变化而频繁作出改变。

（二）定义

重新定位，意即打破事物（例如产品）在消费者心目中所保持的原有位置与结构，使事物按照新的观念在消费者心目中重新排位，调理关系，以创造一个有利于自己的新的秩序。这意味着必须先把旧的观念或产品从消费者的记忆中消除，才能把另一个新的定位装进去。

重新定位通常是指对销路少、市场反映差的产品进行二次定位。初次定位后，随着时间的推移，新的竞争者进入市场，选择与本企业相近的市场位置，致使本企业的市场占有率下降；或者由于顾客需求偏好发生转移，原来喜欢本企业产品的人转而喜欢其他企业的产品，因而市场对本企业的产品的需求减少。在这些情况下，企业就需要对其产品进行重新定位。所以一般讲来，重新定位是企业为了摆脱经营困境，但换言之，也可以说是因为发现了新的市场范围。例如，某种专门为青年设计的产品在中老年人中开始流行后，这种产品就需要被重新定位了。

重新定位：定位所在——这是检验商业人士头脑的时刻

1. 看不到变化

企业倘若失去市场方向，很快就会遭到市场的报复。今天，丧失市场定位的危险尤为严重。下面是其主要的原因：

（1）技术的快速发展；

（2）消费者态度快速的、不可预料的改变；

（3）全球经济的竞争加剧。

企业在进行重新定位时，要对两个方面的问题进行深入思考：一是企业进行重新定位所需要的全部费用是多少；二是企业将自己的品牌定在新位置上的预期收入是多少，而收入多少又取决于该新市场上的竞争状况、需求规模及产品与其售价的高低。

2. 回到起点

消费者希望公司能在狭窄的领域里生产专业产品，特别是在公司已经开拓出自己的市场，并受到消费者认可的时候。同样，公司一旦进行产品线延伸，消费者就会产生疑虑。通常消费者的疑虑是有道理的，因为各种新产品很少能像最初的老产品一样优秀，因为老产品经过多年的打造已经很完美了。产品线的延伸不仅浪费金钱，还会使原有的产品市场占有率下降。

3. 避免损失惨重

企业不应该总是为产品线的延伸付出代价。他们应该接触市场，拥有重新定位的勇气，以免使企业的产品、形象和收入受到沉重的打击。使某一种成功的观念被一个大型群体所接受，以及把共用一种商标名的 50 种产品或服务观念推销给 50 个不同群体，二者相比，前者更有效。

4. 集中思路，但不要胡思乱想

要随时注意技术和产品的革新。预测未来市场的最佳方法是观察小公司。企业管理人员不能分散企业的注意力。通常总是最有创造力的人喜欢胡思乱想，考虑新产品，或对现有产品进行新的改造。但是这些想法必须同消费者的观念和公司的成功记录保持一致，否则肯定会使公司丧失焦点和在顾客心目中的位置。

5. 在市场变化之时

消费者的态度发生变化时，或者技术的发展使现有的产品落后时，或者产品偏离了消费者头脑中稳固观念时，企业必须进行重新定位。

（三）重新定位方法

重新定位就是转移战场，它建立在有发展前景的新观念上，但仍然是仅仅集中于一个观念、一个字眼上，以使消费者在大脑里形成清晰而稳固的概念。

其实很多公司的失败并不在于不知道应变。变化都是有预兆的，问题是在如何应变上。大多数人最容易采取最没有效果的"脚踏两只船"的方法，要么频繁改变，失去焦点，结果两头落空。

领导者的职责就是引领方向。你必须选择一个焦点，尽管这不容易，需要 CEO（首席执行官）的果断与支持。

如果你的产品形象在消费者大脑中已经弱化或已不再存在，你就可以全力以赴打造新定位。或者在原定位的基础上缓慢过渡而让消费者感觉不到突兀，那么你用现有的品牌也没有问题。

最值得选择的是为新定位启动新品牌。如果新市场没有大的发展，你损失的只是资金；如果它发展良好但你又没准备一个好的新名字，那你可能丢掉的是你的霸主地位。

小链接

在对家乐福大型超市进行调查的基础上，我们运用零售公司定位战略的钻石模型，归纳出家乐福的定位战略实际选择模型（见图 2.3）

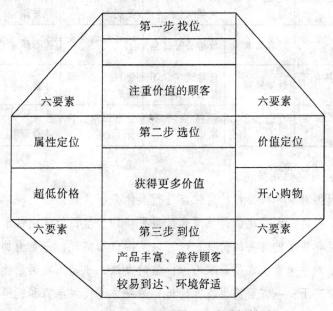

图 2.3　家乐福的定位战略实际选择模型

1. 找位——确定目标市场

家乐福大型超级市场将目标顾客锁定为大中城市的中产阶级家庭。家乐福公司在进入中国所做的分析报告中指出：中国今天高收入阶层的消费结构类似于法国的 20 世纪 60 年代，中国最大的消费群体是新生的中产阶级，人数大约为 1.5 亿，年收入在 1 500～3 000 美元之间，容易接受新产品。这是家乐福发展的顾客基础。家乐福大型超市的目标顾客大多为注重商品和服务价值的家庭主妇，他们不仅关注价格，更关注性能价格比。

2. 选位——确定市场定位点

（1）家乐福公司的定位点决策

家乐福公司自己制定的形象宣传口号是"开心购物家乐福"，确定的经营理念是：一次购足、超低售价、货品新鲜、自选购物和免费停车。这五个理念中真正有比较优势的是超低价格和货品新鲜的集合，其他因素是大型超市的共同特征。因此，我们推论家乐福确定的定位点为让顾客获得更大价值。

（2）中国竞争对家乐福公司定位点的认知

2004 年 7 月 30 日，我们运用消费者关联工具对 20 家国内大型流通企业董事长和总经理进行了问卷调查，发出问卷 25 份，回收 20 份，有效问卷 17 份。其结果，有 30% 的人认为家乐福的定位点在价格方面，18% 认为在环境方面，12% 认为在便利方面。因此，家乐福的定位点似乎也在价格方面（见表 2.2）。

表 2.2　　　　　　　　　　　　　　家乐福公司定位点选择

等级	产品	服务	价格	便利	沟通	环境
消费者追逐 （5分）	产品出色或丰富	超越顾客期望	顾客的购买代理	到达和选择很便利	沟通亲切，体现关怀	令人享受
消费者偏爱 （4分）	产品值得信赖	顾客满意	价格公平可信	到达和选择较便利	关心顾客	使人舒服
消费者接受 （3分）	产品具有可信性	适应顾客	价格诚实，不虚假打折	便利进出，容易选择	尊重顾客	安全卫生
消费者抱怨 （1～2分）	产品质量低劣	顾客不满意	价格误导和欺诈	进出困难，找货不易	没人情味，不关心顾客	不想停留

（3）家乐福公司定位点描述

用定位钻石模型对家乐福公司的定位点进行具体分析，我们会发现，家乐福大型超市的属性定位的超低价格，利益定位是使顾客获得更多的价值，价值定位于开心购物。这一定位点的选择是目标顾客的购买的价值，这可以从两方面实现：一是增加产品价值；二是降低价格。从竞争对手来看，或是采取增加价值的办法，或是采取间歇性打折的方法。但是，家乐福是双管齐下：一方面提供超低价格；另一方面提供丰富和新鲜的商品，提供性能价格比。

3. 到位——实现定位战略

(1) 家乐福大型超市在法国市场定位的实现

法国家乐福店铺食品和百货的毛利为 4%~6%，鲜花为 15%~20%，一般商品为20%~28%，这是获得 1%~2% 微利的保证。他们通过产品、服务、渠道（便利）、沟通（广告和促销）、店铺环境等因素实现定位，降低运营成本。如为降低库存费只经营畅销品牌，通过大批量购买降低进价，很少做广告，直达信函广告费用也要分摊到厂家身上，店址选在地段便宜的郊区，不进行店铺的豪华装修，几乎不提供任何增加费用的服务，严格控制人工成本等。其中，最主要的方法是向供应商收取进店费和促销费，供应商返还销售额 2% 作为特别贡献；同时家乐福频繁进行促销活动，其中，折扣额部分由供应商承担。这一系列措施保证了家乐福的定位在法国市场的实现。

(2) 家乐福大型超市在中国市场定位的实现

2004 年 9 月我们对曾经光顾北京家乐福大型超市的顾客进行了满意度调查，以考察家乐福在中国市场的定位、到位情况。我们将调查的问题分为最满意的、比较满意的、一般的和不满意的四种情况，要求被访者选 1 项最满意的（如果有的话），比较满意的、一般的和不满意的可以选择多项。共发放问卷 102 份，其中有效问卷 101 份，无效问卷 1 份，统计结果见表 2.3。

表2.3　　　　　　　　　　　北京家乐福超市的顾客满意度调查

项目	商品	服务	价格	便利	沟通	环境
最满意的数量（份）	45	4	17	7	5	23
最满意的比例（%）	44.6	4.0	16.8	6.9	5.0	22.8
比较满意的数量（份）	36	21	43	36	29	42
比较满意的比例（%）	17.4	10.1	20.8	17.4	14.0	20.3
认为一般的数量（份）	14	51	36	32	55	27
认为一般的比例（%）	6.5	23.7	16.7	14.9	25.6	12.6
不满意的数量（份）	6	25	5	26	12	9
不满意的比例（%）	7.2	30.1	6.0	31.3	14.5	10.8
填答项次总计	101	101	101	101	101	101

由统计结果可知，北京顾客对家乐福最为满意的是商品（比例为 44.6%），其次为环境（比例为 22.8%），第三位为价格（比例为 16.8%）；比较满意排在第一位的是价格（比例为 20.8%），第二位是环境（比例为 20.3%），并列第三位的为商品和便利（比例为 17.4%）。可见，家乐福部分商品低价、部分时间低价、部分地点低价的策略没有形成自己的价格绝对优势。实际上，家乐福在中国市场采取了更为灵活的方式，努力实现超低价定位点。例如 2002 年建立了中国商品部，对全国性品牌进行统一管理，对全国供应商的进价下调，具体下降比例为饮料 1.5%，冷冻冷藏 1.7%，蔬果 2.2%，面包 3.0%，鞋

3.2%，休闲用品3.1%；逼迫厂家分担更多营销费用，大大地降低了经营成本（见表2.4）；对价格敏感性商品（一般占全部商品的10%）实行促销低价策略，同时周三派员工对竞争对手采价，周四将价格调整至具有竞争力的低价水平，迎接周末的销售高潮等。但是，从目标顾客的满意度调查情况看，超低价格的优势虽然形成但还是不够。

表2.4 家乐福向供应商收取的各种费用①

1. 法国节日店费	每年10万元
2. 中国节庆费	每年30万元
3. 新店开张费	1万～2万元
4. 老店翻新费	1万～2万元
5. 海报费	每店2 340元，一般每年10次左右
6. 端头费	与海报同步，每店2 000元
7. 新品费	3.4万元
8. 人员管理费	每人每月2 000元
9. 堆头费	每家门店3万～10万元
10. 服务费	占销售额的1.5%～2%
11. 咨询费	占1%，送货不及时扣款：每天3%
12. 补损费	产品保管不善，无条件退款
13. 无条件退货	占销售额的3%～5%
14. 税差	占5%～6%
15. 补差费	厂家商品在别家店售价低于家乐福，要向家乐福交罚金

　　不过，在上海和青岛的调查结果显示，家乐福好于竞争对手的方面主要表现在价格低廉、商品丰富、商场环境方面。这可能是由于两地没有沃尔玛购物广场，家乐福在产品和环境方面得到消费者的偏爱。家乐福全球统一的五大经营方针是：一次购足、超低价格、免费停车、自助式服务、新鲜和品质。它的广告定位语是"开心购物家乐福"。可见，商品的丰富性、高质量性和环境舒适型的重要。一些购物者表示不是因为价格低廉，而是因为商品丰富和环境舒适才来家乐福的。家乐福经营2万多种商品，在中国一般是两层设置，一层为日用非食品，一层为食品和生鲜品。与相同业态的竞争对手比较，家乐福的食品管理安全性高，表现在卫生管理和保质期管理等方面，商品丰富程度和购物环境也是比较好的。在上海零售市场上，顾客反映家乐福的性价比大大高于竞争对手。

　　同时，家乐福在服务、沟通和便利方面也得到消费者的认可和接受，达到了行业平均水平。他推行了行业内普遍实施的免费停车服务、超过定额的送货服务和15日内无条件退货服务等，但是交款排队等候时间较长；其店铺位置都选择了顾客容易到达的地方，店

---

① 资料来源：《北京现代商报》，2003年6月18日。

内商品布局利于顾客寻找和挑选，能够基本满足顾客的需要。在上海的一项调查结果显示：家乐福服务效率略好于竞争对手，便利程度处于中档位置。

资料来源：MBA 智库百科（wiki. mbalib. com/wiki）市场定位，内容有改编。

第二节　消费者的开拓

小链接

两个与开拓有关的故事

《圣经》里说：一个叫摩西的人率领在埃及为奴的以色列人逃离埃及，到了红海。这时，后有追兵，前有海水，他们看起来真的是无路可走了。但是，摩西大胆地把脚踏进海水中。海竟然分开了，露出一条路，让他们安然过去了。

记不清是谁讲过这么一个故事：一个瓢泼大雨的晚上，一个过路人来到野外的一间茅屋前，又冷又饿，可他总是害怕推门进去会受到冷遇，他也不愿意打扰人家。于是，他就满足在屋檐下躲雨，心想总比刚才在路上舒服。后来，他昏过去了，被人抱进茅屋。等他醒来之后，茅屋的人问他："你为啥不进来呢？"他说"深更半夜的，敲门进来，害怕影响到你，惹你讨厌。""其实门就一直是虚掩着的，我也不是这儿的主人，我也是路过的，怎么会嫌弃你呢？"

圣经里所说的摩西在后有追兵，前有海水的情形下，大胆地把脚踏进海水中。海竟然分来了，露出了一条路，让他们安然度过。故事中的过路人因害怕打扰人家，在屋檐下躲雨，而昏了过去。

让思想冲破恐惧的牢笼，用行动摆脱锁链的束缚，企业要发展就必须跨过"红海"，打开虚掩的门，主动进行消费者开发营销，进行以消费者为中心、营销为导向的运作。营销学家菲利普·科特勒指出：企业的营销有三种层次，最低的层次是反应式营销，即对消费者表达出来的需要作出反应；中间层次是预见性营销，即根据环境变化预见消费者将要产生的需要，并对此作出反应；最高层次是创造性营销，即通过创造消费者未曾要求甚至未曾想象的产品来创造市场。一个企业的发展前景如何，关键要看你用什么样的心态去看待消费者以及企业怎样去寻找、去操作和经营消费者。

企业开发消费者不仅需要有目标，还需要谋略；不仅需要行动，还需要方法；企业向目标地出发，要淘汰路程上其他的诱惑。有谋略地行动，在运作中的成本才能变成珍珠。

问题：

1. 员工的工资是谁发的呢？

2. 员工的奖金是谁发的呢？

3. 工资是老板、是财务部门、还是员工自己给自己发的？

4. 老板从哪弄钱给他们发的工资呢？

5. 财务部门又是凭什么给他们发奖金呢？他们的钱又是从哪来的？

分析：

在上述问题中，有的员工说工资和奖金是老板发的，有的说是财务经理发的，还有的说是自己给自己发的。这些答案并没有对错之分，问题是，答案本身暴露出了每个人对市场经营的一点看法，角度的不同体现出营销观念的变化。

有一个故事：有一个水塔，接了很多出水管，有很多人要用水生活，水龙头就经常流着。如果没有不断地向水塔续水，那么，过不了多久，水塔就会枯竭，大家自然也就会没有水吃。同样的道理，企业的员工若不去开拓消费者，纵使企业有再大的资财也会被损耗完。

没有消费者，企业的一切经营活动将无从谈起；没有消费者，企业就失去了生存之根本。企业已经进入了一个以消费者为中心的营销时代。管理学大师彼得·德鲁克说过："企业的首要任务就是要创造消费者。"消费者是企业的生命源泉，给了他们所需要的，企业才能从他们那里得到企业所想要的。德鲁克说：每一位伟大的企业创始人都有一套关于本企业的明确理念，从而指引企业的行动和决策，而这套理念却必须以消费者为中心。但是仅仅重视消费者还是不够的，企业还必须想办法去接近消费者并满足他们的需要，并与之建立起一种长远合作的经营战略，无疑，消费者开拓工作已经成为企业营销工作的重中之重。

资料来源：范云峰. 客户开发与营销［M］. 北京：中国经济出版社，2003：2.

一、消费者开拓

（一）消费者开拓的定义

1. 概念

消费者开拓是将市场、商品的潜在因素和实际因素结合消费者自身情况，而进行的在消费者方面的经济领域的开发与拓展。以一定的组织方式将某系列产品推销的方式，综合开拓＝培训＋活动量，培训＝综合技能＝保费，活动量＝多次拜访＝保费。

2. 消费者市场分析

所谓消费者市场，是指个人和家庭为了生活消费而购买或租用的商品和劳务的市场。一般来说，社会最终产品的大部分是个人消费品。

消费者市场分析可从以下四个方面着手：

①购买对象——市场需要什么？

②购买目的——为何购买？

③购买组织——购买者是谁？

④购买方式——如何购买？

例如，某家企业要生产和销售一种服装，它事先必须经过分析研究，回答以下问题：

目前市场上最需要什么样的服装？顾客为什么要买这种服装？哪一类顾客才喜欢穿这种服装？他们一般在什么情况下才会购买？如果这几个问题的分析是正确的，那么就可以说，这种服装的目标市场就形成了。

3. 对购买者的分析

在商品分类和明确市场需要什么商品以后，企业必须对购买者进行分析。在消费者市场中，消费者的购买活动一般以家庭为单位；但是购买的决策者，通常不是家庭全体成员，而是家庭中的某一成员或某几个成员。

例如一个家庭要购买一台电视机，首先提出建议的也许是儿子；最终决策购买可能是父母二人共同商量作出，实际购买者可能由父亲和儿子承担，而实际的使用者可能是全家。由于不同的家庭成员对购买商品具有不同的实际影响力，因此，企业必须研究不同的家庭特点，了解家庭各成员对购买决策影响力的差异。企业要通过对于消费品购买者的研究，采取正确的营销措施，吸引顾客。

（二）消费者开拓的重要性

消费者开拓需要企业不断地去开发。然而，即使有一天企业拥有了大量的消费者资源的规律，开拓消费者的过程就是创造消费者的过程，一旦企业停下来，企业的消费者就会减少，自然而然，企业的业绩就会下降。

一般而言，消费者有时因为成长而更换供货商，有时因为业绩衰退而压缩采购；有时候消费者搬迁了或者是因采购主管、采购人员流动而流失。根据一般企业的经验，消费者每年流失约在1/3左右，据此推算，企业倘若不去开发新的消费者，不出五年，老消费者必将归零，而企业的利润之源也将枯竭，所以，为了补充流失的消费者，防止业绩的下滑，企业就必须勤于开发新的消费者。

（三）寻找消费者

寻找潜在消费者作为消费者开发的第一个环节、第一个步骤或第一项技术手段，是最具基础性和关键性的一步。消费者是一个企业的潜在资源，一个企业拥有了消费者，也就拥有了资本，拥有了成功的希望。消费者是企业首先应该注意并重视的问题，消费者开拓都是从寻找新消费者开始的。在找到消费者之后，还要进行上门的销售，处理在销售过程中遭到的拒绝以及消费者的各种异议等。

（四）寻找消费者的原则

一个企业在开拓消费者以前必须明确自己的目标消费者，企业的产品是卖给谁的——什么样的消费者需要这种产品。企业在开拓消费者的时候还要遵守开拓消费者的三大原则，即勤奋、慧眼、创造性。

二、开拓的内容、方法与步骤

（一）开拓策略

1. 市场开拓

在微观市场营销学中，消费者开拓策略是指商品生产者以什么样的手段和方法打开市场，提高本企业产品的市场占有率。

企业在目标市场开拓过程中有六大典型战略可供选择：

A. "滚雪球"战略；

B. "保龄球"战略；

C. "采蘑菇"战略；

D. "农村包围城市"战略；

E. "遍地开花"战略；

F. 点、线、面三点进入法。

市场开拓战略的选择，对企业的营销及发展战略至关重要，因此在选择时需要格外慎重。而在具体的运作过程中，可以选择其中一种战略方式，也可以用几种战略方式的有效组合。总之，坚持实事求是的原则，根据企业及品牌的具体情况，并以占领目标市场、实现企业的既定战略目标为最终目的。

2. 商品开拓策略

商品的开拓则是第二个重要的过程，因为只有好的产品才能吸引消费者，才会有市场。

以下便是几个经典的商品开拓过程：

A. 具有明显的差异化或独特的商品特点；

B. 具有完整的商品原型构想；

C. 具有足够的市场吸引力；

D. 具有良好的行销组合执行力；

E. 具有良好的商品品质或具有顾客想要的重要特性；

F. 正确的上市时机。

消费品的开发上，不能故步自封，应该把握好时机，最重要的就是要有创新精神。

3. 消费者的开拓

要想高效地利用消费者的价值，就必须理解现有消费者和新消费者之间的联系。现有消费者正在为企业创造着价值，但是光靠维护他们的价值还远远不够，新消费者的开拓将为企业提供更大的机遇。

在高度竞争的商业社会里，高价值、高忠诚度、高回头率的消费者是所有现代企业竭力争取的稀缺资源。新消费者对于企业的重要性已经被越来越多的企业所意识到，企业的生存和发展的一切皆源自他们对新消费者资源开拓的成效：谁能最终赢得新消费者资源成功的转化，谁就能获得持续发展的优势和机遇。如何把新消费者服务与新消费者资源管理纳入企业的管理和控制之中，已经成为现代企业管理人员关注和思考的重点。

随着对新消费者地位认识的逐步加深，供应商和服务商们越来越乐于为新消费者资源的成功转化提供服务，以迎合他们的需求来换取由现金和持续性业务体现的价值。其中的商机之多、管理层与营销层追求成功的愿望之强烈，是毋庸置疑的。

（二）消费者开拓的步骤

消费者是企业的生命之源，消费者开拓既是一门科学又是一种古老的艺术，已经形成了许多理论和原则。在企业消费者开拓中，没有一种销售方法可以在任何情况下都非常的有效，但大多数的销售训练计划在有效的销售过程中都要经过一些主要的步骤。消费者开拓的步骤如图2.4所示：

图2.4　客户开发的步骤

1. 寻找消费者

企业可以通过以下方法寻找线索：

· 逐步访问

· 广告搜寻

· 通过老客户的介绍

· 查询资料

· 名人介绍

· 利用参加会议的机会搜寻

· 电话寻找

· 直接邮寄资料寻找

· 观察

· 利用代理人来寻找

……

2. 评估消费者

企业找到自己的消费者之后，取得潜在消费者的名单，会根据自身产品的特点、用途、价格及其他方面的特性，对预期消费者进行更深入的衡量与评价。

3. 接近消费者

企业应该知道初次与客户交往该怎样制订自己的拜访计划，该弄清自己使用什么样的销售工具才有效，该怎样会见和向消费者问候，从而使双方的关系有一个良好的开端。

4. 讲解和示范

企业在接近消费者之后，紧接着的工作就是要与消费者进行洽谈，以正确的方法向消费者描述产品带给他们的利益。与目标消费者的深入洽谈是决定其是否购买产品的一个重要环节，主要方法有语言介绍和销售示范。

5. 处理消费者异议

消费者在听取产品介绍过程中，或在要他们订购时，几乎都会表现出抵触情绪。要缓解或消除这些抵触情绪，企业应采取积极的方法。

6. 诱导交易

企业必须懂得如何从消费者那里发现可以达成交易的信号，包括消费者的动作、语言、评论和提出的问题，并诱导消费者达成交易。

7. 售后服务

交易达成之后，企业要向消费者提供服务，以努力维持和吸引消费者，假如企业无法提供恰当的售后服务，则很可能使原本满意的消费者变得不满意。

（三）消费者心理开拓

消费者的心理开拓，最重要的是一定要看透消费者的心，也就是他们想要从你这里得到什么，或者从你的服务或者产品上得到什么，这也是别人无法模仿的。摸透对方的心，才会有最好的销售。

1. 把握消费者心理开拓而制定的营销策略重要性

是否能够准确地把握市场需求，树立正确的营销观念，根据消费者的心理和行为规律采取适当的营销策略，是企业能否成功地占领消费者领域的关键策略。

总的来说，企业的营销计划始终是针对广大消费者的行为，把消费者对商品市场的购物心理结合到营销策略中来，一旦方式正确，便会取得很好的效果。往往大型的企业对这一点的研究很细致。

2. 制定相应的营销策略

（1）坚持投其所好

企业的决策者如果不根据消费者的需求而盲目生产，其产品必然得不到消费者的认可，不受欢迎。要想赢得市场，就要不断求新立异，把握消费需求，投其所好，始终坚持企业的营销原则——"你要什么，我有什么"。

（2）注意潜在市场需求

企业决策者总是把目光投向潜在的需求，即那些消费者尚未意识到，或是已经意识到却没有生产出来的产品。

（3）认真细分市场

认真仔细地进行市场分析，细分目标市场，从而把握目标市场，这是企业发展的又一难题。

（4）引导未来消费

企业决策者要满足消费者由低到高、由陈旧到新潮的不断变化的需求，就必须具有超前意识，把握消费并引导消费。

（5）不断开发市场

创造了市场就等于创造了产品，创造了顾客需要的产品，就赢得了广阔的市场。企业需要从被动到主动，由适应需要到激发需要，不断开发新的市场。

（6）注意广告形象

一个企业或商品的广告效应是很重要的，它往往带给消费者的是整个企业或商品的形象，而形象好坏却关系着这个商品的销量大小等问题。

（四）成功案例

新消费者的开拓是企业成长的基础，对新老消费者价值的认识是企业在市场运作方面必须考虑的重要因素。

请看国际著名品牌"优派"的表现：

优派作为全球著名的视讯科技和专业显示器品牌，在国内始终坚持以优秀的品牌形象、优异的产品品质和贴心周到的服务赢得消费者。优派进入中国市场的同时也将全球性的营销和服务理念带入了中国，其品牌认知度迅速提升。优派深知，良好的服务是下一次销售前的最好促销，是提升消费者度和忠诚度的主要方式，也是树立企业口碑和传播企业形象的重要途径。优派在开拓新消费者的同时，还非常注重维系与老消费者之间的关系。虽然维护老消费者所投入的精力只有开拓新消费者的十分之一，但老费者的口碑作用得以使优派的品牌一传十，十传百，口口相传的结果能够为优派带来源源不断的新消费者。这就是优派为什么能够获得"品牌忠诚度第一"的荣誉原因所在。

作为专业的显示设备提供商，优派一直是高品质的代名词。从全球第一台分辨率达920万像素显示器的推出，到引领大屏幕时尚的巅峰，系列产品"Vet-ta"系列，再到可以接收 HDTV 信号的 18 寸液晶 VG800、16 毫秒产品的领跑等，优派的产品满足了各种不同用户的需求，从机场到海关，从卫星指挥中心到证券交易所，到处都是代表优派的三只可爱"优鸟"的身影，"产品满意度第一"是对优派产品的最好认可。

随着消费者的品牌意识的不断增强，消费者购买产品时也从单纯地考虑价格因素转向从品牌、品质和各方面综合考虑。消费者对品牌的满意度如何，可以从产品的销售量和销售额的增长中得到最好的印证。

（五）总结

消费者流失是当今大多数企业所面临的一个难题，这不仅意味着企业的资源流失，还会加大新消费者开发的难度，意味着将要付出更加高昂的开发成本。部分企业员工可能会认为，消费者流失了就流失了，旧的不去，新的不来。他们根本不知道，流失一个消费者，企业要损失多少。一个企业如果每年能降低 5% 的消费者流失率，利润可相应增加 25% ~ 85%。

市场是不断变化着的，消费者的口味也会改变，消费者年龄会增大，经济有繁荣也会有衰退——环境的种种变化会使曾经成功的制胜之道归于失效。因此，防范消费者流失的工作既是一门艺术，也是一门科学，需要企业不断地去创造、传递和沟通优质的消费者价值，这样才能最终获得、保持和增加消费者，锻炼企业的核心竞争力，使企业拥有立足于市场的资本。

小链接

大宝是北京三露厂生产的护肤品，在国内化妆品市场竞争激烈的情况下，大宝不仅没有被击垮，还逐渐发展成为国产名牌。在日益增长的国内化妆品市场上，大宝选择了普通工薪阶层作为销售对象。既然是面向工薪阶层，销售的产品就一定要与他们的消费习惯相吻合。一般说，工薪阶层的收入不高，很少选择价格较高的化妆品，而他们对产品的质量也很看重，并喜欢固定使用一种品牌的产品。因此，大宝在注重质量的同时，坚持按普通工薪阶层能接受的价格定价。其主要产品"大宝 SOD 蜜"市场零售价不超过 10 元，日霜和晚霜也不过是 20 元。产品的价格同市场上的同类化妆品相比有很大的优势，其产品本身的质量也不错，再加上人们对国内品牌的信任，大宝很快争得了顾客。许多顾客不但自己使用，也带动家庭其他成员使用大宝产品。

大宝还了解到，使用大宝护肤品的消费者 35 岁以上者居多。这一类消费者群体性格成熟，接受一种产品后一般很少更换。这种群体向别人推荐时，又具有可信度，而化妆品的口碑好坏对销售起着重要作用。大宝正是靠着群众路线获得了市场。

在销售渠道上，大宝认为如果继续依赖商业部门的订货会和各省市的百货批发，必然会造成渠道越来越窄。于是，三露厂采取主动出击，开辟新的销售网点的办法，在全国大中城市有影响的百货商场设置专柜，直接销售自己的产品。

在广告宣传上，大宝强调广告媒体的选择一定要经济而且恰到好处。大宝一改化妆品广告的美女与明星形象，选用了戏剧演员、教师、工人、摄影师等实实在在的普通工薪阶层人士，在日常生活的场景中，向人们讲述了生活和工作中所遇到的烦恼以及用了大宝护肤品后的感受。广告的诉求点是工薪阶层所期望解决的问题，于是，"大宝挺好的"、"想要皮肤好，早晚用大宝"、"大宝明天见，大宝天天见"等广告词深深植入老百姓的心中。

问题：

1. 大宝化妆品成功的主要原因是什么？

2. 结合本案例谈谈企业应如何根据顾客消费心理进行顾客的开发与拓展。

资料来源：百度文库（http://www.wenkn.baidu.com），内容有改编。

第三节　消费者定位与开拓的区别与联系

小链接

香港家居的不同定位来开拓市场

大家都知道"IKEA 宜家"家居市场。在香港，除了瑞典的宜家，还有很多这样的家居市场，如日本的 Francfranc、MUJI 无印良品，香港本地的 G.O.D 住好的、citysuper、LOG－ON，还有一些物美价廉的，如实惠家居广场、日本城等。

虽然家居市场有不少，但是每家家居市场的定位都各不相同。G.O.D 住好的、宜家家居和实惠家居广场产品都比较全面，生活中所需的各种家居用品都可以在这几个地方一站购齐，而 Francfranc、MUJI 无印良品、citysuper、LOG－ON、日本城就以多种多样的家居装饰品为主。

综合家居店 G.O.D 住好的、宜家家居和实惠家居广场这三个地方在香港都销售良好，拥有多家分店，产品齐全，包括家具、家纺用品、装饰品、厨房和浴室用品等。按产品档次来分，G.O.D 住好的、宜家家居和实惠家居广场依次为高、中、低档。

宜家店助理产品经理表示，每年宜家家居都会推出新系列，令产品多样化，增加对消费者的吸引力。

与宜家的销售形式很相似的 G.O.D 住好的是香港本地的家居店，已经在香港开了两家分店，都位于繁华商业区，主要销售流行家居用品。设计师善于将传统东方技术和新科技、新材料融合在一起，照顾高密度城市居住空间的需要。据说追求生活品位的香港年轻一代都喜欢在 G.O.D 购买家居产品。G.O.D 以有生命的设计，让每件产品都变得鲜活起来，让每个人都能以自己的方式住好一点。它的卖点就是地道的本土文化，并以此建立自身形象。

香港 LOG－ON 是 citysuper 的品牌副线，主要销售精品杂货。该店从世界各地引入了富有创意的有趣产品，有成百甚至上千个产品，颇具设计感，让很多人都爱不释手。店铺有很多来自欧洲及日本品牌的新系列。该店现在分别于又一城和太古城中心设有分店，而两间 LOG－ON 的产品组成又不尽相同。又一城 LOG－ON 销售生活杂货、时装，太古城中心 LOG－ON 销售家居设计、厨房用具、小器具及健康产品等。"开每一间分店时，都要因地区而做不同的组合，重点也会有所不同，这是 citysuper 的开店策略。"

资料来源：http://www.poluoluo.com/zt/201104/118426.html.

（一）联系

消费者定位是消费者开拓的前提条件和基础，因此定位与开拓是紧密联系的。绝大多数企业在创造业绩的过程中都是从消费者定位入手，在此基础上开拓市场，如图 2.5

所示。

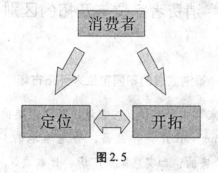

图2.5

（二）区别

虽然两者有联系，但两者还是有区别：

两者的含义不同。定位就是要找准目标，找准在市场的地位，使企业与众不同，让企业在市场中有自己的品牌和优势。企业有自己的产品之后，就会以某种方式向消费者推荐自己的产品，这就需要企业开拓。

两者的重要性不同。定位的重要性是创造产品的差异，使企业有自己的特点和品牌，在消费者心里留下深刻的印象，能区分出企业的产品跟其他产品的不同。定位是营销的重要的要素，是各种营销的依据和前提；开拓是让企业保持并增加自己的消费者数量。为了补充流失的消费者，防止业绩的下滑，企业必须懂得怎样开拓消费者。

两者的步骤不同。定位是先找到适合企业的方法，然后开创自己的品牌，创造新的产品类别；当企业有了自己品牌之后，要把自己的产品推销出去，这时就需要企业来开拓自己的消费者，由于企业在开始的阶段没有自己的消费者，就首先需要寻找消费者。当找到自己的消费者之后，企业就会接近消费者，向消费者介绍自己的产品，让消费者了解企业的产品，使消费者对企业以及企业的产品有一个深刻的印象。

小链接

美国西南航空公司（Southwest Airlines）是1971年6月18日由罗林·金与赫伯·凯莱赫创建。其首航从达拉斯到休斯敦和圣安东尼奥，是一个简单配餐而且没有额外服务的短程航线。它的总部设在得克萨斯州达拉斯。美国西南航空以"廉价航空公司"而闻名，是民航业"廉价航空公司"经营模式的鼻祖。西南航空在美国国内的通航城市最多。根据美国民航业2005年的统计数据，从载客量上计算，它是美国第二大航空公司。西南航空经营的重点城市有达拉斯、拉斯维加斯、麦卡伦、芝加哥、凤凰城、巴尔的摩、菲尼克斯、奥克兰、奥兰多、休斯敦、圣地亚哥等。

美国西南航空几年内迅速扩张和发展，成为以美国国内城际间航线为主的航空公司，创造了多项美国民航业纪录。其利润净增长率最高，负债经营率较低，资信等级为美国民航业中最高。2001 年"9·11"事件后,几乎所有的美国航空公司都陷入了困境,而西南航空公司则例外。2005 年运力过剩和史无前例的燃油价格让美国整个航空公司行业共亏损 100 亿美元,达美航空和美国西北航空都是同年申请破产法保护。相比之下,西南航空则连续第 33 年保持赢利。美国西南航空是自 1973 年以来唯一一家连续盈利时间最长的航空公司。

分析:"9·11"恐怖事件致使整个航空业遭受了巨大的打击。而此时航空业的战略已不是盈利而是生存。在这种情况下,在其他航空业采取削减战略时,西南航空坚持自己的方向,保持了全部日常安排,而且在这个特别时期里把别的竞争对手的顾客也争取了过来,并尽力在空中业务回升时留住这些顾客。这些都是西南航空公司战略计划的体现,为企业的未来发展创立了良好的环境与总体目标。西南航空通过内部环境研究与外部环境研究选择了适合企业的发展途径,看清了企业将来发展的方向。虽然在过渡时期,企业也承担了巨大的损失,但由于其把握好了战略计划的整体性与长期性,通过战术性计划将战略计划付诸实施,最终使得自己在全年里仍然保持了盈利的状况。而其他主要的航空公司都是亏损的,这充分证明了西南航空公司采取的战略计划的正确性。而这一切战略计划都基于美国西南航空公司在公司成立初期对航空这块市场根据路途的长短进行细分,将航空市场分为长线和短线。对自己的消费者市场有一个明确的定位。瞄准短线这块空缺市场进行投资,并取得成功。抓住消费者对于金钱和效率方面的需要开拓了消费者市场。而且在遇到危机的时候、在自己有优势的时候抓住机会发展了新的消费者。从而达到留住旧的消费者、吸引新的消费者的目的,提高了自己的竞争力。

就现在西南航空公司的现状,它有自己的发展方向。

A. "碳平衡"绿色飞机;

B. 无线上网;

C. 横向发展:将业务拓展到各个地区。

资料来源:MBA 智库百科(wiki. mbalib. com/wiki)美国西南航空公司,内容有改编。

思考题

1. 消费者定位的定义是什么?

2. 开拓的重要性体现在哪些方面?

3. 消费者定位与开拓的步骤有哪几步?

4. 企业开拓应遵循的原则是什么?

5. 做好消费者开拓的意义是什么?

参考文献

[1] 李飞. 钻石图定位法 [M]. 北京：经济科学出版社，2006.

[2] 李飞. 定位地图 [M]. 北京：经济科学出版社，2008.

[3] 范云峰. 客户开发营销 [M]. 北京：中国经济出版社，2003.

[4] 杰克·特劳特，史蒂夫·瑞维金. 新定位 [M]. 北京：中国财政经济出版社，2005.

[5] 刘鑫. 定位决定成败 [M]. 北京：中国纺织出版社，2006.

[6] 刘永炬. 玩定位 [M]. 北京：机械工业出版社，2009.

[7] 张永成. 让鱼浮出水面 [M]. 北京：机械工业出版社，2005.

[8] 陈友玲. 市场调查、预测与决策 [M]. 北京：机械工业出版社，2009.

[9] Graham Hooley, John Saunders, Nigel Piercy. 营销战略与竞争定位 [M]. 3 版. 北京：中国人民大学出版社，2007.

[10] 熊素芳. 营销心理学 [M]. 北京：北京理工大学出版社，2006.

[11] 白战凤. 消费心理分析 [M]. 北京：中国经济出版社，2006.

[12] 陈一君. 市场调查与预测 [M]. 成都：西南交通大学出版社，2009.

[13] 卢泰宏. 消费者行为学 [M]. 北京：高等教育出版社，2005.

[14] 杨顺勇. 市场营销学 [M]. 北京：化学工业出版社，2009.

[15] 邵景波. 顾客资产测量与提升 [M]. 哈尔滨：哈尔滨工业大学出版社，2008.

[16] 叶敏，张波，平宇伟. 消费者行为学 [M]. 北京：北京邮电大学出版社，2008.

[17] 郑玉香，刘泽东. 市场营销学新论 [M]. 北京：北京大学出版社，2007.

[18] 侯惠夫. 重新认识定位 [M]. 北京：中国人民大学出版社，2007.

第三章
忠诚消费者的培养

小链接

泰国的东方饭店堪称亚洲饭店之最，几乎天天客满，不提前一个月预定是很难有入住机会的，而且客人大都来自西方发达国家。泰国在亚洲算不上特别发达，但为什么会有如此诱人的饭店呢？

一位朋友因公务经常出差泰国并下榻在东方饭店，第一次入住时良好的饭店环境和服务就给他留下了深刻的印象，当他第二次进住时几个细节更使他对饭店的好感迅速升级。那天早上，在他走出房门筹备去餐厅的时候，楼层服务生恭敬地问道："于先生是要用早餐吗？"于先生很奇异，反问"你怎么知道我姓于？"服务生说："我们饭店规定，晚上要背熟所有客人的姓名。"这令于先生大吃一惊，因为他频繁往返于世界各地，入住过无数高等酒店，但这种情况还是第一次碰到。

于先生愉快地乘电梯下到餐厅所在的楼层，刚刚走出电梯门，餐厅的服务生就说："于先生，里面请。"于先生更加怀疑，因为服务生并没有看到他的房卡，就问："你知道我姓于？"服务生答："上面的电话刚刚下来，说您已经下楼了。"如此高的效率让于先生再次大吃一惊。

于先生刚走进餐厅，服务小姐微笑着问："于先生还要老位子吗？"于先生的惊奇再次升级，心想"尽管我不是第一次在这里吃饭，但最近的一次也有一年多了，难道这里的服务小姐记忆力那么好？"看到于先生惊奇的眼光，服务小姐自动说明："我刚刚查过电脑记载，您在去年的 6 月 8 日在靠近第二个窗口的位子上用过早餐"，于先生听后高兴地说："老位子！老位子！"小姐接着问："老菜单？一个三明治，一杯咖啡，一个鸡蛋？"现在于先生已经不再惊奇了："老菜单，就要老菜单！"于先生已经高兴到了极点。上餐时餐厅赠送了于先生一碟小菜，由于这种小菜于先生是第一次看到，就问："这是什么？"服务生后退两步（为了防止唾液不慎落在客人的食品上）说："这是我们特有的某某小菜"。

这一次早餐给于先生留下了毕生难忘的印象。后来，由于业务调整的原因，于先生有三年的时光没有再到泰国去。有一天，在于先生生日的时候忽然收到了一封东方饭店发来的生日贺卡，里面还附了一封短信，内容是：亲爱的于先生，您已经有三年没有来过我们这里了，我们全部职员都非常惦念您，盼望能再次见到您。今天是您的生日，祝您生日快乐。于先生当时激动得热泪盈眶，起誓假如再去泰国，绝对不会到任何其他的饭店，必定要住在东方，而且要说服所有的朋友也像他一样选择！

迄今为止，世界各国约 20 万人曾经住过东方饭店，用他们的话说，只要每年有十分之一的老顾客光顾饭店，就会永远客满。这就是东方饭店成功的秘诀。

问题：东方饭店生意盈门的关键是什么？

资料来源：http://www.zongcai.net/infoview/Article_2342.html，中国成功资讯，2005 - 8 - 7，作者：余世维，内容略有改动。

对于企业而言，开拓新的消费市场诚然十分重要，而维系和巩固既有的消费者，培养和形成消费忠诚，更是最基础的立命之本，也是最经济的营销之道。

美国学者雷奇汉（Frederick F. Reichheld）和赛塞（W. Earl Sasser, Jr）的研究结果表明，顾客忠诚率提高 5%，企业的利润就能增加 25% ~ 85%。对于企业来说，拥有一批忠诚的顾客能够提升企业的竞争优势、鼓舞员工士气、提高劳动生产率，并且也是企业实施客户关系管理（CRM）的最终目标。

忠诚消费者的培养，大致可按如下六个阶段进行：

第一节　从可能购买对象到有效潜在购买对象

寻找潜在客户是任何销售人员从事销售工作的一条起跑线。

所谓潜在客户，就是指对销售人员所在公司的产品或服务确实存在需求并具有购买能力的任何个人或组织。

如果某个个人或组织存在对某种产品或服务的可能需求，但这种可能性又尚未被证实，那么这种有可能购买某种产品或服务的客户就称为"可能购买对象"；可能的购买对象被证实确实有需求，就成为"有效潜在购买对象"；经销售人员按照某种要求评估合格的有效潜在购买对象就成了实际销售的对象，即"目标客户"。

从可能购买对象到有效潜在购买对象仅一步之隔。

一、寻找潜在客户的原则

寻找潜在客户首先是量身定制的原则，也就是选择或定制一个满足自己企业具体需要的寻找潜在客户的原则。不同的企业，对寻找潜在客户的要求不同，因此，必须结合自己公司的具体需要，灵活应对。任何拘泥于形式或条款的原则都可能有悖公司的发展方向。

其次是重点关注的原则，即 80 ∶ 20 原则。该原则指导我们事先确定寻找客户的轻重缓急，把重点放在具有高潜力的客户身上，把潜力低的潜在客户放在后边。

最后是循序渐进的原则。

二、寻找可能购买对象的方法

寻找潜在客户的方法非常多。主要的方法有：

（一）逐户寻访法

该法又称为普访法、贸然访问法，指销售人员在特定的区域或行业内，用上门访问的形式，对估计可能成为客户的单位、组织、家庭乃至个人逐一地进行访问并确定销售对象的方法。逐户寻访法遵循"平均法则"原理，即认为在被寻访的所有对象中，必定有销售人员所要的客户，而且分布均匀，其客户的数量与访问对象的数量成正比。

逐户寻访法是一个古老但比较可靠的方法，它可以使销售人员在寻访客户的同时，了解客户、了解市场、了解社会。该法主要适合于日用消费品或保险等服务的销售；该法的缺点就是费时、费力，带有较大的盲目性；更为严峻的是，随着经济的发展，人们对住宅、隐私越来越重视，这种逐户寻访法的实施面临着越来越大的难度。

（二）客户引荐法

该法又称为连锁介绍法、无限连锁法，指销售人员由现有客户介绍他认为有可能购买产品的潜在客户的方法。方法主要有口头介绍、写信介绍、电话介绍、名片介绍等。实践证明，客户引荐法是一种比较有效的寻找潜在客户的方法，它不仅可以有效地避免寻找工作的盲目性，而且有助于销售人员赢得新客户的信任。

客户引荐法适合于特定用途的产品，比如专业性强的产品或服务性要求较高的产品等。

（三）光辉效应法

该法又称为中心辐射法、名人效应法或影响中心法等，属于介绍法的一种应用特例。它是指在某一特定的区域内，首先寻找并争取有较大影响力的中心人物为客户，然后利用中心人物的影响与协助把该区域内可能的潜在客户发展为潜在客户的方法。

该法的得名来自于心理学上的"光辉效应"法则。心理学原理认为，人们对于在自己心目中享有一定威望的人物是信服并愿意追随的。因此，一些中心人物的购买与消费行为，就可能在他的崇拜者心目中形成示范作用与先导效应，从而引发崇拜者的购买行为与消费行为。

光辉效应法适合于一些具有一定品牌形象、具有一定品位的产品或服务的销售，比如高档服饰、化妆品、健身等。多利用广告、公关或者直效行销等手段。

（四）代理人法

代理人法，就是通过代理人寻找潜在客户的办法。在国内，大多由销售人员所在公司出面，采取聘请信息员与兼职销售人员的形式实施，其佣金由公司确定并支付，实际上这种方法是以一定的经济利益换取代理人的关系资源。

该法的依据是经济学上的"最小、最大化"原则与市场相关性原理。代理人法的不足与局限性在于合适的代理人难以寻找。更为严重的是，如果销售人员与代理人合作不好、沟通不畅或者代理人同时为多家公司担任代理，则可能泄露公司商业秘密，这样可能使公司与销售人员陷于不公平的市场竞争中。

（五）直接邮寄法

在有大量的可能的潜在客户需要某一产品或服务的情况下，用直接邮寄的方法来寻找潜在客户不失为一种有效的方式。直接邮寄法具有成本较低、接触的人较多、覆盖的范围较广等优点；不过，该法的缺点是时间周期较长。

（六）电话营销法

电话营销法利用电信技术和受过培训的人员，针对可能的潜在客户群进行有计划的、可衡量的市场营销沟通。运用电话寻找潜在客户法可以在短时间内接触到分布在广阔地区内的大量潜在客户。

（七）滚雪球法

所谓滚雪球法，就是指在每次访问客户之后，销售人员都向客户询问其他可能对该产品或服务感兴趣的人的名单。这样就像滚雪球一样，在短期内很快就可以开发出数量可观的潜在客户。滚雪球法，尤其适合于服务性产品，比如保险和证券等。

（八）资料查阅法

该法又称间接市场调查法，即销售人员通过各种现有资料来寻找潜在客户的方法。不过，使用该法需要注意以下问题：一是对资料的来源与资料的提供者进行分析，以确认资料与信息的可靠性；二是注意资料可能因为时间关系而出现的错漏等问题。

（九）市场咨询法

所谓市场咨询法，就是指销售人员利用社会上各种专门的市场信息咨询机构或政府有关部门所提供的信息来寻找潜在客户的方法。使用该法的前提是市场上的信息咨询行业比较发达。

使用该法的优点是比较节省时间，所获得的信息比较客观、准确，缺点是费用较高。

三、对可能购买对象的评估

大量的可能购买对象并不能转变为有效潜在购买对象，因此，需要对可能购买对象进行及时、客观的评估，以便从众多的名单中筛选出目标客户。

（一）帕累托法则

帕累托法则，即80：20法则，这是意大利经济学家帕累托于1897年发现的一个极其重要的社会学法则。该法则具有广泛的社会实用性，比如20%的富有人群拥有整个社会

80%的财富、20%的客户带来公司80%的营业收入和利润，等等。帕累托法则要求销售人员分清主次，锁定重要的对象。

（二）MAN法则

MAN法则，引导销售人员发现可能购买对象的支付能力、决策权力以及需要。

一是该潜在客户是否有购买资金M（Money），即是否具有消费此产品或服务的经济能力，有没有购买力或筹措资金的能力。

二是该潜在客户是否有购买决策A（Authority），即对方是否有购买决定权。

三是该潜在客户是否有购买需要N（Need），在这里还包括需求。需要是指存在于人们内心的对某种目标的渴求或欲望，它由内在的或外在的、精神的或物质的刺激所引发。另一方面客户需求具有层次性、复杂性、无限性、多样性和动态性等特点，它能够反复地激发每一次的购买决策，而且具有接受信息和重组客户需要结构并修正下一次购买决策的功能。

第二节　从有效潜在消费者到初次购买者

一、成功的关键在于坚持与耐心

相关资料表明，平均需要接触七次才有可能将一名有效潜在消费者转化为初次购买者。所以，坚持、必要的投资和耐心，是促成这一转换的关键。而一旦取得消费者的信赖，将带来长久的利益。

二、建立消费者的信赖感

信任感是消费者对一个品牌的信赖，也就是消费者安全需要的一种演变。因为，消费者觉得相信这个品牌时，才有可能重度消费，才有可能持续消费。所以，信任感是消费者产生忠诚的基本前提。

而建立这种信赖感的关键是：永远优先考虑消费者的利益，用事实和数据来说话，塑造产品的价值，并且只允诺可以履行的承诺。

三、聆听消费者需求

消费者需要的是有人可以聆听他们诚实而且直截了当地提出的需求，能够诊断问题并提供解决途径。

比如，在"非典"时期，乐百氏公司发现人们对自己身体的健康关注程度达到一个新的高度，所以抓住时机迅速推出了"脉动"饮料。该功能性饮料可以提高人体的免疫能力，满足了人们对健康的需求，一经推出，就在全国热销。后来，康师傅、农夫山泉等公司也相继推出功能性饮料，进一步加剧了饮料市场的细分。

类似的例子很多，而在市场上，忽略消费者需求而失败的例子也非常多。比如价格和品牌影响力十分接近的两个竞争牙膏品牌同时在某大型卖场做促销，双方的堆头和海报也旗鼓相当。不过形式上，A品牌是在每盒牙膏上附赠一个刷牙用的杯子，卖一送一。B品牌也同样是卖一送一，不过赠品是一块香皂。活动结束后发现，送香皂的品牌销量远远高于送刷牙杯的A品牌销量。为什么呢？试想哪个家庭会缺少刷牙用的杯子呢？而香皂是日常必用品，是家庭经常需要补充购买的易耗品。这样的赠品更符合消费者的需要，当然效果也会更好。

四、作好再次接触的准备

促进消费者作出购买决定，这绝不是一蹴而就的事情。我们需要作好多次接触持续沟通的准备，方能成功说服对方达成销售。

五、从失败交易的反省中，获取有价值的信息

失败并不可怕，在促使消费者从关注者到购买者的这一转换过程中，我们并不能做到百发百中——我们总会受到各种制约：潜在购买者的现时购买能力、竞争品牌的压力、舆论环境的变化等等，都有可能成为这一转化过程的制约。

关键是，我们是否明确地知悉导致这一转化过程失败的关键因素是什么。这将成为我们改进销售策略、提升购买转化率的关键。

小链接

6个轻松步骤帮你成功销售

这是一篇令人期待已久的文章，文中介绍了6个步骤，帮助你实现B2B和B2C的销售目标。

这些步骤是在与Linda Richardson谈话的基础上归纳整理出来的。Linda Richardson是销售培训公司Richardson的创立者，也是《完美销售》这本畅销书的作者。

步骤1：摒弃ABC战略

我不是在开玩笑。传统的销售培训课程一般在强调"ABC"（Always Be Closing）战略，即"一定要成交"战略。虽然这个战略很容易被人们所记住，但是它却是一个糟糕的战略。

原因很简单。任何一个客户都不愿意在别人的逼迫下购买产品。而ABC战略对客户形成一种购买的压力，这自然会使客户产生对销售的抵制。

即使是ABC战略取得了效果，也不是好消息，因为销售人员可能会面临其他的麻烦。为什么这么说呢？当客户屈服于销售人员的压力之后，他们不免会对销售人员产生厌烦的

心理，并找机会使眼下的这桩买卖不能成交，或者下次不再与销售人员打交道。

步骤2：树立正确的心态

优秀的销售人员认为，时钟只有一个时间，那就是现在。如果他们获得领先的机会，那么他们肯定会抓住这个机会，并完美地坚持下去。

如果你想使销售取得成功，那你一定要坚持不懈地努力。如果一桩买卖有三个销售人员去竞争的话，那么最后的成功者一定是一位有心人。比如他会在与客户会面之后及时地把特制的信件或电子邮件发送给客户。

销售人员应该在采取行动时既谨慎又不遗余力。他们应当善于与客户交流，在销售过程中合理地运用技巧，并对销售工作充满自信。

更重要的是，好的销售人员知道，为了成交一桩生意而破坏与客户关系的做法是错误的。

步骤3：为每次会面设立一个目标

当你去拜访一个客户时，你应该有一个特定的、可衡量的、适度超前的目标。

特定的目标并不等于是感觉良好的目标，如"我一定要与客户达成交易"。特定的目标是容易被评估和衡量的，比如"我要得到一份重要的决策人名单"或"我要向客户提出交易请求"。

目标还应当适度超前，但是要符合你在销售周期中所处的阶段。比如，第一次去和多位决策者谈一桩数百万美元的交易，如果你抱着"今天必须完成交易"的目标，那就显得过于激进了。

设定目标并不意味着你的行动失去了灵活性，也不表明你不能对目标进行调整。优秀的销售人员总是懂得把握与客户谈话的方向，保持双方对交易的兴趣，进而使一桩交易得以最终实现。

步骤4：在实现目标的过程中不断地检验

在与客户见面的过程中，始终保持客户积极地参与谈话。在谈话中，你能够判断客户的目标、战略、决策过程、时间表等等重要信息，并把你的思路、产品情况和解决办法告诉客户，以迎合他们的需求。这是一个基本的销售方法。

你必须在与客户的交谈中抛出一些"检验性"问题，以求得对方的反馈。向他们询问一些开放性的、非引导性的问题。这可以帮助你了解客户的需要，并及时调整你的解决方案。最重要的是，这个检验的过程能够帮助你获得重要的信息，以最终实现交易。

有效的"检验性"问题不能是那些引导性问题，比如"这对你有意义吗"或"你是否同意"。在回答这些引导性问题时，客户通常会选择简单的方法回答，答案并不一定是他们的真实想法。因此，你应当问一些"检验性问题"，比如"这听起来怎么样"或"你怎么想"。

与引导性问题不同，"检验性问题"会使客户为你提供坦率的、重要的信息。例如：

不好的交流方式：

你："我们在所有重要市场都拥有一流的交付能力。"（销售人员在表达完自己的意思之后得不到有效的回答）

客户："那么如何开具发票？"

以上的对话不能表现出客户对你所说的"一流交付能力"是否同意。

好的交流方式：

你："我们在所有重要市场都拥有一流的交付能力。你认为这对于你们有帮助吗？"

客户："我担心的是，你们无法满足我们的全球市场需求。"

你："我知道你们的需求是全球性的，为什么你认为我们无法满足你们的需求呢？"

客户："因为你们好像没有国际分支机构。"

你："在全世界进行人员部署很重要，为此我们在每个地区都与当地的顶尖企业结成了伙伴关系，这样我们就无须再设立分支机构了。不知这样能否满足你们的要求？"

客户："当然可以，这么说你们可以集中开具货物发票。"

上面的对话可以使销售人员了解客户所想，并且可以为最终达成交易而重新配置公司能力。

总之，每一次你在介绍产品和服务之后，都应该从客户那里获得反馈信息。最好的反馈是，客户对你所说的一切表示认可，并急于与你进行交易。

步骤5：总结，然后进行最终检验

如果你的客户没有表现出急于成交的意思，那么你必须进行最后的努力，否则你将失去有利地位甚至失去这桩生意。

你已经将你的产品和服务向客户作了清晰的介绍，客户也已经了解你的产品和服务是否能够满足他们的需要。而且通过"检验性问题"，你清楚了客户对于你表达意思的理解和他们的态度。现在就应当进行谈判的最后环节了。

首先，再给客户一个简短而清晰的总结，重申你的产品和服务能给客户带来的好处。做完这一步，直接进入最后的检验环节。不是为了让客户了解什么，而是为了征得他们的同意。比如：

你："我们遍及全球的服务可以使你的员工在任何地方都能享受到，而且成本比你们今天使用的服务要低很多。这能否达到你们的期望？"

最后检验环节的目的是为达成最终交易铺路，同时也给客户一个提出异议的机会。如果客户提出不利于交易实现的问题，那么灵活地应对，再次争取机会。

步骤6：提出成交请求

已经到了该直接询问是否能达成交易的时候了。在进行这一步时，一定要有自信，而且意思要表达清楚。比如：

你："我们已经为这桩生意作好了准备，你能否与我们合作？"

如果客户没有同意，那要搞清楚是什么原因，然后再继续尝试。无论你是否能够最终实现这桩交易，但在与客户的整个会面过程中，你的自信、活力和诚意都会给他们留下深刻的印象。

最后谢谢你的客户与你达成交易，或者表达继续与他们保持密切联系的愿望。

资料来源：6个轻松步骤帮你成功销售（http://blogs.bnet.com.cn/？action-viewspace-itemid-10834），内容有改编。

第三节　从初次购买者到重复购买者

顾客重复购买意向，它在欧盟和美国顾客满意指数体系中均被作为顾客忠诚度的主要测量指标之一。

实现这个令企业欣喜的指标的关键前提是：品质。我们这里所说的一切都基于优秀品质和良好服务的前提。而在这个前提之下，我们还必须进行如下工作：

一、分析初次购买者拒绝回头的原因

通常，消费者不再进行重复购买的主要原因有：

（一）在接受产品和服务过程后，购买者对实际质量的评估低于他们的期望水平

顾客在购买和使用该品牌产品后，对它的实物质量和服务质量形成感知，预期与感知之间经常存在差异。当感知高于预期水平时，顾客满意程度较高，顾客重复购买的意向较高。当感知没有达到预期水平时，顾客的满意程度较低，顾客重复购买的意向较低。而这种感知是顾客对质量的预期、对实物质量的感知、对服务质量感知、对品牌形象的感知和对性能价格比感知的集中体现。

虽然这些原因的产生是令人遗憾的，但从中找到自身的不足，进行完善和调整，避免类似情况的发生，是我们可以从失败中得到的最大收益。

（二）消费者与以前的供应者继续联系

消费者在转移供应商时会感觉有转换障碍，即顾客在对以前服务不满意的情况下，转移到其他供应商时会感觉到经济、社会和心理负担。转换障碍越小，顾客被强迫与其以前的供应商保持关系的可能性也越大。

这种情况就要求企业能够提供竞争对手难以模仿的服务，或者可以提供更好的产品。

（三）没有正规的服务系统

消费者对企业所提供的服务的要求大致有：

可靠性——切实履行承诺的能力；

积极主动性——协助消费者提供快速服务的意愿，提前预料到问题；

保障——员工的专业知识和勤恳程度，以及博取人信赖的能力；

外在形象——公司的设施配备以及员工给人的印象；

同理心——对消费者关心专注的程度。

小链接

服务的规范化强调七个方面的内容：

1. 时限：向客户提供服务的过程应该花费多长时间？每个步骤所需要的时间为多长？

2. 流程：如何协调服务提供系统的不同部分，它们之间如何相互配合成整体？

3. 适应性：服务能否按照不断变化的客户需要作及时调整？便利程度如何？

4. 预见性：你能预测客户需求吗？能否抢先一步向客户提供信息？

5. 信息沟通：你如何确保信息得到充分、准确和及时的沟通？

6. 客户反馈：你了解客户的想法吗？如何知道客户对你提供的服务是否满意？

7. 组织和监督：有效率的服务程序是如何分工的，由谁来监督？

服务人员的七项有效技能：

1. 仪表：你希望客户看到什么？符合仪表要求的外在指标是什么？

2. 态度：如何传递适当的服务态度，通过表情、语气、肢体语言来把握。

3. 关注：认同客户的个性，从而以一种独特的方式对待每一位顾客。

4. 得体：在不同的环境中，说哪些话比较合适？哪些话不能说？

5. 指导：服务人员如何帮助客户？如何指导客户作出选择和决定？

6. 销售和服务技巧：你提供服务的技巧如何？客户是否很容易接受你的推荐和服务方式？

7. 礼貌地解决客户问题：如何解决客户不满的问题？

服务中展现出的可亲近性与灵活性可以反映在以下八个方面：

1. 关注客户：敏感快速地关注到客户的需求和特殊情况；

2. 了解客户的行为原因：设身处地为顾客考虑；

3. 能帮客户解决问题：对问题的理解和处理能力；

4. 客户和他人是平等的：不能区别对待客户；

5. 用客户能懂的方式沟通：不要摆官腔或技术员的架子；

6. 不要恐吓压制客户：绝对不可以威胁和忽视客户；

7. 能指导客户：如果客户有问题，应帮助他们解决问题，他们会感谢你；

8. 灵活，可以通融：以人为本，客户不是机器，你也不是操纵机器的人。

资料来源：虞莹《从客户满意到客户忠诚》，内容有改编。

（四）与决策者沟通不力

与消费方的决策者缺少有效沟通，对方缺少对我们所销售的产品或服务的共识，这也是导致购买者流失而在实践中常常被忽略的重要因素。

二、建立消费者资料库，对初次购买者进一步了解，及时提供正确的信息

建立品牌与消费者的关系，必须了解消费者需求的变化，在建立消费者资料库的基础上，深入了解初次购买者的决策依据、个性特点、购买需求、使用状况等等，以便能在后续的营销行为中提供其真正感兴趣并符合个人需求的信息，使消费者完全而持续地满意。

三、培养忠诚消费者，必须先培养忠诚的员工

员工稳定是消费者稳定的基石。稳定的员工队伍可以为企业节省培训费，提供更好的服务，增强竞争力。

企业应该重视对人的投资甚于对机器的投资；用技术来支援一线的员工，而不是用监督或做不好就替换的方法；对一线员工的招聘与训练与经理人员一样重要，并且要根据员工的成绩及时给予表扬和奖励。

四、鼓励初次购买者重复购买的方法

感谢初次购买者，赢得情感上的亲近。

及时发现消费者的反应，及时应对。

通过广告、公关等传播活动，持续在客户的心中强调公司的价值。

让消费者了解公司全系列的服务项目。

邮寄产品的使用说明。大部分消费者的不满意在于不知道如何正确、全面的使用产品，所以及时、准确的对消费者辅导是必需的。

提供产品保证、无条件退换等服务的保障。

开发客户的资料库。

推行消费者奖励办法，比如积分活动。

开展"欢迎新消费者"的促销活动。

价值附加的促销活动。如在兑换赠品前，顾客先要接受相关的市场调查，或者留下其个人资料等，如艾美特电风扇让顾客做完市场调查问卷后就有机会抽大奖，赢数码奖品。这些操作都有利于企业以后开展市场营销活动。

第四节　从重复购买者到忠诚购买者

从消费者第一次购买你的品牌开始，就有众多的竞争者在虎视眈眈地要把他争夺过去。企业在此阶段，需要巩固与消费者的关系，增强心理共鸣，形成更加稳定的关系。

在此阶段的关键点是：给消费者价值满足感。

一、成功的根本：提供三种形态的价值

营运作业的优越性、对消费者的亲和性、居于领导地位的产品，这三点是维系消费者忠诚最基本的三个要素。

二、研究消费者

谁是你最好的消费群？他们采购些什么？他们购买的原因是什么？

只有了解消费者以及他们的需求心理，才能有的放矢，以产品、服务和品牌氛围的营造取得认同和支持。

小链接

La Mer，来自深海的美丽传奇海蓝之谜

美国前太空科学家 Dr. Max Huber 任职于美太空总署 NASA 时，在一次火箭燃料爆炸中严重烧灼，面容几乎全毁。经过无数次的求医诊治及皮肤疗养，均无法除去烙痕。他因此决心投入皮肤保养乳霜的研发。历经 12 年、超过 6000 次的实验，终于发现了太平洋深海的秘密能量。海蓝之谜（La Mer）完整保留海草的活性精华，让肌肤细胞再生，不但抚平了 Dr. Max Huber 的伤痕，更能让人感受前所未有的肌肤新光芒。

ESTEE LAUDER

从一瓶护肤霜开始。20 世纪 30 年代，Estee 从担任药剂师的叔叔那里获得了一种润肤霜配方，凭借这个配方，她闯入陌生的美容行业。

雅诗兰黛（ESTEE LAUDER）使越来越多的女性仿佛得到岁月的宠爱，跨越年龄的藩篱。她们的肌肤不再泄露时光的秘密，只因为她们幸运地开启了雅诗兰黛的"瓶中神话"——ANR 特润修护露。

"ANR，16 年后容颜依旧！"全世界 10 秒就卖出一瓶 ANR 特润修护露。

SK－II

SK－II 的核心成分活细胞酵母精华（Pitera）颇具传奇色彩。一切开始于 1975 年。日本北海道的一家清酒酿造厂，一队喜欢寻根问底的科学家，在一次参观酿酒厂的过程中，偶尔注意到酿酒婆婆拥有一双少女般细嫩的手。在惊讶的目光里，他们知道，有人在遭遇奇迹：在清酒（Sake）的酿造过程中，蕴含着一个令肌肤晶莹剔透的秘密。

25 年来，Pitera 几乎成为了 SK－II 的灵魂，它存在于所有 SK－II 的产品中，也书写了 25 年间 SK－II 晶莹剔透的奇迹。

科技发展到今天，Pitera 依旧不能人工合成，只能在特定环境、特定压力和温度下，在自然发酵过程中提纯出来。每一滴 Pitera 都需要经过漫长的发酵培育过程，像孕育生命一样小心。

Neutrogena

1954 年，创办人 Stolaroff 在一次赴欧洲出差的机会中发现了一块由比利时的化学家博士 Edmond Fromont 所发明的独特洗面皂。它外观透明、质地非常温和，能充分洗净，不残留任何皂剂于肌肤。洗脸后约 10 分钟，肌肤就能恢复自然的 PH 值。Stolaroff 将这块洗面皂命名为"Neutrogena"（露得清）并引进美国贩售。

Neutrogena 公司后来在 1973 年上市。露得清与皮肤科医生的良好联结，赢得了大众的高度推崇及信任，自此风行于全球 85 个国家。1994 年，强生公司将其纳入旗下。

问题：从以上的例子，可以看出什么样的共性？

资料来源：根据企业宣传资料整理。

大多数时候，消费者购买的是对未来的期望，而不是实际的产品本身！研究他们的心理比什么都重要！

手表的核心功能是计时。5 元钱就可以买一块计时比较准确、计时功能很丰富的电子手表。而一块普通的瑞士品牌手表价格都在 1000 元以上，两者相差竟然超过 200 倍。

凡勃伦在《有闲阶级论》中提到过"炫耀性消费"，这种消费指向的往往不是物本身，而是物所承载的地位、身份、品位等，即其符号价值。在其实际的符号消费中，消费过程既是向他人显示自己地位的过程，也是在消费这种"地位象征"以及由此显示所带来的一种自鸣得意的过程。

一部小巧的、通话质量良好的手机价格在 500 元以下，而高端手机的价格高达 8000 多元。更有夸张的厂商做出了用蓝宝石做屏幕，用贵重金属做机壳的手机。其功能平常，价格却卖到了 21 万元，竟然还卖出去了 20 多部。

现代商业越来越不像过去那样直接。过去只要提供对消费者有用的东西就可以赚钱。现在很多行业提供有用的产品已经不能有效占领市场了，企业必须提供那些"有价值"的部分才能使消费者掏腰包，才能维系更多的忠诚用户。

三、建立三种障碍，预防消费者更换品牌

"转换成本"（Switching Cost）最早是由迈克尔·波特在 1980 年提出来的，指的是当消费者从一个产品或服务的提供者转向另一个提供者时所产生的一次性成本。这种成本不仅仅是经济上的，也是时间、精力和情感上的，它是构成企业竞争壁垒的重要因素。如果客户从一个企业转向另一个企业，可能会损失大量的时间、精力、金钱和关系，那么即使他们对企业的服务不是完全满意，也会三思而行。

（一）实质性障碍

为消费者提供具体的价值。比如超好的品质或具体的服务。

如机票代售点为争取大客户，提供专员对接，打折信息提前告知、特别积分赠礼、送票上门、24 小时热线服务等。

（二）经济障碍

让消费者意识到更换品牌会造成损失。

如微软在消费者普遍使用 OFFICE 软件后，再大力打击盗版。用户们已普遍习惯了 OFFICE，贸然更换，会造成使用上的障碍以及无法实现与他人文本的兼容和交换。所以，虽然有便宜的金山软件可以选择，但大多数用户还是购买了更为昂贵的微软软件。

（三）心理上障碍

让品牌与消费者心中的价值体系和世界观相联结。这种联结使品牌与消费者之间的关系更为紧密和亲切。在他准备放弃品牌的时候，会先经历内心的冲突。这种冲突常常是他放弃更换的理由。

四、为忠诚而雇佣员工、训练员工、鼓舞士气

如果一家企业提供的产品或服务能不断地满足顾客的期望值但绝不高于顾客的期望值，那么它也只能使其顾客产生伪忠诚。与提供劣质服务的企业相比，这些企业在市场竞争中会处于比较有利的地位，但不能保证顾客长期对它保持忠诚。

只有企业不断地向消费者提供高于最高期望值的产品或服务，并让他们对购物经历感到超级满意时，才会使他们产生真正的忠诚。这部分消费者除了更有可能保持忠诚之外，他们还有可能成为无须支付报酬的市场"导购"，会免费把企业产品推荐给朋友及其同事们。

其实企业需要做的全部工作非常简单，就是对组织中处于不同层次的所有雇员进行培训，并提供激励措施，以确保雇员提供最高水平的服务。

员工的稳定也是至关重要的。持续一致的服务、与客户的密切与和谐都有赖于与员工的稳定。比如广告公司经常有客户跟着客户主任（AE）走的现象、化妆品柜台专柜小姐（BA）与顾客的稳定关系、理发厅里理发师傅与客人的紧密关系。

小链接

"让园内所有的人都能感到幸福"是东京迪斯尼乐园的基本经营目标。

自 1983 年 4 月 15 日开业以来，东京迪斯尼乐园已累计接待游客 3.0993 亿人次，年平均接待游客近 1 550 万人次，2002 年度到访游客人数更创下了 2 482 万人次之新高。如今，作为单体主题游乐园，东京迪斯尼乐园的接待游客人数已远远超过美国本土的迪斯尼乐园，而位居世界第一。

调查显示，东京迪斯尼乐园的固客率已超过 90%。赢得这一近乎幻想的数字，靠的不仅仅是其带有浓厚神秘色彩的主题文化环境，即梦幻般的园内设计、家喻户晓的卡通人物、惊险纷呈的游乐内容、推陈出新的游乐设施等硬环境集客效果，充满亲情的、细致入微的人性化服务最终使游客得以在东京迪斯尼乐园尽享非日常性体验所带来的兴奋感受，

并使这种感受成为传说，在赢得游客钟爱的同时，产生良好、广泛的口碑集客效果。

迪士尼乐园有四个服务标准——安全、礼貌、表演和效率，但我相信，光这四点并不足以说明每个员工所表现出的热忱与温暖。

变"有形的服务"为"有心的服务"

一天，一对老夫妇抱着一个特大号毛绒米老鼠（卡通毛绒玩具）走进我们餐厅。虽然平日里可以见到很多狂热的迪斯尼迷，但眼见抱着这么大毛绒米老鼠的老人走进餐厅还是第一次。

我走到他们身边与他们打招呼："这是带给小孩儿的礼物吗？"

听到我的询问，老妇人略显伤感地答道："不瞒你说，年初小孙子因为交通事故死了。去年的今天带小孙子到这里玩儿过一次，也买过这么一个特大号的毛绒米老鼠。现在小孙子没了，可去年到这里玩儿时，小孙子高兴的样子怎么也忘不了。所以今天又来了，也买了这么一个特大号的毛绒米老鼠。抱着它，就好像和小孙子在一起似的。"

听老妇人这么一说，我赶忙在两位老人中间加了一把椅子，把老妇人抱着的毛绒米老鼠放在了椅子上。然后，又在订完菜以后，想象着如果两位老人能和小孙子一起用餐该多好，就在毛绒米老鼠的前面也摆放了一份刀叉和一杯水。

两位老人满意地用过餐，临走时再三地对我说："谢谢，谢谢！今天过得太有意义了，明年的今天一定再来。"

看着他们满意地离去，一种莫名的成就感油然而生。我为自己有机会在这里为客人提供服务而感到无比的自豪和满足。

这是东京迪斯尼乐园一名餐厅服务员的自述，从中我们不难体会到东京迪斯尼乐园所提供的服务绝非形式上的、单凭工作守则可以规范的服务。如果只是为了给客人提供用餐服务，那么，她所要做的也许只是工作守则中规定的内容。例如：如何对客人微笑、如何倒酒、如何上菜等。但是，只是机械地履行工作守则中的规定，充其量不过是使客人不至扫兴而归，所能得到的也不过是客人可有可无的评价或印象。只有用心地领悟客人的心境，并忠实自然地体现自己内心感受的服务才能真正赢得客人的满意乃至感动。

同时，应该注意的是这名服务员所提供的服务源自她此时的内心所感。如果简单地把这一服务加入工作守则之中，要求服务员见到抱着毛绒玩具的客人就为其多准备一把椅子，那么，这一感人的服务本身也就变成一条有形的硬性规定，非但服务人员的内心感受难以在具体工作中得以体现，有心的感性服务更是无从谈起。

这位员工的体贴是发自内心的。

"东京迪斯尼乐园的员工意味着东京迪斯尼乐园本身。如果为游客提供服务的员工不能在工作中感受到乐趣，那么她又怎么可能为游客提供令人感到快乐的服务呢？只有员工满怀激情快乐地工作，来到这里的游客才会体验到真正的幸福。"正是基于对员工的这一根本认识，东京迪斯尼乐园在营造"享受工作、快乐工作"的企业工作氛围上可谓不遗余力。

得益于多年来各类媒体对东京迪斯尼乐园推崇有加的报道，以及不可胜数的狂热的迪斯尼迷的存在，事实上在日本已经形成了能够在迪斯尼工作即表明一种身份的社会氛围，使其员工的企业忠诚度一直保持在一个很高的水平上。

资料来源：百度文库，《东京迪斯尼》，http://wenku.baidu.com/view/7a43e43510661ed9ad51f374.html。

五、为培养忠诚而采取的营销方法

关系营销、频率营销、会员制营销，这些都是有效培养顾客忠诚的营销方式。

（一）建立顾客数据库

在美国已有80%的公司建立了市场营销数据库，宝洁公司就已建成了两千多万家庭的数据库资料。

由顾客管理机构全面负责整个数据库的管理工作，制定长期和年度的客户关系营销计划，落实公司向客户提供的各项利益，处理可能发生的问题。这样，企业就可以发现顾客的潜在需求，提高顾客满意度，从而与顾客建立和维持良好的关系。

小链接

1997年发生了恒生笔记本电脑事件：一名用户的恒生笔记本电脑因得不到有效的维修，于是他在网上粘贴其与恒生交涉的经历文章。结果，引起轩然大波，由此事件引起的退货就高达2451万元。

沃尔玛在对顾客原始购买信息进行分析时发现，单张发票中同时购买尿布和啤酒的记录非常普遍，分析人员相信并非偶然现象。深入分析得知，通常上超市购买尿布的是美国的男人，而他们在完成太太交代的任务后通常会拎回一些啤酒。得出这样的调查结果后，沃尔玛尝试着将啤酒和尿布摆放在一起销售，结果销售双双成倍增长。

资料来源：根据慧聪网《不能把客户当上帝》http://info.biz.hc360.com/2011/07/130942171027-3.shtml删减整理。

（二）奖励忠诚顾客

区分不同级差的顾客，深入分析其消费心理及消费特点，将人群进行细分，在提供正常优惠措施的同时，为之量身定制一些特定的营销策略，使其享受更多的优惠。

（三）用资讯链接消费者

加强企业与顾客之间的相互了解，保持与顾客的良好沟通，增进顾客对企业的忠诚。同时，也通过顾客的情报反馈系统，了解顾客需求。

比如日本资生堂有一份为全国40万资生堂使用者服务的杂志，其印刷精美，内容时尚，非常贴近女性生活。这本杂志看起来根本就不像一本广告杂志，而更像一本时尚生活杂志。资生堂的杂志每次在商场超市亮相即被一抢而空。

第五节　从忠诚消费者到品牌提倡者

灵智广告发现：口碑的成效是电视或平面媒体的 10 倍。

市场研究公司 Jupiter Research 的调查数据显示：77% 的网民在线采购商品前，会参考网上其他人所写的产品评价；超过 90% 的大公司相信，用户推荐和网民意见在影响用户是否购买的因素中是非常重要的。

由英国的 Mediaedge 实施的调查也发现：当消费者被问及哪些因素令他们在购买产品时更觉放心时，超过 3/4 的人回答"有朋友推荐"。

大量的调查报告均显示，人们想了解某种产品和服务的信息时，更倾向于咨询家庭、朋友和其他个人专家而不是通过传统媒体渠道来进行了解。实际上，调查显示，高达 90% 的人视口碑传播为最好的获得产品意见的渠道；不仅如此，他们认为口碑营销的可靠性比广告或编辑性宣传内容高出几倍。

口碑宣传缩短了建立信赖感的时间，提高了信赖度。而如果这个口碑的来源是品牌的忠实消费者，这对于企业更是最有效的广告宣传。

一、赢得口碑的几种策略

（一）制造一些值得口耳相传的东西

为口碑营销制造内容，这样的内容可能是产品的品质、包装、价格，也可能是产品的新用途、新的代言人，等等。它必须能以某种异乎寻常的新意引发消费者的关注并获得广泛的传扬。

（二）不断谋求制造口碑素材的新途径

比如英国石油（BP）公司曾经通过一次调查发现，原来许多司机之所以乐意光顾他们的加油站，并不是完全受到广告和促销活动的影响，而是大家口碑相传 BP 加油站的休闲便利店和洗手间还不错。于是 BP 便聘请了专业的咨询公司对休闲便利店和洗手间进行再设计。不出所料，顾客量果然出现了增长。

（三）把产品转交到有影响力的人的手上

比如化妆品品牌的网络推广手段之一，即是找美容论坛的活跃分子免费发送试用化妆品，请其写使用心得。利用意见领袖取得正向舆论支持。

（四）将具影响力的核心人物转变成全职的品牌提倡者

意见领袖是一个小圈子内的权威，他的观点能为拥趸广为接受，他的消费行为能为粉丝狂热模仿，他能主导传播的核心价值并使口碑营销的效果不断延展。如果企业能不断地增进他与品牌之间的正面互动，将拥有最具有说服力的品牌营销者。

二、让满意的消费者为你推销

利用见证、建立消费者档案和适时的奖励办法，加强消费者的忠诚度，并建立良好的信誉。

三、与用户持续努力建立长期的人际关系

以创意的有针对性的营销内容，让消费者真正参与交流，实现品牌与消费者的双向沟通对话，建立消费者与品牌的长期互动关系，使消费者对品牌产生认同，从而提高品牌的口碑和销量。

四、为更多上门的消费者作好准备

加强服务能力和产品生产能力，稳定质量，为口碑扩大后越来越多的消费者提供优质服务，以进一步稳定品牌声誉、延续口碑效应。

小链接

Gmail（德国和英国称其为 Google Mail）是 Google 公司在2004年4月1日发布的一个免费的电子邮件服务。在最初推出时，新用户需要现有用户的电子邮件邀请，但 Google 已于2007年2月7日宣布将 Gmail 完全开放给大众使用，不再需要现有用户的电子邮件邀请。Gmail 最初推出时有1GB 的储存空间，大大提高了免费信箱容量的标准。

目前 Gmail 用户已可以享有超过7 GB 的容量，并且以大约每小时1.12MB 的速度在增加。如果要另外租用更多的空间，可以以每年20美元的价格来取得10GB 的储存空间。Gmail 最令人称道的就是其使用接口——不但容易使用而且速度很快，此外其服务很贴心，比如离线邮件服务。

在 Gmail 开放以前，在美国，很多人愿意以各种代价交换 Gmail 邮箱（Google 的免费邮箱），包括豪华旅游、乘快车兜风、伟哥药丸；甚至总统选举中的选票等。在中国，拥有 Gmail 成为某种身份的象征，甚至有人在聊天室里用"一个拥有 Gmail Invitation 的人"作用户名来标榜自己。

Google 是一个很酷的公司，尽管它已经是全球市值最高的公司，它仍然很酷。

与其他网站的邮箱不同，Gmail 采用了推荐注册的方式，并不接受公开的注册。也就是说，并不是你想拥有 Gmail 就能拥有的。Google 在自己的官方网站上宣布说，有三种途径可以得到 Gmail 账户：从2004年3月21日开始，如果你是 Google 员工或亲友，那么可以使用，人数控制在1000人左右；从4月25日开始，在 Google 旗下的 blogger. com 的活跃使用者会受到邀请，参与测试；最后一种方法是 Gmail 使用者会不定期受到 Google 给予的邀请权，可邀请其他人使用 Gmail。

正是这种独特的邀请方式，一时间 Gmail 被赋予了更多的象征意义，比如拥有 Gmail 可以证明：你是一个互联网活跃分子，对新鲜事物充满渴求；你的英语有一定的基础，体现出文化层次；你有一定的渠道（关系），并不是每个人都可以获得 Gmail。Google 不必费力自己宣传，就赢得了业内外包括媒体在内的热烈关注和讨论。

"用户的好奇心对 Google 来讲是多么好的宣传呀。你得不到一件东西，你的朋友又在跟你说它有多么多么好，你一定会很想得到它。"博客（blogger）陈吉力说。这就在网上创造出了一种谈论 Gmail、到处寻求被邀请的氛围。

一时间，在 ebay 上的 Gmail 拍卖条目有上千条之多，价格从 1 美分到 10 个账号 30 美元不等。引用 Google 员工之间流传的一条经典语录："不一定每个人都使用 Gmail，但每个人都为得到一个 Gmail 账户而疯狂。"

口碑营销的另外一个特点是能形成一个圈子，并使之迅速扩大。网站的细分趋势，使有共同兴趣爱好、目标的人们能聚在一起，在这个圈子里得到更有价值的信息。"邀请我的人，还有我邀请的人，几乎都成了朋友。"陈吉力说。

据 Gmail 官方博客报道，不久前有个 Gmail 工程师做了一些 Gmail 信封的贴纸。很快，Gmail 团队的人就把这些贴纸贴到了桌子上、笔记本电脑上，甚至连墙上也贴了很多张。然后就有其他人来向他们索取更多的 Gmail 贴纸——一开始还是 Google 的工作人员，后来有一次一位 Gmail 员工乘飞机的时候边上一位乘客问他在哪里可以弄到 Gmail 贴纸。这是他意识到，可能还有更多人喜欢这些东西。所以，Gmail 团队设计了更多贴纸，并且印了一大堆。

现在到了最关键的问题的时候了，如何才能获得这些贴纸？虽然 Gmail 是很快的电子交流模式，但是这次 Gmail 团队决定还是采用"蜗牛邮件"的老办法。你只要寄一个写有自己地址的信封到下面这个地址就可以了（如果你还有什么想说的也可以附在里面）：

Send me some Gmail stickers already

P. O. Box 391420

Mountain View, CA 94039 - 1420

当然，你必须确保信封上贴有足额邮资的邮票。寄出的邮件重量小于 1 盎司（28 克）。所以如果你在美国的话，贴上一个标准的 0.42 美元邮票就可以了。如果你不在美国的话，要在信封里附上一张国际通用邮券（International Reply Coupons）。其风靡程度可见一斑。

资料来源：中国邮箱网，《Gmail 推广双管齐下》http://www. chinaemail. com. cn/shidian/scdc/201102/60301_2. html。

第六节 预防忠诚消费者流失

管理学数据显示：一个公司平均每年有 10% ~ 30% 的顾客在流失。这是一个企业发展过程中必经的阶段，但很多企业常常犯这样一个错误：他们不知道自己失去的是哪些会员、什么时候失去、也不知道为什么失去。他们完全不为正在流失的会员而感到担忧，反而依然按照传统的做法拼命地招揽新会员。菲利普·科特勒有过这样的描述：太多的公司像搅乳器一样伤害了老顾客。也就是说，他们只能靠失去他们的老顾客来获取新顾客。这就如同给渗漏的壶经常加水一样。

事实上，应该把注意力集中在我们的忠诚消费者身上。因为最难的销售就是用新产品去说服新客户。而提高你的消费者忠诚度，将会使你能够利用更低的成本获得更多的客户，并且这些具有忠诚度的消费者可能还是你最得力的口碑传播者和销售人员。因此，如何提高消费者忠诚度、有效预防忠诚消费者的流失将是企业参与竞争的利器。

消费者是慢慢流失的。注意消费者流失之前的信号，了解消费者不满意的起源并力求及时调整应对，才能有效预防流失并巩固忠诚消费者的信心。

一、消费者流失的类型

要研究离开的消费者，知道消费者为什么流失的确切原因，并且，从出走的消费者身上得到更具体而切合实际的反馈意见。离开的消费者可以帮助我们决定增加哪一项服务最能维系住消费者，并可以帮助我们决定哪些类型的消费者是你不需要的。研究这些原因可以为企业提供服务提升和改进的依据。

按照退出的原因可将退出者分为以下几类：

价格退出者，指顾客为了较低价格而转移购买；

产品退出者，指顾客找到了更好的产品而转移购买；

服务退出者，指顾客因不满意企业的服务而转移购买；

市场退出者，指顾客因离开该地区而退出购买；

技术退出者，指顾客转向购买技术更先进的替代产品；

政治退出者，指顾客因不满意企业的社会行为或认为企业未承担社会责任而退出购买，如抵制不关心公益事业的企业、抵制污染环境的企业等。

企业可绘制消费者流失率分布图，显示不同原因的退出比例。要加强事前对环境的分析和预测，做好消费者流失预警管理，有效防止消费者的流失。

二、将消费者抱怨视为建立忠诚的契机

顾客的抱怨行为是由对产品或服务的不满意而引起的，所以抱怨行为是不满意的具体

的行为反应。顾客对服务或产品的抱怨即意味着经营者提供的产品或服务没达到他的期望，没满足他的需求。另外，也表示顾客仍旧对经营者具有期待，希望能改善服务水平。其目的就是挽回经济上的损失，恢复自我形象。

而消费者的抱怨是建立忠诚的良好契机！

哈佛大学的李维特教授曾说过这样一段话："与顾客之间的关系走下坡路的一个信号就是顾客不抱怨了。"学习安抚气愤的消费者，处理好消费者的抱怨，是我们优质服务的重要部分。

小链接

有了大问题，但没有提出抱怨的消费者，有再来惠顾意愿的占9%；

会提出抱怨，不管结果如何，愿意再度惠顾的占19%；

提出抱怨，并获圆满解决，有再度惠顾意愿的占54%；

提出抱怨，并快速获得圆满解决的消费者，愿意再度惠顾的占82%。

当顾客投诉或抱怨时，不要忽略任何一个问题，因为每个问题都可能有一些深层次的原因。顾客抱怨不仅可以增进企业与顾客之间的沟通，而且可以诊断企业内部经营与管理所存在的问题，利用顾客的投诉与抱怨来发现企业需要改进的领域。

小链接

一位曾经购买了某著名品牌黑色玛瑙项链的顾客在其公司的网上销售中心抱怨："今天在逛街的时候这串我最爱的项链居然不可思议地断了，黑色的珠珠散落了一地，搞得我十分的狼狈。不知道究竟发生了什么？怎么会这样啊？是质量问题吗？"

问题：如果是你，会怎么处理和答复？

该公司的客户服务人员是这样处理的：

"感谢MATIS特地在周末留言访问！抱歉直到周一的今天上班才看到留言，怠慢了您。出现这样的情形，我们也感到抱歉：一样感受到MATIS的心情……

出现的原因，一定是绳子的紧固度松懈。未来，我们更应该留意使用前的检查，轻轻扯动，花费时间不多，却让我们更放心使用（事实上，在一段时间放置后，再度启用都要做一点这个小检测，因为结会发生交互缠绕的松动）。

至于这根松落的项链，欢迎您随时到我们的专柜或者寄回网络服务店，让我们为您重新紧固。

再次宽慰我们的MATIS，祝愿这个周末依然好心情，抹掉些微的意外插曲影响。"

再看看这位顾客的回应：

"感谢亲的回复哈，昨天一天的确为此事郁郁寡欢了一整天，看到亲的回复得到了很大的安慰！所以我还是决定除了寄回来帮我重新串好外，再买一根相同的项链，实在太喜欢这个项链了！麻烦寄出来前一定帮我挑根最结实的哈!"

三、防止消费者出走的办法

据一项研究表明，目前仅有少于 1/4 的企业会测量顾客的满意程度，因此消费者忠诚度转移就不是什么奇怪的现象了，因为很多企业都不知道消费者到底是在哪一个环节产生的不满，他们为什么离去。就我们的研究显示，当顾客决定在什么地方购物时，他首先考虑的因素其实既不是产品质量也不是产品价格：在 10 个消费者中，只有 2 人会因为受到较低价格的诱惑而放弃目前的产品转而购买别的同类产品；而有大约 60% 左右的消费者会因为产品提供商对他们漠不关心的态度，而放弃购买这家企业的产品。

很多企业一直以来努力培养的都是仅仅对其所受到的待遇感到满意的顾客。从表面上看来，消费者好像已经对企业产生了忠诚；但是，由于消费者从来都没有对企业投入过多的感情，他们在受到其他诱惑时，可能连想都不想一下，就直接转向其竞争者。另外一项来自国外某专业机构的研究表明，有 2/3 的消费者表示，如果市场上存在着更好的选择，他们通常会加以考虑。1/10 的消费者把那些对某一特定企业品牌保持忠诚度的人当做"傻子"，认为他们不能得到尽可能好的产品或服务。在 20 名消费者中只有 1 人坚定地表示，没有什么能说服他背弃最偏爱的供应商。

我们可以从消费者忠诚度的真正的心理表现来看消费者伪忠诚与真正的忠诚的区别。Cremler 和 Brown（1996）提出，顾客忠诚应该细分为行为忠诚、意识忠诚和情感忠诚。行为忠诚是顾客实际表现出来的重复购买行为；意识忠诚是顾客在未来可能购买的意向；而情感忠诚则是顾客对企业及其产品的态度，其中包括顾客会积极地对其周围人士宣传企业的产品。严格说来，行为忠诚和意识忠诚都具有很大程度的不确定性，真正能够为企业带来价值的是情感忠诚。也就是说，情感忠诚才是真正的顾客忠诚。

所以，在提供优秀产品和服务的基础上，加强和消费者之间的情感联系，是巩固忠诚唯一有效的办法。

（一）让消费者很容易向你反映问题

宝洁、通用电器、惠而浦等很多著名企业，都开设了免费电话热线。很多企业还增加了网站和电子信箱，以方便双向沟通。这些信息流为企业带来了大量好创意，使他们能更快地采取行动，解决问题。比如 3M 公司声称公司的产品改进建议有超过 2/3 的是来自客户的意见。

（二）当消费者需要协助时，应迅速提供

当前很多消费者没有时间，注意力也不集中，因为需要他们关心的事情太多了。消费者在购买产品和服务时希望节省时间，例如超市添置电子设备通过扫条形码的方式来记账并找钱就是使消费者节省时间的办法。可以通过对比看出来，有这样的电子设备的超市比那些通过人工计费并且需要排队的超市受欢迎得多并且消费者对其的忠诚度较高。而消费

者在进行购买决策时，需要更有效率。不能在人们拿出很多的时间和注意力去关注产品时，却让他们感到无从选择。

方便、快捷、有效率，是我们的产品和服务都应该提供给消费者的基础。

（三）减少消费者前来修理、退货和保修期内修复的困扰

消费者在咨询服务时雇员拥有的知识和技能，满足顾客需要时的谦恭态度，以及与顾客交往时表现出的可靠度都会给消费者带来非常重要的影响从而决定其是否能够形成情感上的忠诚度。

（四）在真实可靠的基础上构建真正的顾客忠诚

消费者由于具有个性化、专注且独立的个性特征，只有当他们真正感觉到企业提供的产品或服务具有某种程度的可靠性时，他们对企业的态度才会由伪忠诚转变为真正的忠诚，并且会积极主动地鼓励其他人也跟着这么做。

就像有一句俗话说的"久病成良医"，有一些人通过别人介绍自己使用了哪些药品是真实可靠的、有用的，因此对于广告推荐的同类药品，不论怎么夸耀它的功效都无动于衷。真实可靠性更确切地说需要以消费者个体为基础，针对每个消费者进行生产，并且要充分考虑到个人的需求、愿望和兴趣。企业进行产品或服务营销时，如果对消费者不加区别地笼统对待，就会招致反作用力。如果消费者认为厂商对他们不加区别地笼统对待，那么他们不仅会有可能拒绝接受你提供的产品或服务，也不会在你的企业身上花费更多的时间、注意力或信任度。随着消费者选择的日益增多，他们对产品品质的期望值也越来越高。如果你想让你的产品或服务在竞争激烈并且趋于饱和的市场中脱颖而出，最重要的一点就是增加产品或服务的真实可靠性。

四、消费者挽留

通过电话、网络、信函、走访等方式与消费者进行有效的沟通，向消费者提供"个性化、差异化"服务，维系其满意度和忠诚度，并对有流失倾向的消费者进行挽留，传达品牌对其的关心和想念。

总之，对于维系和巩固消费者关系来说，提升管理水平是关键。从组织结构调整、业务流程的优化，到员工的激励与培训、管理规定和绩效考核的同步建设等，只有管理运营水平的提升，才会带来消费者的真正忠诚。

思考题

1. 客户忠诚的意义是什么？

2. 如何培养忠诚消费者？

3. 忠诚消费者与服务提升的关系是什么？

4. 如何防止消费者流失？

参考文献

[1] 张树庭，吕艳丹. 有效的品牌传播 [M]. 北京：中国传媒大学出版社，2008.

[2] 祁定江. 口碑营销：用别人的嘴树自己的品牌 [M]. 北京：中国经济出版社，2008.

[3] 马克休斯. 口碑营销 [M]. 北京：中国人民大学出版社，2006.

[4] http：//www. cbinews. com/inc/showcontent. jsp？articleid = 12608 罗平 2004 - 12 - 13，电脑商情报.

[5] 打造顾客忠诚度——客户关系管理策划案探讨，http：//publishblog. blogchina. com/blog/tb. b？diaryID = 6190288 2007 - 3 - 28.

[6] 肖明超. 如何建立消费者真正的忠诚度 [EB/OL]. http：//www. surprising. cn/n70c27p2. aspx. 中国企业战略传播网. 2004 - 11 - 10.

第四章
渠道与渠道管理

小链接

舒蕾终端模式的困境

"成也萧何，败也萧何。"曾经把舒蕾推向成功的终端模式，也把它带向了问题的泥潭。

终端模式：异军突起

1996年，舒蕾上市。通过对市场态势以及竞争对手的深入分析，舒蕾发现，宝洁等洗发水巨头倾情于大量广告的空中促销，而疏于地面促销。于是舒蕾确立了"从地面终端打造核心竞争力"的渠道模式，在渠道终端与宝洁展开争夺战。舒蕾放弃了业界奉为经典的总代理制，而实施直供终端的扁平化短宽型渠道模式：投入了大量人力物力，通过在各地设立分公司，实现对主要零售终端的直接供货，大大压缩了渠道长度，减少了渠道环节，从而建立起了高效的、不依赖于某个大经销商而独立存在的厂商垂直营销系统。这种跨过经销商的短宽型渠道模式使舒蕾实现了对终端的直接控制。短短几年，舒蕾凭着独特的终端渠道模式迅速崛起，2000年以年销20亿元、15%的市场占有率坐上了中国洗发水市场第二把交椅，创造了宝洁、舒蕾、联合利华"三足鼎立"的局面。舒蕾扛起了中国民族品牌挑战宝洁等跨国巨头的大旗，引领了一场"终端为王"的革命。

然而，好景不长，舒蕾的亚军桂冠还未戴稳，销售额就迅速下滑。据媒体报道，舒蕾从2002年开始，销售额已跌到10亿元以内。

终端管理危机：幅度太大，难以兼顾

舒蕾的短宽渠道模式，缩短了渠道长度，但扩大了渠道宽度。在宽度扩大的渠道上，每个管理者都将面对更多的管理对象，也将面对更多的管理事务。一个管理者所能管理的幅度是有限的，过宽的渠道必然造成过多的管理对象，自然会形成管不到位、理不到点的局面，管理效率大大降低；表现在销售上，就是销售额的锐减。

终端拦截危机：弱者仿效，强者打压

舒蕾的崛起成为业内奇迹，所有同行都在学习舒蕾，一大群竞争者竞相模仿，加入了舒蕾发起的终端拦截大战。过去由舒蕾独家占据的终端拦截，突然变成一场终端抢夺战：

各竞争商家都派出了大量的终端促销队伍，聚集在零售卖场，相互争夺有限的顾客，使得终端拦截效果大大降低。

苏醒后的宝洁迅速发起了三大战役：广告拉销战、拦截反击战和价格战，以对付舒蕾的终端拦截。首先，宝洁在中央电视台投入了巨额广告，成为 2005 年中国的广告界新标王，在广告上对舒蕾实施空中包围；其次是加强了终端促销，尤其是二三级市场的终端促销，以遏制舒蕾的终端拦截；第三是在价格上甚至推出了 9.9 元一瓶的潘婷洗发水，对以价格和渠道制胜的舒蕾以致命打击。

舒蕾销量大幅下降之时，正是宝洁销量大幅上升之日。面对宝洁等跨国公司全面而强大的进攻，舒蕾终端战术的优势逐步瓦解。

终端促销危机：促销失效，促而不销

舒蕾终端战术的核心是促销。为了占领终端，刚上市的舒蕾发动了猛烈的促销攻势。最初，声势浩大、丰富多彩的终端促销活动为舒蕾带来了惊人的销售业绩。可短暂的辉煌之后，舒蕾面临的却是终端促销战术逐步失效的无奈和感叹。

随着跟随者的大量进入，终端拦截模式的普遍采用，舒蕾昔日独享的好日子一去不复返。同质化的促销手段，大大降低了促销效果，过去行之有效的市场绝招，现在已经成为市场庸招，招数使尽，销量却不看涨。

终端战术解决了舒蕾的生存问题。然而单靠一种战术，舒蕾是不可能建立起持续的竞争优势的。舒蕾成功后过分依赖终端战术导致了危机重重。要巩固市场，舒蕾应该在学习宝洁的基础上，补齐自己的"短板"，树立整体的营销意识，提升系统营销能力，完成从单纯营销向整合系统营销的转变，努力将自己的竞争提升到战略层面。通过战略体系来构建综合竞争力，这才是舒蕾的出路。

资料来源：蔡静，李珊，李蔚. 舒蕾终端模式的困境［J］. 企业管理，2006（6）.

成也渠道，败也渠道。舒蕾的成败提醒我们：市场培育中的渠道建设和渠道管理，是管理者不能掉以轻心的内容。

第一节　渠道的基本概念和职能

一、渠道的基本概念

营销渠道，也称为营销网络或销售通路，有时也称为贸易渠道或分销渠道。关于营销渠道的定义，有很多种版本，其中最具有代表性的当首推美国著名营销学家菲利浦·科特勒博士的描述："营销渠道就是指某种货物或劳务从生产者（制造商）向消费者（用户）转移时取得这种货物或劳务的所有权的所有组织和/或个人。"

严格意义上说，营销渠道与分销渠道是两个不同的概念。营销渠道包括某种产品或服务的供、产、销过程中的所有组织和/或个人。比如原材料或零配件供应商、生产商、商人中间商、代理中间商、辅助商以及终端用户等构成一条营销渠道。而所谓分销渠道，通常指促使某种产品和服务能顺利地经由市场交换过程，转移给终端用户（个体或组织消费者）的一整套相互储存的组织。其成员包括产品或服务从生产者向消费者转移过程中，取得这种产品和服务的所有权或者帮助所有权转移的所有组织和个人。他们包括中间商、代理商、生产者或最终用户，但不包括供应商和辅助商。因此，我们可以认为，分销渠道可以被看做狭义的营销渠道。在本章中，我们主要讨论的是狭义的营销渠道。

二、渠道对于市场培育的重要性

从表面上看，生产商把部分或全部销售工作委托给渠道中间商，意味着放弃对于如何销售产品以及究竟销售给哪些最终用户等方面的某些控制。然而这正是渠道存在的重要性之所在：因为通常情况下，生产商放弃直接销售比委托给渠道中间商销售能够获得更多的好处。对于初入市场的市场培育者来说，深刻理解渠道的重要性，充分利用渠道的长处实现公司的市场目标，是市场培育成功的关键。渠道能为市场培育者带来的利益包括：

（1）建立独立的公司营销渠道需要巨大的财务支持。就算是实力雄厚的国际企业，通常也不会选择直接营销；而初入市场的企业，更难以承担直接营销的财力资源。与渠道成员建立合作关系，是打开销售通路的主要选择。

（2）很多时候，由于产品的属性特征，直接营销并不可行。比如一些低价产品，直接营销的成本远远大于通过渠道中间商营销所产生的成本。选择分销渠道可以大幅度地节约成本。

（3）建立分销渠道可以有效地利用外部资源。渠道的优势在于它们能够更加有效地推动商品广泛地进入目标市场。渠道中间商凭借各自广泛的社会关系、经验以及专业知识等，往往比生产商直接做营销更加出色。而渠道中间商的专业性，对于市场培育成功是一个重要的保障。

（4）利用渠道可以降低交易费用，产生规模效应。渠道中间商通常是某一领域的渠道经营者，他们通常不止经营一种产品。对于整个行业来说，渠道的存在，可以有效地降低交易联系次数，从而达到提高交易效率、产生规模效应的目的。

三、渠道所承载的流程

通常，渠道承载了五种流程，即实体流程、所有权流程、付款流程、信息流程及促销流程。

（1）实体流程——实体原料及成品从制造商转移到最终顾客的过程。

（2）所有权流程——货物所有权从一个市场营销机构到另一个市场营销机构的转移

过程。其一般流程为：供应商—制造商—代理商—顾客。

（3）付款流程——货款在各市场营销中间机构之间的流动过程。

（4）信息流程——在市场营销渠道中，各市场营销中间机构相互传递信息的过程。

（5）促销流程——其企业运用广告、人员推销、公共关系、促销等活动对另一企业施加影响的过程。

四、渠道的职能

通过对渠道所承载流程的分析，可以发现，渠道在市场培育中发挥着这样几项功能：

（1）调研：收集制订计划和进行交换时必需的信息。

（2）促销：进行关于所供应货物的说服性沟通。

（3）接洽：寻找可能的购买者并与其进行沟通。

（4）匹配：使所供应的货物符合购买者需要，包括制造、装配、包装等活动。

（5）实体分配：从事商品的运输、储存等。

（6）谈判：为了转移所供货物的所有权，而就其价格及有关条件达成最后协议。

（7）财务：为补偿渠道工作的成本费用而对资金的取得与使用。

（8）风险承担：承担与从事渠道工作有关的全部风险。

第二节　渠道的模式结构

一、渠道的模式

各种社会产品不同的供求关系导致了不同类型的销售环节和通道的组合，这种参与市场营销活动的产、供、销各方所形成的颇具复杂性的矛盾决定了销售渠道模式的多样化。

（一）消费品销售渠道模式

消费品的销售渠道概括起来有以下五种模式：

（1）生产者—消费者。这是最短的销售渠道，也是最直接、最简单地销售方式。它包括前面介绍过的人员在推销中将产品直接销售给最终用户或消费者的部分，以及生产企业自己开办的试销门市部、销售经理部或零售商店等。

（2）生产者—零售商—消费者。这是最常见的一种销售渠道，在食品、服装、家具及一些半耐用品的销售中被广泛使用。零售商的范围很广，包括较大的百货公司、超级市场、邮购商店，也包括为数众多的小商亭和摊点。

（3）生产者—批发商—零售商—消费者。如果生产企业需要将其产品大批量出售，或需要在较大的范围内通过不同类型的零售商出售，它就有可能不直接与零售商联系，而是通过批发商把产品迅速转移到零售商手中，最后由零售商销售给消费者。

（4）生产者—代理商—零售商—消费者。在某些情况下，许多企业也常常通过代理商、经纪人或其他代理商将产品转移给零售商，再由零售商向消费者出售。

（5）生产者—代理商—批发商—零售商—消费者。这是最长、最复杂、销售环节最多的一种销售渠道。生产企业要通过代理商将产品转移给批发商，由批发商分配给零售商，再出售给消费者。

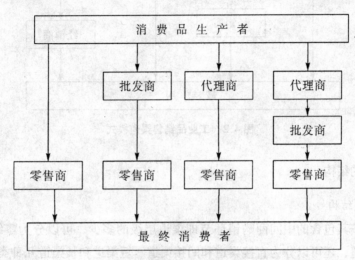

图4.1 消费品销售渠道模式

（二）工业品销售渠道模式

因为少了零售商的参与，工业品的渠道相对简单一些。通常生产企业采用直接销售或委托经销商、代理商的方式。工业品一般有四种销售渠道：

（1）生产者—最终用户。这种销售渠道是工业品生产企业产品销售的主要选择。尤其是生产大型机器设备的企业，大都直接将产品销售给最终用户。

（2）生产者—经销商—最终用户。通过工业品经销商将产品出售给最终用户的生产者，往往是那些生产普通机器设备及附属设备的企业。

（3）生产者—代理商—最终用户。如果生产企业要开发情况不够熟悉的新市场，设置销售机构的费用太高或缺乏销售经验，也许先在当地寻找一个代理商为企业销售产品更为合适。

（4）生产者—代理商—经销商—最终用户。选择这种销售渠道与上一种有相同的前提，如果再加上市场不够均衡，有的地区用户多，有的地区用户少，就有必要利用经销商分散存货。

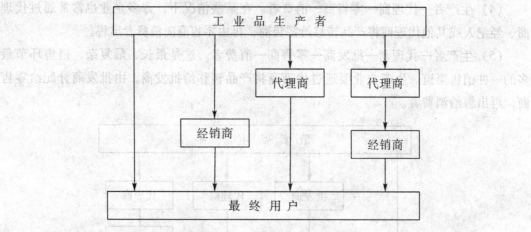

图4.2 工业品销售渠道模式

二、渠道的结构

(一)长度结构

营销渠道按其包含的中间商购销环节即渠道层级的多少，可以分为零级渠道，一级、二级和三级渠道，还可以分为直接渠道和间接渠道、短渠道和长渠道几种类型。

(1)零级渠道：又称直接渠道，意指没有中间商参与，产品由生产者直接售给消费者（用户）的渠道类型。直接渠道是产品分销渠道的主要类型。一般大型设备以及技术复杂、需要提供专门服务的产品，企业都采用直接渠道分销，如飞机的销售就是不可能有中间商介绍的。在消费品市场，直接渠道也有扩大的趋势。像鲜活商品，有着长期传统的直销习惯；新技术在流通领域中的广泛应用，也使邮购、电话及电视销售和因特网销售方式逐步展开，促进了消费品直销方式的发展。

(2)一级渠道：包括一级中间商。在消费品市场，这个中间商通常是零售商；而在工业品市场，它可以是一个代理商或经销商。

(3)二级渠道：包括两级中间商。消费品二级渠道的典型模式是经由批发和零售两级转手分销。在工业品市场，这两级中间商多是由代理商及批发经销商组成。

(4)三级渠道：包含三级中间商的渠道类型。一些消费面宽的日用品，如肉类食品及包装方便面，需要大量零售机构分销，其中许多小型零售商通常不是大型批发商的服务对象。对此，有必要在批发商和零售商之间增加一级专业性经销商，为小型零售商服务。

根据分销渠道的层级结构，可以得到直接渠道、间接渠道、短渠道、长渠道的概念。渠道越长，越难协调和控制。

直接渠道是没有中间商参与，产品由生产者直接销售给消费者（用户）的渠道类型。间接渠道是指有一级或多级中间商参与，产品经由一个或多个商业环节销售给消费者（用户）的渠道类型。上述零级渠道即为直接渠道，一、二、三级渠道统称为间接渠道。

为分析和决策方便，有些学者将间接渠道中的一级渠道定义为短渠道，而将二、三级渠道称为长渠道。显然，短渠道较适合在小地区范围销售产品（服务），长渠道则能适应在较大范围和更多的细分市场销售产品（服务）。

（二）宽度结构

根据渠道每一层级使用同类型中间商的多少，可以划分渠道的宽度结构。若制造商选择较多的同类中间商（批发商或零售商）经销其产品，则这种产品的分销渠道称为宽渠道；反之，则称为窄渠道。

分销渠道的宽窄是相对而言的。受产品性质、市场特征和企业分销战略等因素的影响，分销渠道的宽度结构大致有下列三种类型：

（1）密集型分销渠道。密集型分销渠道是制造商通过尽可能多的批发商、零售商经销其产品所形成的渠道。密集型渠道通常能扩大市场覆盖面，或使某产品快速进入新市场，使众多消费者和用户随时随地买到这些产品。消费品中的便利品（如方便食品、饮料、牙膏、牙刷）和工业品中的作业品（如办公用品），通常使用密集型渠道。

（2）选择性分销渠道。选择性分销渠道是制造商按一定条件选择若干个（一个以上）同类中间商经销产品形成的渠道。选择性分销渠道通常由实力较强的中间商组成，能较有效地维护制造商品牌信誉、建立稳定的市场和竞争优势。这类渠道多为消费品中的选购品和特殊品、工业品中的零配件等。

（3）独家分销渠道。独家分销渠道是制造商在某一地区市场仅选择一家批发商或零售商经销其产品所形成的渠道。独家分销渠道是窄渠道，独家代理（或经销）有利于控制市场，由其产品和市场具有的特强化产品形象，增强厂商和中间商的合作及简化管理程序，差异性（如专门技术、品牌优势、专业用户等）的制造商采用。

（三）系统结构

按渠道成员相互联系的紧密程度，分销渠道还可以分为传统渠道系统和整合渠道系统两大类型。

（1）传统渠道系统。传统渠道系统是指由独立的生产商、批发商、零售商和消费者组成的分销渠道。传统渠道系统成员之间的系统结构是松散的。由于这种渠道的每一个成员均是独立的，它们往往各自为政，各行其是，都为追求其自身利益的最大化而激烈竞争，甚至不惜牺牲整个渠道系统的利益。在传统渠道系统中，几乎没有一个成员能完全控制其他成员。传统渠道系统正面临严峻挑战。

（2）整合渠道系统。整合渠道系统是指在传统渠道系统中，渠道成员通过不同程度的一体化整合形成的分销渠道。整合渠道系统主要包括：

①垂直渠道系统。这是由生产者、批发商和零售商纵向整合组成的统一系统。该渠道成员或属于同一家公司，或将专卖特许权授予其合作成员，或有足够的能力使其他成员合作，因而能控制渠道成员行为，消除某些冲突。

②水平渠道系统。这是由两家或两家以上的公司横向联合，共同开拓新的营销机会的分销渠道系统。这些公司或因资本、生产技术、营销资源不足，无力单独开发市场机会，或因惧怕承担风险，或因与其他公司联合可实现最佳协同效益，因而组成共生联合的渠道系统。这种联合，可以是暂时的，也可以组成一家新公司，使之永久化。

③多渠道营销系统。这是对同一或不同的细分市场，采用多条渠道的分销体系。多渠道营销系统大致有两种形式：一种是制造商通过两条以上的竞争性分销渠道销售同一商标的产品；另一种是制造商通过多条分销渠道销售不同商标的差异性产品。此外，还有一些公司通过同一产品在销售过程中的服务内容与方式的差异，形成多条渠道以满足不同顾客的需求。多渠道系统为制造商提供了三方面利益：扩大产品的市场覆盖面，降低渠道成本和更好地适应顾客要求。但该系统也容易造成渠道之间的冲突，给渠道控制和管理工作带来更大难度。

第三节　渠道设计与中间商选择

一、渠道设计应考虑的因素

制造商在渠道选择上采用何种模式为好？是走长渠道还是短渠道？是用宽渠道还是窄渠道？选择什么方式构筑紧密型渠道？这些问题必须系统地、综合地考虑多种因素，才能作出决断。渠道选择决策主要考虑以下几方面因素：

（一）产品因素

（1）产品单价高低：一般来说，产品单价低，其分销渠道就较"长、宽、多"；反之，分销渠道就"短、窄、少"。因为产品的单价低、毛利少，企业就必须大批量生产方能盈利。一些大众化的日用消费品，通常都经过一个以上的批发商，由批发商售给零售商，最后由零售商售给消费者，而单价高的产品，一般采用短渠道。

（2）时尚性：对时尚性较强的产品（如时装），消费者的需求容易变迁，要尽量选择短的分销渠道，以免错过市场时机。

（3）体积和重量：体积和重量大的产品（如大型设备），装卸和搬运困难，储运费用高，应选择较短而窄的分销渠道，最好是采用直销形式；反之，可以选择较长而宽的分销渠道，利用中间商推销。

（4）易损易腐性：如果产品容易腐蚀变质（如食品），或者容易破损（如玻璃制品），应尽量采用短渠道，保证产品使用价值，减少商品损耗。

（5）技术性：一般来说，技术性能比较高的产品，需要经常的或特殊的技术服务，常常由生产者直接出售给最终用户，或者由有能力提供较好服务的中间商经营。其分销渠道通常是"短而窄"的。

（6）产品市场寿命周期：新产品试销时，许多中间商不愿经销或者不能提供相应的服务，生产企业应选择"短而窄"的分销渠道或者代销策略，以探索市场需求，尽快打开新产品的销路。当新产品进入成长期和成熟期后，随着产品销量的增加、市场范围的扩大、竞争的加剧，分销渠道也呈"长、宽、多"的发展趋势，此时，采用经销策略也比代销更为有利。企业衰退期，通常采用缩减分销渠道的策略以减少损失。

（二）市场因素

（1）潜在顾客数量：潜在顾客的多少，决定市场的大小。潜在顾客数量越多，市场范围越大，越需要较多中间商转售，生产企业多采用长而宽和多渠道的分销策略；反之，就可能直接销售。

（2）目标市场的分布状况：如果某种产品的销售市场相对集中，只是分布在某一个或少数几个地区，生产者可以直接销售；反之，如果目标市场分布广泛，分散在全国乃至国外广大地区，则产品需经过一系列中间商方能转售给消费者。

（3）市场需求性质：消费者市场与生产者市场是两类不同需求性质的市场，其分销渠道有着明显的差异。消费者人数众多，分布广泛，购买消费品次数多、批量少，需要较多的中间商参与产品分销，方能满足其需求。产业用户相对较少，分布集中，且购买生产资料次数少，批量较大，产品分销多采用直接销售渠道。

（4）消费者的购买习惯：消费者购买日用品的购买频率较高，又希望就近购买，其分销渠道多为"长、宽、多"；而对于选购品和特殊品，消费者愿花时间和精力去挑选，宜采用短而窄的分销渠道。

（5）市场风险：当生产企业面临市场风险大时，如市场不景气、销售不稳定、新开辟的目标市场情况不明等，则可选择少数几家中间商运用代销策略。

（6）零售市场进货批量：如果某一市场小零售商居多、进货批量小，生产者就不得不通过批发环节转卖给众多小零售商，分销渠道就较长而宽；如果某一市场上大零售商居多，这些大零售商进货批量大，生产者就可以不经过批发商，直接把产品卖给零售商，于是分销渠道就较短。

（7）竞争者的分销策略：企业选择分销渠道，应了解竞争对手采用的分销策略。一般来说，企业应尽量避免和竞争者使用相同的分销策略，除非其竞争能力超过竞争对手或者没有其他更合适的渠道可供选择与开拓。

（三）企业因素

（1）企业的声誉、资金和控制渠道的能力：企业声誉高、资金雄厚，对渠道管理能力强，可以根据需要自由灵活地选择分销渠道：或长或短，或宽或窄，也可以多种渠道并用，甚至建立自己的分销系统。而一些经济实力有限的中小企业则只能依赖中间商销售产品。

（2）企业的销售能力：如果企业具有较丰富的市场销售知识与经验，有足够的销售力量和储运与销售设施，就可自己组织产品销售，减少或不用中间商；反之，就要通过中间商推销产品。

（3）可能提供的服务：如果生产企业对其产品大做广告或愿意负担中间商的广告费用，能派出维修人员承担中间商技术培训的任务，或能提供各项售后服务，中间商自然乐意经销其产品；反之，就难以取得中间商的合作。

（4）企业的产品组合：一般来说，生产企业希望销售产品批量大、次数少，而众多中小型零售企业进货则希望产品多品种、小批量。如果生产企业产品组合深度与广度大，则众多零售商可直接进货，不必经过批发环节，可以采取短而宽的分销渠道。否则，只好采取长而宽的分销渠道。

（5）企业的经济效益：每一种分销渠道都有利弊得失，企业选择时，应进行量本利分析，综合核算各种分销渠道的耗费和收益的大小，从而作出有利于提高企业经济效益的渠道决策。

（四）营销环境因素

营销环境涉及的因素极其广泛。如一个国家的政治、法律、经济、人口、技术、社会文化等环境因素及其变化，都会不同程度地影响分销渠道的选择。譬如说，国家实行计划控制或专卖的产品，其分销渠道往往是长而单一的。随着市场经济的发展和经济管理体制的改革，原先实行统购统销或计划收购的商品放开经营后，生产企业可以直接销售或多渠道销售。经济形势直接影响分销渠道的选择。如通货紧缩，市场疲软，企业通常会尽量缩减不必要的环节，降低流通费用，以便降低售价。国家有关法令的制定，对分销渠道也会造成影响，如反垄断法的制定与实施，会限制垄断性分销渠道的发展。新的科学技术会引起售货方式的革新，使某些日用品能够采用短渠道分销。另外，自然资源的分布与变化、交通条件的改善、环境保护的需要，也会引起某种产品的生产与销售规模的改变，从而引起分销渠道长度与宽度的改革。诸如此类，不胜枚举。从事国际营销的企业，尤其要注意研究各目标国营销环境的特点，方能制定有针对性的分销渠道策略。

二、中间商的类型及选择

（一）中间商的概念和基本作用

中间商是指在生产者与消费者之间，参与商品交易业务，促使买卖行为发生和实现的具有法人资格的组织或个人。中间商是商品生产和流通社会化的必然产物。

中间商在销售渠道中占有特别重要的地位。从某种意义上讲，销售渠道策略所研究的内容，就是选择中间商，从而将产品有效地从生产企业转移到消费者和用户手中的问题。

中间商在商品由生产领域到消费领域的转移过程中，起着桥梁和纽带的作用。由于中间商的存在，不仅简化了销售手续，节约了销售费用，还扩大了销售范围，提高了销售效率。

（二）中间商的类型

广义的中间商不仅包括批发商、零售商、经销商和代理商，还应包括银行、保险公司、仓库和运输、进出口商等对产品不具备所有权，但帮助了销售活动的单位和个人。以下着重介绍零售商、批发商、代理商和经销商。

（1）零售商：零售是指直接向最终消费者销售商品和服务的活动。一切向最终消费者直接销售商品和服务，以用做个人及非同业性用途的行为均属零售的范畴——不论从事这些活动的是哪些机构，也不论采用任何方式或在任何地方把商品和服务售出。那些销售业务主要来自零售的商业机构叫零售商。

零售商处在商品流通的最终阶段，他们从生产企业或批发商处购进商品，然后把商品销售给最终消费者。其主要功能是收购、储存、拆零、分装、销售、传递信息、提供销售服务等，在时间、地点、方式等方面使消费者方便购买，以促进销售。

零售商的类型随着新的组织形式出现而不断增加：按所有制划分，可以分为国有商店、集体商店、合资与合作商店、私营商店和个体商店；按经营规模划分，可分为大型零售商店、中型零售商店和小型零售商店；按经营商品的范围，可分为综合性商店和专业性商店；按营销方式可分为店铺销售商店和无店铺销售商店。

（2）批发商：批发商是将产品大批量购进，又以较小批量再销售给企业或其他商业组织的中间商。其经营特征是批量大，与最终消费者不发生直接的购销关系（批发兼零售除外）。

批发商的主要作用有三项：一是通过集中购买，使生产者及时实现商品的价值，提高资金周转率，加速再生产过程；二是通过广泛的批量销售，为生产者推销商品，从宏观上反馈市场销售信息，同时为零售商提供多样化的商品，节约进货时间、人力和费用；三是通过商品的运转和储存，延展商品的市场，有利于实现均衡消费，并为生产者分担信贷资金和商品销售中的风险。

（3）代理商：代理商是接受生产者委托从事商品交易业务，对商品有经营权但不具有所有权，按代销额取得一定比率报酬的中间商。代理商既有从事批发业务者，也有从事零售业务者。其特征是本身不发生独立的购销业务，也不承担市场风险。

代理商是生产开拓市场、促进销售的有力助手，可以帮助企业增强竞争力，减少商业风险，保持市场占有率，同时也为企业搜集和传递市场信息。但是，由于通过代理商推销商品时，推销量难以把握，而且推销风险几乎全部由生产企业承担，所以代理商不能替代批发商和零售商的作用。

（4）经销商：经销商是指从事商品交易，在商品买卖过程中拥有商品所有权的中间商。经销商用自己的资金和信誉进行买卖业务，是为卖而买，承担经营过程的全部风险。

（三）选择中间商应考虑的因素

1. 市场覆盖范围

市场是选择分销渠道的最关键的因素。首先，要考虑分销商的经营范围所包括的地区是否和企业产品预期销售地区一致。其次，分销商的销售对象是否是企业所希望的潜在顾客。这是最基本的条件，因为生产企业希望所选的分销商能打入自己选定的目标市场。

2. 声誉

在目前市场游戏规则不健全的情况下，中间商的声誉显得尤为重要。它不仅直接影响货款回收，还直接关系到市场的网络支持。一旦中间商中途有变，企业会欲进无力，欲退不能。重新开发市场往往需要付出更大的成本。

3. 中间商的历史经验

许多企业在选择分销商时很看重历史经验，往往会认真考察其一贯的表现和盈利记录。若中间商以往的经营状况不佳，则将其纳入营销渠道的风险就大。而且，经营某种商品的历史和成功经验是中间商自身优势的一个来源。

4. 合作意愿

分销商与企业合作得好，会积极主动地推销产品，这对双方都有利。态度决定销售的业绩，因此企业应根据销售产品的需要，考察分销商对企业产品销售的重视程度和合作态度，然后再考虑合作的具体方式。

5. 产品组合情况

在经销产品的组合关系中，一般认为如果经销商的产品与自己的产品是竞争产品，应避免选用；而实际情况是，如果产品组合有空当，或自己产品的竞争优势非常明显，其选取也未尝不可。

6. 财务状况

生产企业倾向于选择资金雄厚、财务状况良好的分销商，这样可以有还款的保证，还可能在财务上给生产企业一些帮助，从而有助于扩大产品的生产和销路。

7. 中间商区位优势

分销商理想的位置应该是顾客流量大的地点。批发商的选择则要考虑它所处的位置是否有利于产品的储运——通常以交通枢纽位置为宜。

8. 中间商的促销能力

分销商推销产品的方式以及促销手段的运用，直接影响到销售规模。要考虑分销商是否具有促销经验和愿意承担一定的促销费用，有没有必要的物质、技术和人才优势。

小链接

BE 产品的渠道选择

BE 的产品特性

YR 是泡沫型妇女护理产品，剂型新颖，使用方便，但与传统的洗液类护理产品不同，首次使用需要适当指导，因此以柜台销售为好；且产品诉求为解决女性妇科问题，渠道应尽量考虑其专业性，如药店和医院。

现有健康相关产品的渠道分析

药品、食品、保健品和消毒制品统称为健康相关产品,目前主要的销售渠道为药店、商场、超市(含大卖场)和便利店。其中药店多为柜台销售且营业员有一定的医学知识。目前药店仍然是以国有体制为主,资信好,进入成本低,分布面广。商场、超市和大卖场近几年来蓬勃发展,在零售中处于主导地位,其销量大,但进入成本高、结款困难且多为自选式销售,无法与消费者进行良好的沟通。便利店因营业面积小而以成熟产品为主。

未来两年渠道变化趋势分析

目前各大上市公司和外资对中国医药零售业垂涎欲滴,医药零售企业也在不断地变革,加之医保改革使大量的药店成为医保药房,药店在健康相关产品方面的零售地位将会不断提高,其进入门槛也会越来越高,比起日渐成熟的超市大卖场而言发展潜力巨大。

YR 公司的营销目标

随着经济的快速发展、消费者收入的不断提高,人们的观念也在不断地更新,对新产品更易于接受。YR 公司希望产品能够快速进入市场,成为女性日常生活的必需品,像感冒药一样随处可购买,从而改变中国女性传统的清水清洗和洗液清洗的习惯。最终,像卫生巾取代卫生纸一样成为女性妇科护理市场的主导产品。这个过程需要很大的广告投入进行引导和时间积累,而 YR 在成立初期,大量的广告费和经营费意味着高度的风险。相关人员的口碑传播可能比较慢,但却是一种更安全和低投入的方式。努力使相关人员如营业员推荐和介绍本产品是优先考虑的方式。

YR 公司渠道选择

根据以上分析,YR 公司提出了如下的渠道建设思路:分步完善渠道结构,优先发展传统国有医药渠道,在有限的广告中指定仅在药店销售,保证经销商的合理利润。在产品成熟后再发展常规渠道,向超市、便利店等扩张。

资料来源:作者根据相关产品资料整理。

第三节　渠道管理的概念与内容

渠道承担了实现市场供给分散化,执行所有权转移、实物转移、货款转移、信息沟通、促销以及顾客服务的流程等功能。然而,有关功能不可能自发地产生,只有加强管理,才能使功能正常发挥作用。而在市场培育过程中,对渠道进行有效的管理,是渠道建设成功的关键。

一、渠道管理的概念

总体来说,渠道管理是指制造商为实现公司分销的目标而对现有渠道进行管理,以确保渠道成员间、公司和渠道成员间相互协调和通力合作的一切活动。

二、渠道管理的主要任务

（一）评估

制造厂商选择中间商前要对中间商进行评估。评估的内容主要是中间商经营时间的长短及其成长状况，这关系到中间商的商誉和市场中的形象地位，中间商的经营管理水平、经营开拓能力，中间商决策者的营销观念和人格形象，中间商的信用状况，中间商的区域优势等。当中间商是代理商时，生产企业必须评估其经销的其他产品大类的数量与性质，以及该代理商推销人员的素质与质量。当制造厂打算授予某一零售商独家分销时，生产企业还要评估零售商店的位置和未来发展潜力以及经常光顾零售商店的顾客类型。

（二）客情关系的建立

客情关系就是指制造商与中间商在诚信使用、沟通交流的过程中形成的人际之间的情感关系。可口可乐公司将与客户的客情关系定为员工考核指标之一。人情是交往的纽带，是维系分销渠道的成员紧密合作的润滑剂。特别是在我国，自古以来，成败就是和人情关系密不可分的。客情关系在某种程度上决定了分销渠道运作的效率和效益，也在很大程度上影响到双方对分销渠道的控制能力。

（三）建立相互培训机制

相互培训机制是加强渠道成员间的联系、提高分销效率的重要举措，也是跨国公司构筑分销渠道时惯用的策略。一方面，制造商培训中间商的终端销售人员，使一线人员懂得商品知识、使用方法和相关的技术，提高他们顾问式销售的能力，更好地引导消费、扩大销售；另一方面，中间商也可以给制造商的营销人员、技术人员提供培训，传递市场知识，竞争者信息和消费需求特点，使制造商的产品、促销、售后服务得到改进，提高制造商适应市场的能力。

（四）对中间商成员的考核

制造厂商选择渠道成员之后，还必须定期考核渠道成员的绩效。如果某一渠道成员的绩效过分低于既定标准，则要找出主要原因并考虑可能的补救方法。对于懈怠、懒惰或不合作的渠道成员，制造厂商应要求其在一定时期内有所改进，否则就要取消其资格。

测量中间商的绩效有两种方法：

第一种测量方法是将每一个中间商的销售额与上期的绩效进行比较，并以整个群体在某一地区市场的升降百分比作为评价标准。对于低于该群体的平均水平以下的中间商，则进行考核，找出其主要原因。

第二种测量方法是将各中间商的绩效与某一地区市场销售潜量分析所设立的配额相比较。在一年的销售期过后，根据中间商实际销售额与其潜在销售额的比率进行对比分析，将各中间商按先后名次进行排列。对于那些销售额极低的中间商，要进行考核，分析其绩效不佳的原因，必要时要予以取消。

（五）对中间商渠道成员的激励

为了更好地与中间商合作，制造厂商必须采取各种措施对中间商进行激励，以此来调动其经营企业产品的积极性。激励中间商的方式主要有：

（1）提供促销费用：特别在新产品刚刚上市之初，制造商为了激励中间商多进货，多销售，在促销上应大力扶植中间商，包括提供广告费用、公关礼品、营销推广费用。

（2）价格扣率的运用：在制定价格时，充分考虑中间商的利益，满足中间商所提出的要求，并根据市场竞争的需要，将产品价格制定在一个合理的浮动范围，主动让利于中间商。

（3）年终返利：对中间商完成销售指标后的超额部分按照一定的比例返还利益。

（4）奖励：对于销售业绩好、真诚合作的中间商成员给予奖励。奖励可以是现金，也可是实物，还可以是价格扣率的加大。

（5）陈列津贴：商品在展示和陈列期间，给予中间商经济补偿，可以用货铺底，也可给予适当的现金津贴，其目的是降低中间商经销产品的风险。

（六）窜货管理

窜货是指分销成员为了牟取非正常利润或者获取制造商的返利，超越经销权限向非辖区或者下级分销渠道低价倾销货物。窜货会扰乱正常的分销渠道关系，引发分销渠道成员之间的冲突和市场区域内的价格混乱，破坏了分销网络政策，分销成员会因为窜货而利益受损，被窜货的销售区域会出现销售业绩下降。

窜货现象的发生主要是由内因和外因共同导致的。内因主要表现在企业在分销渠道设计上的缺陷，销售任务的压力会导致销售人员窜货，不规范的销售管理会导致区域之间窜货；而外因主要表现在分销成员的利益驱使、分销任务的压力、分销系统的紊乱以及终端缺乏控制等方面。

窜货预防和处理的主要方法有：

（1）事先制定分销网络经营政策，明确分销成员的销售区域和销售权限，明确价格政策。明确界定每个销售区域的商品外包装的条码，便于检查。

（2）事先制定窜货处理政策，因窜货对其他分销成员和制造商造成的损失由窜货方全权负责，按比例扣除窜货方的年终返利，减少给其的促销费用，降低客户等级和经销权限。

（3）制造商成立销售管理小组，派专人负责管理，建立畅通的信息反馈渠道，经常抽查，听取中间商的意见反馈，发现有窜货现象后根据政策规定进行处理，并在考核指标时考虑对被窜货地区的损失，合理增加返利。

三、渠道管理中存在的问题及解决途径

（一）渠道不统一引发厂商之间的矛盾

企业应该解决由于市场狭小造成的企业和中间商之间所发生的冲突，统一企业的渠道

政策，使服务标准规范，比如有些厂家为了迅速打开市场，在产品开拓初期就选择两家或两家以上总代理，由于两家总代理之间常会进行恶性的价格竞争，因此往往会出现虽然品牌知名度很高，但市场拓展状况却非常不理想的局面。当然，厂商关系需要管理，如防止窜货应该加强巡查，防止倒货应该加强培训，建立奖惩措施，通过人性化管理和制度化管理的有效结合，从而培育最适合企业发展的厂商关系。

（二）渠道冗长造成管理难度加大

应该缩短货物到达消费者的时间，减少环节降低产品的损耗，有效掌握终端市场的供求关系，减少企业利润被分流的可能性。在这方面海尔的海外营销渠道可供借鉴：海尔直接利用国外经销商现有的销售和服务网络，缩短了渠道链条，减少了渠道环节，极大地降低了渠道建设成本。现在海尔在几十个国家建立了庞大的经销网络，拥有近万个营销点，海尔的各种产品可以随时在任何国家畅通地流动。

（三）渠道覆盖面过广

厂家必须有足够的资源和能力去关注每个区域的运作，尽量提高渠道管理水平，积极应对竞争对手对薄弱环节的重点进攻。比如海尔与经销商、代理商合作的方式主要有店中店和专卖店，这是海尔营销渠道中颇具特色的两种形式。海尔将国内城市按规模分为五个等级，即一级是省会城市、二级是一般城市、三级是县级市及地区、四级和五级是乡镇和农村。在一、二级市场上以店中店、海尔产品专柜为主，原则上不设专卖店，在三级市场和部分二级市场建立专卖店，四、五级网络是二、三级销售渠道的延伸，主要面对农村市场。同时，海尔鼓励各个零售商主动开拓网点。

（四）企业对中间商的选择缺乏标准

在选择中间商的时候，不能过分强调经销商的实力，而忽视了很多容易发生的问题。比如实力大的经销商同时也会经营竞争品牌，并以此作为讨价还价的筹码，实力强的经销商不会花很大精力去销售一个小品牌，厂家可能会失去对产品销售的控制权，等等。厂商关系应该与企业发展战略匹配，不同的厂家应该对应不同的经销商。对于知名度不高、实力不强的公司，应该在市场开拓初期进行经销商选择和培育，既建立利益关联，又有情感关联和文化认同；对于拥有知名品牌的大企业，应有一整套帮助经销商提高的做法，使经销商可以在市场竞争中脱颖而出，令经销商产生忠诚。另外，其产品经营的低风险性以及较高的利润，都促使二者形成合作伙伴关系。总之，选择渠道成员应该有一定的标准，如经营规模、管理水平、经营理念、对新生事物的接受程度、合作精神、对顾客的服务水平、其下游客户的数量以及发展潜力，等等。

（五）企业不能很好地掌控并管理终端

有些企业自己经营了一部分终端市场，抢了二级批发商和经销商的生意，会使其销量减少，逐渐对本企业的产品失去经营信心，加大对竞争品的经销量，造成传统渠道堵塞。如果市场操作不当，整个渠道会因为动力不足而瘫痪。在"渠道为王"的今天，企业越来越感受到渠道的压力。如何利用渠道里的资源优势，如何管理经销商，就成了决胜终端的"尚方宝剑"了。

（六）忽略渠道的后续管理

很多企业误认为渠道建成后可以一劳永逸，不注意与渠道成员的感情沟通与交流，不能及时发现和处理其问题。因为从整体情况而言，影响渠道发展的因素众多，如产品、竞争结构、行业发展、经销商能力、消费者行为等。渠道建成后，仍要根据市场的发展状况不断加以调整，否则就会出现大问题。

（七）盲目自建网络

很多企业特别是一些中小企业不顾实际情况，一定要自建销售网络。但是，由于专业化程度不高，渠道效率低下；由于网络太大反应缓慢、管理成本较高，人员开支、行政费用、广告费用、推广费用、仓储配送费用巨大，这给企业带来了很大的经济负担。特别是在一级城市，厂家自建渠道时更要慎重。厂家自建渠道必须具备的一定的条件：高度的品牌号召力、影响力和相当的企业实力；稳定的消费群体、市场销量和企业利润，如格力已经成为行业领导品牌，具有了相当的品牌认可度和稳定的消费群体；企业经过了相当的前期市场积累已经具备了相对成熟的管理模式，等等；另外，自建渠道必须讲究规模经济，只有达到一定的规模，厂家才能实现整个配送和营运的成本最低化。

（八）新产品上市的渠道选择混乱

任何一个新产品的成功入市，都必须最大限度地发挥渠道的力量，特别是与经销商的紧密合作。如何选择一家理想的经销商呢？笔者认为经销商应该与厂家有相同的经营目标和营销理念，从实力上讲经销商要有较强的配送能力、良好的信誉、较强的服务意识、终端管理能力；特别是在同一个经营类别当中，经销商要经销独家品牌，市场上没有与其产品及价位相冲突的同类品牌；同时经销商要有较强的资金实力、固定的分销网络，等等。总之，在现代营销环境下，经销商经过多年的市场历练，已经开始转型了、开始成熟了，对渠道的话语权意识也逐步地得以加强。所以，企业在推广新品上市的过程中，应该重新评价和选择经销商：一是对现有的经销商，大力强化其网络拓展能力和市场操作能力，新产品交其代理后，厂家应对其全力扶持并培训；二是对没有改造价值的经销商，坚决予以更换；三是对于实力较强的二级分销商，则可委托其代理新产品。

小链接

雅芳的渠道冲突

雅芳获得中国唯一的直销试点资格时，众多媒体就已经把焦点聚集于雅芳"直销法"等内容上。几天后雅芳内部经销商"逼宫"事件，更是再一次把雅芳推到了舆论的风口浪尖上。

当年的 4 月 11 日上午，几十名雅芳内部经销商聚集于广州天河时代广场的雅芳总部。

他们因为"公司开展直销损害到专卖店销售利益",从而要向雅芳高层为直销"开闸"后专卖店的生存讨个"说法"。目前,雅芳拥有6000多家专卖店以及1700多个商店专柜,但是它们大部分是由经销商投资。雅芳通过34%~40%的利润空间来说服经销商们进行前期的投资,但是自从雅芳方面透露将开展直销以来,经销商们生意明显下降,甚至在广州、上海等一些地方的旺铺生意也是一落千丈,从而导致了经销商集体"逼宫"、到雅芳总部"讨说法"的局面。

渠道冲突,已经成为雅芳在直销转型过程中难以回避的一道槛,是雅芳适应新的直销游戏规则所必须经历的痛苦过程。雅芳能够成为首家也是唯一经商务部和国家工商总局批准的直销试点企业,可以说是多年来努力的结果。雅芳作为一家最早进入中国直销市场的外资公司,在经历了1998年政府颁布《关于全面禁止传销经营活动的通知》后,雅芳决定彻底削足适履来适应中国特有的国情,在中国采用批零店铺的经营模式。

目前其在中国的销售网络已有6000多家授权产品专卖店、1700多个美容专柜。这些店铺在2004年为雅芳贡献了70%左右的销售额。业界普遍承认,雅芳公司是中国政府批准的10家"外商投资传销企业必须转为店铺经营"的转型企业中,做得最成功与最彻底的企业。

转型背后的代价就是"6000专卖店+1700专柜"所形成的巨额店铺固定资产投资和大量经销商存货。由于对原有渠道成员的利益构成现实和预期的威胁,雅芳的直销试点资格也就成为渠道冲突的导火线。

资料来源:许伟波. 渠道冲突,雅芳的转型之痛 [EB/OL]. 中国营销传播网. 2005-04-19.

思考题

1. 在"舒蕾终端模式的困境"案例中,舒蕾应该如何重新设计渠道?
2. 在"BE产品的渠道选择"案例中,渠道选择考虑了哪些因素?
3. 在"雅芳的渠道冲突"案例中,冲突的原因是什么?雅芳应如何解决渠道冲突?

参考文献

[1] 张传忠. 分销渠道管理 [M]. 广州:广东高等教育出版社,2004.

[2] 吴健安. 市场营销学 [M]. 3版. 北京:高等教育出版社,2007.

[3] MBA智库百科. 渠道管理 [EB/OL]. http://wiki.mbalib.com/wiki.

第五章
渠道拓展与渠道创新

小链接

得不偿失的渠道拓展

A企业生产自主品牌个人电脑，当其一级市场产品保有量达到一定规模后，企业开始向区域市场发展。从2003年起，A企业开始大力拓展三、四级市场，并制订了在全国每个三、四级城市都发展一至两家渠道商的拓展计划。此计划在当时顺应了三、四级市场需求快速增长的潮流。一年后，A企业的个人电脑销量迅速增长，各区域市场的份额也得到了大幅度提升，品牌知名度和市场影响力均显著提高。

受利好刺激，A企业又开始新一轮渠道拓展，将三、四级市场的渠道商数量从初期的一两家增加到四五家，希望借此进一步提高在区域市场的销量和市场份额。

遗憾的是，新计划推行一年内，尽管渠道商数量增加，A企业的销售增长却极不理想，不仅没有实现预期目标，还使品牌美誉度严重受损。

究其原因，是因为A企业的后继拓展计划严重脱离了区域市场的实际：在交通条件和物流体系十分发达的今天，大部分区域市场的潜在消费者难以避开中心城市既有渠道的隐性辐射，所以区域市场渠道商可以掌控的消费总量是有限的。同时，由于消费者天然的品牌偏好，在自由竞争环境下可以承载不同企业的渠道商同场竞争。而A企业盲目扩容的拓展计划，逼迫狭小的三、四级市场内的渠道伙伴面临同室操戈的尴尬，冲货、窜货、价格战等情况陆续出现，必然导致渠道商士气低落，怨气高涨。

资料来源：案例：渠道拓展得不偿失. http://www.soft6.com/tech/7/72320.html.

可见，渠道拓展是企业开拓区域市场的有效手段，如何平衡协调渠道商与厂商之间的利益，又是渠道拓展方案设计者必须优先考虑的问题。

第一节　渠道拓展的基本概念和基本内容

渠道拓展，顾名思义即指渠道的开拓与扩展，其目的是首先挖掘企业产品销售通路，保障产品能经由销售通路顺畅到达目标消费者的采买范围，并通过有效的渠道管理推动消费者购买、消费企业产品。其次，渠道拓展还需要扩大企业产品销售通路，提高企业产品的覆盖率和动销率，帮助企业增加市场占有份额。

因此，完整的渠道拓展涵盖了以下基本内容：

· 渠道规划设计；
· 渠道甄选与建设；
· 渠道调整与整合；
· 渠道扩展与创新；
· 全程的渠道管理与维护。

为增强大家对于渠道重要性和渠道拓展工作艰巨性的直观认识，本章首先回顾了营销学界营销核心理论的发展脉络。

菲利普·科特勒（Philip Kotler）曾经指出企业营销的使命是"以客户需求和欲望为中心，理解客户价值，创造客户价值，并从为客户创造的价值中获得利润回报"。

企业能否顺利履行其营销使命，并依靠杰出表现获得长足的发展，既要有能够满足市场需要的产品和吸引消费者关注的手段，又要有顺畅地将产品向最终用户转移的通路即市场渠道。随着"地球村"概念的日渐实现，加之科技进步和先进工艺设备的普及、融资方式的多样化，企业仅靠技术壁垒树立自身产品竞争优势的难度越来越大。因此，在"买方市场"成为主流的时代背景下，"只有通过渠道和传播才能真正创造差异化的竞争优势"（唐·舒尔茨）。

唐·舒尔茨是整合营销传播理论的开创者，他总结的4R理论是近半个世纪内营销核心理论的又一个高峰。事实上，营销核心理论从提倡产品导向的4P理论向提倡消费者行为导向的4C理论，再向提倡关系联动应对竞争导向的4R理论的螺旋上升（如表5.1所示），不仅说明现代商业社会竞争环境日趋复杂化，也深刻揭示出在残酷竞争中，渠道关系对于企业生存的意义越来越重大。

表5.1　　　　　　　市场营销三大理论4P—4C—4R对照表

理论	创立年代	创立者	基本要素			
4P	1960年	麦卡锡	产品（Product）	价格（Price）	渠道（Place）	促销（Promotion）
4C	1990年	劳特朋	消费者（Consumer）	成本（Cost）	便利（Convenience）	沟通（Communication）
4R	1990年	舒尔茨	关联（Relevance）	反应（Reaction）	关系（Relationship）	回报（Reward）

4P是市场营销过程中企业可以人为控制的因素，也是企业进行市场营销的基本手段。对它们的具体运用，即构成企业的市场营销战略框架。

4C 理论强调企业应把追求顾客满意放在第一位，同时要努力降低顾客的购买成本，并充分照顾顾客购买过程的便利性，从而实现以消费者为中心进行有效沟通的营销回路。4C 理论的创立适应了现代商业社会中消费者话语权和决定权趋强的客观现实。

现实社会中，企业管理者往往依据 4P 理论和 4C 理论进行内部的营销策略设计，但由于视角局限，常常是一厢情愿地"闭门造车"。但在残酷激烈的市场竞争中，企业并非仅凭借一己之力就能搏杀市场，它需要得到更多关联关系的支持和帮助。这既涉及传播领域的合作伙伴，更牵连到渠道领域的合作客户。而 4R 理论顺应了这种趋势的发展，以竞争为导向，根据市场不断变化的态势，着眼于企业与关联客户的互动，更深入地影响最终消费者，从而实现多赢。

从营销理论 4P—4C—4R 的发展脉络中可以明显看到，渠道建设和拓展已经成为企业生存发展策略的重中之重。

第二节　渠道规划设计

通过以前的学习，我们知道：在市场经济环境中，渠道承载了企业产品的物流、现金流，同时还需要承载与产品反馈及与市场动向有关的信息流。随着市场竞争日趋激烈，企业主要关注渠道建设和渠道拓展的两个核心问题：一个是"铺货"，即解决企业在哪里销售产品、消费者到哪里购买产品的场所问题；另一个是"动销"，即解决企业如何能够卖出产品并多卖出产品的方式方法问题。

只有销售才能产生正向现金流，保障企业健康成长。因此，众多企业都遵奉"渠道为王，终端制胜"的金科玉律，在创业之初就高度重视渠道拓展工作。

一、渠道规划设计的定义和目的

企业为实现产品的分销目标，需要根据产品定位和销售预期，对各种备选渠道结构进行评估和选择，从而确定出最适合本企业产品的渠道结构或者对现有营销渠道作出适当的改进。这一过程即称为渠道规划设计。

广义的营销渠道设计既包括企业创立或新产品上市前全面全新的渠道设计，也包括企业产品上市后为改善销售状况而对既有渠道进行的调整与改变。

企业创立之初，因营销资源有限，需要按照一定的指导原则，根据企业经验和行业习惯等，预先对产品的市场渠道进行规划设计，并按照该设计规划来进行指导渠道构建的具体工作，以保证产品上市后能快速适应竞争环境，从而能充分发挥出有限资源的最大功效，帮助企业从残酷竞争中生存和发展。

企业产品上市后，随着企业发展和市场环境变化，原有的渠道资源可能无法适应企业发展的需要，甚至成为制约企业发展的障碍。这个时候企业也需要进行渠道的调整规划，帮助企业顺利发展。

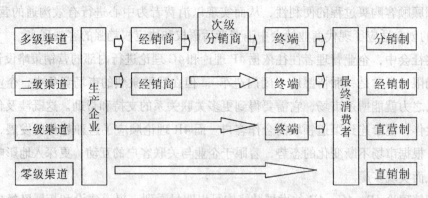

图 5.1　多层次渠道网络

二、渠道规划设计的一般原则

（1）顾客导向原则：渠道终端能否直接指向目标消费者，而且渠道所控制的终端应是目标消费者采买同类产品的主要选择之一。

（2）有效覆盖原则：渠道终端的数量和布局可有效覆盖目标市场的全部或大部区域，即按概率统计方法可有效覆盖目标消费者的主要采买地点。

（3）综合优势原则：渠道伙伴在资金、团队素质、营销经验、通路建设等方面应比同类竞品的渠道合作者具备综合比较优势，能保障企业在渠道方面凸现竞争优势。

（4）稳定可靠原则：一旦选定了渠道伙伴，意味着至少在一个销售季节里，企业在区域市场上的胜负得失与其捆在了一起，所以要求渠道伙伴的商业信誉要高，职业稳定性要好。

（5）利益最大化原则：目标市场中可供选择的渠道伙伴往往不止一家，但是各家都有自己的小算盘，开出的合作价码也各不相同，企业要根据自己在目标市场的营销定位和目标任务，选择能实现利益最大化的伙伴。

（6）沟通协调机制原则：企业通过渠道资源渗透目标市场，其间会面临很多问题，如果双方不能建立起以大局为重的协调沟通机制，将举步维艰。

三、渠道规划设计的流程

（1）应根据拟上市产品的定位、功能和目标消费者的消费行为，结合同类竞争产品渠道现状来分析目标市场的渠道环境。

（2）根据企业产品发展战略初步设定目标市场的渠道目标——主要包括铺货覆盖的广度、终端到达的深度、启动销售的力度、推动销售的速度、投入产出的回报效率等。

（3）为了保障企业顺利达成渠道目标，企业需要事先规划渠道结构和渠道层级建设的发展路径。尤其是寄望通过多层级渠道网络实现目标市场全方位覆盖的企业，更要对渠道分级的可操作性和有效性作充分的论证。

（4）根据企业在目标市场的销售目标任务，按照拟选择渠道伙伴的级别、类别和数量，将任务分解到其头上，并利用销售数据组合矩阵模型，来分析其操作的可能性和冗余度。

（5）以上四步可以帮助企业描画出理想的渠道伙伴模型，以及企业与其合作伙伴合作后营销业绩可望达到的乐观状态。但因这些工作都由企业内部团队起草，难免有浓厚的主观意愿色彩，市场是否接受还是未知数。而正常的渠道政策制定应充分考虑"厂商需求＋市场客观需求＋渠道利益"的结合。所以，企业还要派人去目标市场，通过调研和走访渠道商来验证、修正以上方案，并根据实际情况制定出最终的渠道建设方案（如图5.2所示）。

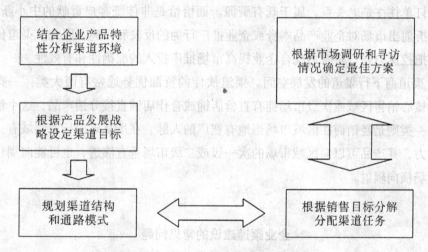

图5.2　企业渠道规划设计一般流程图

四、企业评估其渠道及渠道伙伴价值的主要参考要素

（1）渠道商掌控的客户资源数量和质量。渠道商掌控的优质客户资源数量越多，则其平台价值优势越明显，可以大大降低合作企业切入目标市场的时间风险和经营风险。

（2）渠道商的经营风格和行业口碑。这其实主要是进行对渠道商实际管理者或老板的背景调查。渠道商企业文化通常是典型的老板文化。正如人的性格各有优劣，渠道商因为其当家人的性格也显示出不同的行为特征（或称经营风格）：有的保守稳健、擅长守成，有的开朗活跃、精于进攻。同时，老板的家庭背景或职业经历又对其在当地市场的人脉网络有深刻影响，而其本人在商业信誉方面的口碑则是信用的参照指标。因此，在进行渠道伙伴选择时，要根据企业的战略目的和战术目的，适时选择合适的风格来匹配，以提高双方对共同目标的认同感，减少摩擦。

（3）渠道商的综合实力（包括资金实力、市场掌控能力等）。由于营销渠道流通环节存在货物和货款暂时分离的情况，渠道伙伴的资金实力决定了他们能够垫款放货的能量大小。对于急于扩展市场空间的企业，在发动终端促销攻势前，要格外重视经销商短期资金或良性融资资源是否充足。

（4）渠道商业务团队的营销操作能力。在现代商业社会中，渠道伙伴已不再单纯是货物流通的二传手。在终端市场上，他们应扮演更为直接的动销责任人的角色。而渠道商团队执行力和创造力又是产品动销的重要推动力量。因此，渠道伙伴的业务团队是否了解经销产品的市场特性，是否具备区域市场推广经验和人脉资源，就显得非常重要。还需要注意的是，经销商或终端店面团队人员的素质也参差不齐，对方是否把优质人员用于配备在企业产品的营销上，也是值得高度重视的。

（5）渠道商对中小订单的把控能力。渠道伙伴的日常销售包含了多种订单组合，其大客户的订单往往是老关系，属于既有资源。而恰恰是非传统客户贡献的中小新增订单，更真实地折射出市场对企业产品本身或企业推广行为的反映和兴趣。因此，渠道伙伴对中小订单的把控能力强，将有力配合企业提高市场推广投入的准确性和有效性。

（6）渠道商下行渠道的发展空间。渠道伙伴的资源优势通常有两大类：一类是在区域市场的核心销售区域或次级市场拥有直营店铺或合作店铺直接分销产品，这个情况较为普遍。另一类则是经销商在区域市场当地有宽广的人脉，在所从事的行业领域有一定话语权和影响力，其产品可以向区域市场的次一级或二级市场垂直渗透，也可能向周边同等级的区域市场横向辐射。

小链接

企业渠道建设的常见问题

1. 缺乏长远经营战略，没有科学的设计规划流程，而是抱着摸着石头过河的心态，用"乱劈柴"的方式到处试路子。这种短视的做法必然造成企业和经销商只能维持短期利益的合作，无法消除各自私心私利的内在对立，既不能同甘苦，更无法共富贵。

2. 规划布局不合理，点、面结合不到位。尤其是依靠广告推广战术的企业，在渠道规划中常常陷入过分追求铺货覆盖的困境。这样虽然铺面很广，但却缺乏足够的支撑基点。其后果就是"撒花椒面"，虽然销售片区内都有铺货，但各零售点销售动销慢，汇总数据一直保持低位，点、面难于形成合力。

片面追求铺货覆盖的另一恶果是经销商网络必然比较宽，销售不畅容易在市场内造成不好的口碑，当企业重新梳理渠道时，经销商的谈判力会放大。

3. 选择的渠道合作伙伴配合协调能力差，尤其是铺货、补货响应速度慢。由于企业推广产品的营销攻势大多有很强的时效性，如果渠道伙伴不能在企业启动攻势前做好集中铺货和强力推货的配合，就无法抓住消费者高度关注的黄金节点适时促销，难于营造上市效应。

4. 企业自身定位的缺陷，尤其是在既有资源不匹配的情况下，一厢情愿地拓展销售半径，造成渠道支持力度虎头蛇尾，难以为继。比如，有些企业在本省刚刚取得一些成绩，基础尚未夯实，就自我膨胀，去开拓周边省份市场。由于战线过长，这样人力财力消耗过大，对渠道的服务和促销应变也难以适时保障，往往无功而返。

5. 市场竞争激烈，企业和经销商都急功近利，缺乏耐心深度挖掘产品核心竞争力，或依靠更科学更先进的营销技术提升产品卖点和附加价值，过于草率地陷入广告战、促销战漩涡。此种情况在快速消费品企业中极为常见，企业调动经销商积极性和新开发经销商的成本越来越大，维持渠道的成本也逐渐增高，甚至演化成"不做促销是等死，做促销是找死"的恶性循环。

6. 企业的渠道政策管理水平有缺陷，尤其是部分企业的渠道政策设计不够科学，且连贯性差，加之内部人力资源管理水准也不到位，容易造成区域市场人员与区域不良经销商内外勾结占企业便宜的事件频频发生。这不仅扰乱了当地市场秩序，还可能在整个市场网络中造成恶劣影响。

第三节　渠道甄选与建设

一、思路定位

思路定位就是企业根据自身的发展定位和现有渠道资源存在的问题，先进行内部的自查自省，在此基础上对需要进行拓展的渠道建立理想模型，再根据储备资料或通过寻访方式定向洽谈。如果在目标市场上尚无完全符合标准的渠道资源，要么进行模型调整，要么就与最接近条件的渠道资源进行沟通，确定其是否有意愿和能力去适应企业的要求。

在思路定位阶段，企业主管要首先依据销售数据和市场记录对现有渠道资源进行科学的分析，掌握下列问题的准确答案：

（1）现有渠道体系是否能够胜任企业营销任务的要求？若能胜任，它最核心的差异化优势是什么？在未来的几年内，现有渠道体系能否继续在辖区市场范围维持或提升其差异化优势？

（2）我们是准备在保障现有渠道体系基本功能的前提下，通过挖掘其不能有效覆盖的通路来进行渠道拓展，还是完全放弃现有渠道体系采取另辟蹊径的方式进行渠道拓展？如果是采用前者，我们能带给现有渠道体系的主要保障承诺有哪些？能带给新合作伙伴的利益回报又是哪些？这种利益分享是否引起现有渠道伙伴的反感？如果全面放弃现有渠道伙伴，他们会在未来对我们进行恶意反击么？这种反击我们是否有足够的化解能力？

其实，对上述问题的问答过程，就是强化企业对现有渠道和拟拓展渠道的SWOT分析过程，有助于企业更全面地评估渠道战略的科学性和准确性，并增强了危机预案处理的意识。

二、明确思路

主要探讨选择的渠道标准、渠道架构和渠道政策，即解决以下问题：

· 什么样的渠道是你所要发展的对象？
· 要建立怎样的一个渠道体系和分销网络？
· 如何为全国市场和区域市场制定相应的渠道发展目标和策略？

三、建立渠道漏斗

从可供选择的潜在合作伙伴基础资料中，按照企业经营目标和政策权限筛选准合作伙伴，再进一步确定最理想的渠道合作伙伴（如图 5.3 所示）。要按照从面到点、从点到面的原则进行筛选。从面到点就是先要铺面层层筛选，确定几家合作伙伴。而在未来的操作实施中，则要以确定的几家合作伙伴为中心，扩大影响，现身说法，从点到面，最后吸引更多的合作伙伴加入进来。

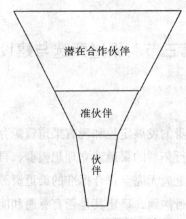

图 5.3 渠道漏斗操作示意图

四、渠道管理人力资源的规划

渠道工作的难点是如何协调利益追求存在分歧和差异的伙伴为同一目标而工作。这其中的工作必然是艰苦而细致的，对管理人员和经办人员的综合素质、应变能力及坚韧性都提出了严格的要求。

企业开拓渠道尤其是在异地市场、陌生市场开拓渠道时，应特别注意地域文化差异性的影响力，更要选择能够适应多种文化冲突的员工赴任。同时，对员工授权范围的规划也要提前进行，以提高初次合作的可控性。

五、渠道甄选要注意谈判和沟通技巧

渠道商与企业产品品牌没有血缘上的联系，他们更多关注产品是否能够销得动，对于短期利益的追逐欲望十分强烈。而企业在市场上又确实依赖渠道商实现销售，所以就需要格外注意谈判沟通的节奏和技巧。

从本质上讲，与渠道商难打交道的地方是他们把短期利益看得重，又有控制企业渠道管理人员从而争取到资源倾斜的动机，所以在渠道甄选时就要规划好谈判节奏：既要有美好远景让他心动愿意与之合作，又要让他明白双方应该坚持的原则底线，同时要注意适度维护渠道管理者的调配权限，增强其对渠道商的控制能力。

六、实实在在为渠道商创造价值

虽然企业不宜轻易作出承诺，但一旦为渠道商作出了承诺，就一定要做到。只要企业实实在在为渠道商创造着价值，渠道商一般不会轻易忽视或放弃其合作的义务。

小链接

内向竞争型渠道商和外向竞争型渠道商

内向竞争型渠道商的特点：通过对供货企业施加压力，获取比企业其他渠道商更优惠的初始条件，从而保障自己在区域市场的竞争优势。内向竞争型渠道商通常是在区域市场有一定资历的坐商，且拥有一定的下行渠道资源。他们开拓新市场的冲动不强烈，幻想依靠自己的既有网络享受调拨价差的收益。

在市场竞争不充分的特定区域（通常是比较边缘化的地区，如"老少边穷"地区），内向竞争型渠道商的比例较高，企业进入这些市场渠道选择余地不大，难免要与内向竞争型渠道商打交道。但必须注意的是，内向竞争型渠道商有向企业转移经营风险的倾向，往往成为扰乱市场秩序和供应价格体系的发动者。企业在梳理、拓展渠道伙伴时，要优先排除内向竞争型渠道商。

外向竞争型渠道商的特点：不断开拓自己的竞争优势，在满足已有客户需求的基础上，通过市场细分、市场渗透等不同方式与其他品牌渠道商竞争，通过切分其他企业的市场份额来发展自己。

外向竞争型渠道商多是行商，他们主动接触市场，发掘市场，与企业更容易形成稳定的利益联盟，是优质渠道资源，企业应该重点培养。外向竞争型渠道商的从业资历、人脉资源和综合实力要弱于老牌坐商，企业在与其合作时要从长计议。同时，由于市场竞争环境比较残酷，外向竞争型渠道商容易产生"赌市"冲动，企业要随时加强对其业务指导和交流；最好在统一思想的前提下通过风险共担，利益共享的合作机制去抓住微妙商机。另外，外向竞争型渠道商做大做强后，也可能居功自傲，开始向企业争权要利，所以企业既要扶持外向竞争型渠道商发展，又要警惕遏制其"尾大难掉"的蜕变。

第四节　渠道拓展的可能性

小链接

"瓶子装满了吗?"

教授在课堂上拿出一个大空瓶子，然后把高尔夫球一个个放进瓶子，直到填满瓶口。然后，他问学生："瓶子装满了吗?"，全班同学一致认为瓶子已满。

教授又拿出一把小石粒，慢慢放进瓶子里，石粒渗满了高尔夫球之间的空隙，直到瓶口。他又问学生："瓶子装满了吗?"，同学们没有异议。

教授却提起一个纸袋，朝瓶中倒去。袋中装的是细沙，它们居然充满了小石粒之间的空隙。教授再次问："装满了吗?"学生们想了想，一致认为这次瓶子满了。

接下来，教授从讲台下拿出两罐啤酒，慢慢倒进瓶中，没有人想到，沙粒之间肉眼已经无法看到的空隙中，居然又装进了两罐啤酒!

资料来源：某商学院时间管理课程实录，http://bbs.fdc.com.cn/showtopic-3918972.aspx。

这个故事本来是用来形容生活空间包容度的典型例证，但是它对我们理解渠道宽度、广度和深度同样很有启发：

(1) 不同性质的渠道其特征各有差异，但只要具备适当的规模，都可以积聚而成可观的销售规模。上述故事中，瓶子好比企业的目标市场份额，高尔夫球好比重要的渠道选择，比如核心大客户、一级经销商、重要客户（KA）卖场等；他们的数量不多，但占据了销售份额中很有分量的比例。而小石粒好比次重要的渠道选择，比如中型客户、二、三级分销商、区域连锁销售终端的各个门店等；他们的基础销量不太大，但只要渠道规模合适，仍然可以积聚起总量可观的销售规模，让人不可轻视。而沙子和啤酒则更像游离于常规渠道之外的社区单体店和终端消费个体；他们单次甚至全年的个体消费都微不足道，但如果寻找到或创建出能够覆盖此类人群的新渠道，同样可以靠庞大的个体数量营造出令人吃惊的新增销售规模。

(2) 渠道拓展有丰富的想象空间，但在规模上有主次之分，企业在进行选择操作时还要有先后之分。正如故事中所表达的，几个高尔夫球就可以占据瓶子的大部分空间。企业在进行渠道建设中也会首先选择高等级的市场渠道满足企业生存的需求，进而开发次高等级的渠道资源帮助企业发展，然后再会考虑利用技术手段创造新渠道资源促进企业的发展。

(3) 渠道拓展中要高度重视渠道对企业赢得更多市场份额的实际价值。该故事主要通过空间关系来引人联想，而现实生活中，对市场份额的实际贡献却主要是通过价值数量或价值密度来反映的。因此，这个故事给我们另一个启发，就是在评估市场渠道价值时不能被其表面的规模如铺货率、覆盖率所迷惑，而要实实在在观察它的动销效率和回款实力。

第五节　渠道拓展的常见形态

按渠道拓展操作主导力量的不同，我们把渠道拓展分为外联拓展模式和内强拓展模式两个大类。外联拓展模式主要指企业在外部力量的支持下，借助合法手段，通过资本运作、人力猎头等技术手段，获取以前无法企及的市场渠道，以适应企业发展策略的需要。内强拓展模式则主要依靠企业自身的资源，通过对管理结构、思维创新、政策调整等方式进行渠道拓展。

一、外联拓展模式的常见类型

（一）企业战略性收购模式

该模式指企业通过并购方式，购买现有渠道资源的合法所有权，再按照企业意愿将新购渠道作为本企业的产品销售通路。简单说，即用资本换取市场份额。

常言道"杀敌三千，自伤八百"。战略性收购模式用比较文明的方式预先去规避恶性竞争造成两败俱伤的后果，可以较好地保证产业链条的安全性和行业的稳定性，不仅受到企业家、资本商人的高度认同，也越来越被消费者所接受。但它往往以牺牲被收购企业的品牌资源和品牌形象为代价，对被收购企业的忠诚客户而言，难免产生一定的心理伤害，可能会影响到被收购的渠道价值和有效性。因此，就不难理解为什么近年来中国商务部连续拒绝了可口可乐对汇源、达能对娃哈哈的收购意向。

不过，从有效整合商业资源可以避免社会资源浪费的思维角度出发，我们又要提倡和鼓励企业家通过并购方式来提高企业的发展速度，尤其是提高产业升级和市场扩张的速度。

西方国家由于商业文明历史长，法律法规健全，保障机制完善，其企业家对于良性收购的接受程度高，很多企业通过并购获得了双赢。对此，我们要以"去其糟粕，留其精华"的态度去学习和借鉴。

小链接

雅戈尔收购新马集团开拓美国市场

随着生产实力壮大，中国服装企业从 2000 年起，就试图以自有品牌进军国际市场。由于文化差异显著，国内外的商业习惯、市场偏好和人才体系有很大区别。所以若单纯沿用国内拓展市场的战略思维，以自建渠道的方式渗透国外市场，将面临时间周期长、人才队伍匮乏、操作流程繁琐、经营风险大等多种困难。

为此，雅戈尔采取了战略收购的策略，借助金融危机后泡沫资产缩水的良机，在 2008 年内收购了美国服装业巨头 Kellwood 旗下的男装公司——新马集团。收购后，雅戈尔将其美国分公司与新马集团在美国的销售公司合并为新马美国公司，并邀请 Kellwood 前任董事长鲍勃·斯金纳出任该公司 CEO，开始启动全新的物流中心和客户信息服务系统。

新马集团拥有遍布美国各地的完善销售网络和较大的市场份额。比如，该公司拥有 Nautica、Perry Eilles、CK、Polo 等时尚男装品牌的销售特许权，而其经销渠道既能有效覆盖 Macy Nordstorm、JCpenney、Dillerd's 等大型百货公司，又能顺畅渗透 Century21、T. J. MAX 等平价店；仅衬衫一类，就可年销售 2000 多万件，占据了美国市场三分之一的销售份额。

借助成功的收购和顺利的兼并磨合，雅戈尔不再为寻找市场迷茫。2009 年，雅戈尔收缩了以前大量参加国外展会发展经销代理的拓展模式，集中力量专门为雅戈尔美国新马公司生产各类服装。据《东南商报》报道，来自新马的衬衫订单已占到雅戈尔产能的 70%，平均每月达 55 万件，而其他服装的出口也保持了稳定的增长。

依靠漂亮的海外收购，雅戈尔集团快速获得了稳定安全的海外销售渠道和市场份额。即便在金融危机的冲击下，其出口仍保持了增长，有力地提升了雅戈尔集团的综合竞争实力。

（二）猎取渠道关键人力资源策略

该策略指企业通过猎头代理或自主定向招募方式，将掌控着拟渗透渠道资源的关键人或关键团队招募到自己的企业中，再委派他们去管理开拓渠道，又称"挖人"。

"挖人"策略在快速消费品、工程建设及服务性行业等领域特别流行。在这些行业领域中，人际关系对关键性客户资源的影响很大，往往超过企业产品品牌的影响。因此，高薪挖人可以迅速获得其人脉资源，从而拓宽市场渠道，提高销售效率。

但"挖人"策略也有其软肋，即如果挖到理想的经理人或团队后，如果企业与其在企业文化和营销理念上不能尽快取得一致，会动摇经理人或团队的忠诚度及积极性。同时，"挖人"策略还常常面临受反不正当竞争的法律法规约束的风险。

（三）跨界合作策略

该策略通过与同行业常规渠道资源关联关系不大或被现有常规渠道模式忽略的其他行业渠道资源合作，利用他们对目标消费者的影响能力和销售潜力，通过资源共享渗透到对方渠道中，实现对目标消费者的有效覆盖和有效销售。

目前，随着信息技术的普及，跨界合作的实现便利性大大提高，很多聪明的企业家和营销管理者都越来越乐于尝试这种新的方式。

小链接

成都电影院线与成都移动的渠道合作

电影院线的常规渠道模式是通过直营店的票务窗口销售，其优势是可以确保现金及时回笼，并且能够有效地保护价格体系的完整性和可控性。

但是，随着城市居住环境和交通环境的变化，电影院线仅仅依靠区位优势通过吸引店铺周边居民进场观影，已经很难保证上座率。而电影产品又有很强的时效性（即档期），在档期中，不宜由直营店直接出面实施频繁的价格折扣促销。

为保证上座率和总票房，电影院线需要拓展更有效的渠道资源。一开始，院线普遍采用与银行、保险公司、票务代理机构渠道合作模式，但因这些渠道对自身客户资源的掌控力度并不强，且在实际操作性上要依赖票证的实物传递实现真正的销售，所以进展速度和规模效益不甚理想，且容易产生价格混乱。

而从2008年起，成都电影院线与成都移动进行的深度渠道合作，则充分发挥了双方的渠道资源优势，开创了跨界渠道合作典范。

院线认同移动平台，不仅看好移动庞大的用户基数和便捷的信息传递渠道，更看好它对虚拟支付的技术实现手段。对移动而言，随着手机二维码技术的高度成熟，已经让其具有渗透小额支付消费市场并成为关联产品销售渠道的综合实力。之所以选择院线平台，则是看好文化产品对于用户的特殊吸引力和产品消费的高度灵活性。同时，电影产品价格保护体系的完善、实际观影成本偏高的现实和客户资源可深度挖掘的可能性强也增加了双方进行资源互换的欲望。

从2009年起，成都移动首先以集团采购方式，获得大量低价的影票资源，再通过自有的客户下行渠道进行推广。一开始，成都移动以积分兑换方式吸引全球通用户参与。

2009年5月，成都移动推出了100积分换一张影票的活动。当时普通电影票单场单价一般在35元以上，而手机积分兑换话费通常按照300分兑换10元设计。如此巨大的价格落差给使用者带来了巨大的利益诱惑，一时引起轰动，手机用户的参与热情全面高涨。

当参与用户积极性逐步提高时，成都移动通过适时提高兑换标准，有效规避了经营风险，并通过与院线系统的数据交换分析摸清了成都市民对不同投放阶段的电影产品的价格偏好，有利于双方通过掌控价格甜区来增加对消费者的全面渗透。

目前，在成都大多数院线系统都安设了手机二维码终端设备。随着合作深度的提高，部分院线甚至将手机二维码终端设备设定为用户自助设备，大大提高了高峰时段的交易效率。

对消费者而言，成都院线与成都移动的渠道合作，不仅提高了消费者消费电影的便利性，也大大节约了消费者的观看成本，增强了消费者对这种渠道的认同感和忠诚度，而这也必将提升其重复消费的频率和稳定性，自然给成都院线与成都移动带来更多的价值回报。

二、内强拓展模式的常见类型

（一）优化渠道模式

"兵无常势，水无常形"。企业的不同发展阶段、企业产品线的构成形态、产能综合能力变化等因素，都将给企业提出优化渠道模式的现实要求。因此，企业要根据自身产品的核心竞争优势，选择最能充分发挥出核心竞争优势的渠道模式作为企业产品主渠道，保证企业实现利润最大化。

小链接

中国最大流行饰品生产商新光集团的渠道拓展经验

采买成本低而流行款式齐全是流行饰品与珠宝饰品的主要区别。新光集团定位于中端市场，强调"快速供应、大众价格、时尚新潮"的竞争优势。1995年创业之初，新光掌门人周晓光先在广州选定总代理商，随后两年，又陆续在全国区域中心城市设立了总代理。

但是，总代理制度无法改变代理商和新光利益分歧时常存在的客观现实，而流行饰品的产品生命周期非常短，有的应景潮流品甚至只有1个月而已。

本来，新光拥有业内最为强大的设计团队，每天可以推出上百个新款式；但代理商挑肥拣瘦的选货推货方式，显然无法发挥出新光集团产品组合齐全的优势，也就无法将这种优势转化为规模销售的胜势。

1998年，周晓光及时取消总代理制度，改设直营店销售。至2008年年底，新光集团在全国设立20多个分公司，600多家专卖店（含专柜和挂面墙）。渠道模式的改变不仅没有减弱新光的销售能力，反因直接面对消费者，保障了新光全面掌控渠道变量，并捍卫了企业定价的主动权，也通过更迅捷的客户反馈机制促进了企业产品设计开发的响应效率。

而在开拓国际市场时，新光集团将国内的渠道模式优点和国外市场的传统渠道优势相结合，一方面在目标市场设立分公司，在当地另行组建经销商网络，通过进场销售等模式节约人力物力，同时保障货物和货款安全。另一方面，公司大量委派设计人员下沉到目标市场追踪当地的流行文化元素，配合经销商单独设计研发新品。公司还投入大量资金建设全新的ERP系统，进一步提高生产线响应订单的速度，充分发挥出"个性化、小批量"的快速生产优势。此种渠道配置模式帮助新光深入到国外消费市场。以2008年为例，尽管饱受经济危机影响，新光在美国和欧洲的销售大幅度回落，但仍能维持项目运转并保有利润。而那些单纯依靠贸易商转接生产订单的同类企业，由于销售渠道单一，当中间贸易商因市场萎缩而纷纷撤销订单时，其巨大的产能找不到销路来化解，最终损失惨重。

资料来源：根据媒体相关报道整理。

（二）追求渠道层级网络的完善性和互补性模式

企业在目标市场的利益追求具有阶段性差异，初期以解决生存问题为主，对企业而言要优先考虑能否快速启动销量。为此，企业在确保产品品牌形象的前提下会优先满足渠道伙伴对渠道利润分配的憧憬，以此换取对目标市场的占领优势。而当企业在目标市场上已经树立起品牌形象后，更多的是要考虑如何扩大销售规模；当原有渠道不能提供足够的稳定销量时，企业必须通过渠道补充或下沉的方式来完善网络质量。

三、企业完善渠道网络管理的常用方法

（1）扩展分销层级。加强在区域市场中低层级的细分市场，再构建自己可以直接控制或协调的分销网络，通过提高配送和营销支援服务质量，加大企业在细分市场的份额，从而保障区域市场总体销售规模的增长。这就是营销人员常说的"精耕区域市场"、"渠道下沉"等方式。

（2）导入补充渠道。当原有渠道资源所覆盖的消费人群不能满足企业销售增长的目标要求时，要根据消费行为习惯的特点，开发另外的渠道资源作为补充。例如，A企业原先是依托调拨渠道为主的批发商渠道，那么就可开发以终端直营销售的零售商渠道作为补充。又或者：某保健品企业原先主要是依托药店供应渠道进入药店终端，通过店员面向消费者推销，则可以开发商业超市供应渠道上柜销售，通过派驻自己的销售员通过终端拦截方式向消费者推销。

（3）渠道整合。由于渠道牵扯的资源比较复杂，而企业销售工作不能有一分钟的停滞，所以在现实工作中，企业渠道建设随时都面临着调整的可能性，但为了避免乱上添乱造成"因小失大"的恶果，企业通常不会轻易放弃每一种渠道资源，总是在能够接受的成本范围内去整合协调各类渠道资源，以帮助企业顺利实现销售目标。

小链接
资生堂中国市场渠道策略变迁回顾

1991年，资生堂正式涉足中国市场，并选择了以"一线市场的百货商场专柜为主"的渠道模式，提出"高品质、高服务、高形象"的三高营销策略，并因此取得成功。截至2002年，资生堂已在中国设立20个办事处，并在80个大中城市的商场设立了270个专柜，其销售额占到资生堂中国市场营业额的90%以上。

但是，随着更多跨国企业的不断进入，中国一线城市国际品牌的数量剧增，竞争日趋激烈。此时，专柜渠道模式显出其短板：人群覆盖有限，无法分享中国城镇化建设提速带来的消费人口优势；专柜产品价格弹性小，轻易冒进会导致品牌价值弱化、定位模糊；自有终端数量不足，难以遏制水货泛滥，已严重威胁资生堂品牌美誉度。

为扭转预势，资生堂从2003年起动了全新的"四面出击"渠道策略：

一、继续坚持城市中高端市场的占有与维护，保障高档百货商店专柜的竞争力。

二、在一线城市逐步进入知名度高的个人护理保健与美容保养品连锁经营店（如屈臣氏、千色店、万宁等）上柜销售。

三、坚持向二、三级市场下沉，以签约专卖店的形式覆盖大众市场。截至2006年年底，其签约专卖店已达到1700家，并规划在2009年超过5000家，争取每10万城镇人口

可拥有一个签约店。

四、通过药品等供销渠道，进驻药妆店，开辟新的销售市场。

这些策略中，资生堂最寄予厚望的方向是向二、三级市场下沉，大力发展签约专卖店，充分挖掘非主流市场的大众价值。在具体的操作中，资生堂利用"一级代理"模式，每个省只选择一家最合适的代理商，再由公司与代理商合作选定签约专卖店。

与宝洁"大流通"的方式不同，资生堂专卖店产品不进入批发市场流通，由合作专卖店在其授权范围下由合作店的店员负责销售。这种模式既免去高额租金的困扰，又节省了大量的人力成本。

2004年，资生堂设立资生堂（投资）中国有限公司，专攻签约专卖店渠道。从此，数百名资生堂（中国）的销售团队辗转全国搜寻资源，有步骤地扩大签约专卖店规模，并初步实现了公司"在发达区域，深入到乡镇一级，欠发达区域，至少开至县城"的基本要求。

为保障资生堂能够有效控制住规模庞大、分布广泛的终端网络，充分保障对众多连锁店的服务质量和配送安全，资生堂还出巨资委托海信网络科技公司进行了科学的信息系统建设。

2005年，资生堂中国市场销售额达到11亿元。2006年，其销售又保持了30%以上的增长速度，充分显示出其渠道策略的科学性和前瞻性。

资料来源：易秀峰. 解读资生堂中国市场渠道策略［J］. 医学美学美容（财智），2007（4）.

第六节　中小企业进行渠道拓展需要注意的几点问题

渠道建设是企业销售工作的核心。通常情况下，渠道策略的设计和管理都是委托有丰富经验的员工担当，其职权职务在企业中也比较重要。一般来说，大学毕业生要在大型企业中上升到同等资历和资格胜任该项工作，周期比较长，且企业本身会安排相应的培训来帮助其提高。而中小企业由于管理成本压力，则在提拔周期上比较灵活。因此，我们站在中小企业的立场上，对其在渠道拓展中需要注意的几点问题再进行讲解，以帮助大家更好地掌握一些办法和思路。

一、野心不要过大，从建立区域性品牌，稳固区域市场占有起步

集中优势兵力各个歼灭敌人是重要的军事原则之一。而现实中，很多中小企业在渠道建设中常常夜郎自大，不是集中优势完成根据地建设，而是盲目地四处出击。结果因资源分散，四处不得好，难免出现被剿灭的悲剧结局。

如果中小企业有自知之明，先集中资源建立区域性品牌优势，就会逐步树立起真正的核心竞争力。而事实上，正如我们前面所说，再大再强的品牌也不可能占领所有市场，中小企业在区域市场永远都有夹缝中求生存的机会。

建立区域性品牌，不仅有利于节约资源，还有利于利用资源。尤其是与地方政府关系

密切的当地企业，如果能发展到一定规模，往往可以获得种种优惠和支持。

二、包装要好，应高度重视企业形象和企业文化的建设

中小企业在创业和拓展之初，要考虑到渠道建设是与人，尤其是陌生人打交道的艺术，要尊重社会习惯尤其是"第一印象"规律，高度重视对企业形象的系统包装，让人不排斥企业、不轻视企业，才能有资格接触到比较优质的渠道资源。

同时，从业务人员自身，也要高度重视自身的外观形象、言谈举止的修炼提高，让别人感受到企业文化的底蕴和素质，从内心中接受企业形象。

三、要让渠道合作者先赚或多赚一点，构建出合理的利益分配机制

在商言商，商人自当以利为先。企业要尊重商业习惯和商业规则，更要充分考虑中国人"无利不起早"的功利传统。因此，在选择渠道合作伙伴时，一定要真诚地拿出对方通过自身努力可以获得的利益。在市场初期，还应该优先保证对方分享利润，以增强其信心和忠诚。同时，在分配过程中要坚持应有的原则底线，实现"以利护之、以情动之、以法服之"的情感交流，保障双方能以"求同存异"的客观态度积极合作。

四、适当增加渠道上的投入，尽快在渠道中树立起标杆

尽管有预先设定的利益保障，但产品如果不能真实销售出去，渠道伙伴是无法实现利润变现的。所以，当渠道伙伴进货后，企业有义务多站在伙伴立场上为其出谋划策推动终端销售。在必要的情况下，甚至应该超越合作协议约定的义务范围，多投入一些人力、物力资源。

其实，在区域市场上，企业和分销渠道的核心利益是共同的。前期企业主动作出的牺牲和支持，分销渠道是能够直观感之的。比如，很多工程采购项目中，客户最担心采购的质量风险，那么在区域市场中能建成或中标明星工程或高规格样板工程就成为证明企业实力的最佳方法。

因此，若企业在某地的经销商有机会介入当地标志性项目的供应工作，又因面临资金缺口压力而显踌躇的时候，企业可以在合理评估后帮经销商接盘应战，不惜一切代价拿下，甚至不要计较在这个项目上赚或者赔。企业要这样考虑，如果能拿下，企业名利双收；如果不能拿下，企业经济利益或有损失，但企业形象在渠道商群落里会放大提升，有利于维持渠道的忠诚。

五、尽可能安排提供专业的培训体系，提升企业渠道服务水平

渠道商主要负责对产品的传递。如果不经过完整的培训，他们往往对产品的技术原理和相关指标一知半解，再糊里糊涂地将半吊子知识向最终消费者传递，极容易造成混乱。因此，即便中小企业在销售团队的规模上无法和大企业相比，但任何时候也不能放松

培训体系的建设。优秀的培训机制本身就是对企业渠道的强有力支持，且投资少、回报高，对中小企业来说绝对是桩合算的买卖。

六、适当增强授权意识，充分发挥渠道合作伙伴在区域市场的主观能动性

对中小企业来讲，由于资源有限及文化差异，仅靠自身力量独立开发和维护其企业势力范围之外的区域市场，执行效率或有欠缺。这时，不妨借助渠道合作伙伴的力量，通过适度授权推动他们去帮助企业开发和耕耘市场。

现实生活中，很多中小企业愿意找在区域市场有实力的经销商做渠道伙伴，不仅是因为这些经销商的渠道、资金和物流能力能够帮助企业快速把货物铺进当地市场，更重要的是这些经销商熟悉当地市场的消费习惯和市场动态，驾驭得当可以帮助企业快速动销。

另外，区域经销商乐意经销中小企业的产品，一是由于小企业、小品牌的利润空间较大的吸引，二是因为中小企业的决策机制比较灵活，有利于经销商与企业高层更直接地交流沟通。

因此，中小企业在运作区域市场渠道时要具备适度授权的意识，在适当的时候可以邀请渠道伙伴参与区域市场的广告设计、广告投放、促销政策、赠品选择等市场环节的设计和执行。这样不仅有利于增强彼此的同盟关系，更有利于充分发挥出渠道伙伴的主观能动性，提高把握市场机会的能力和效率，更好地保证大家实现双赢。

七、持续完善销售流程管理，提高渠道合作成功率

渠道销售比企业直销的操作时间长，有更多的管理节点和管理陷阱。为保证企业不失去对整个销售过程的监视和控制，企业需要有制定完善而又便于操作的流程管理体系。

"销售流程管理"是通过对销售全过程各个阶段的推进过程提供及时管理，严格控制每个阶段关键节点的节奏和效率，以达到客观评估销售机会，并在此基础上及时调整市场策略，以帮助推动日常销售工作健康发展。完善的流程管理可以及早发现销售活动中出现的困难和异常现象，可以大幅度减低销售成本，提高销售成功率。

通过它，总部可以看到区域市场的实时状况，区域销售经理也可以知道渠道商的变化，有助于各方及时消除顾虑，克服困难，从而提高销售成功率，降低销售成本。

第七节　渠道创新保障企业基业长青

一、渠道创新的定义和价值

（一）渠道创新的定义

渠道创新有两层含义：从狭义讲它主要指采用新思维、新技术手段帮助企业拓宽渠道选择对象、提高渠道建设质量，增强企业产品对更广大目标消费者的覆盖，与前面所讲的

渠道拓展有很多重叠的地方。而广义的渠道创新则指企业基于对消费者消费行为特征变化的高度关注和敏感，从其变化特征中发现、发明新的渠道模式，以增强企业产品、品牌快速适应并满足新出现的消费行为动向和消费需求。

（二）渠道创新的价值

市场经济日益发达，企业的市场营销环境变化速度越来越快，竞争压力也越来越大。在高度竞争的市场中，各家企业产品、价格乃至广告同质化日趋加剧。更多企业认识到，企业单凭产品的自身优势赢得竞争越来越困难，因此更加注意通过重视分销渠道管理和渠道创新来保障企业的差异化竞争优势。

对企业而言，新兴的分销渠道应为顾客提供购买的便利、为厂商节省分销成本。根据麦肯锡咨询公司的分析，有效的渠道创新甚至可以协助企业节省 10%～15% 的成本，帮助企业创造出成本优势。新通路会给厂商带来意想不到的价值，诸如为顾客提供购买的便利、为厂商节省分销成本。

当然，新兴渠道也会带来全新的顾客期望值，将对企业的响应机制提出更高的挑战，但这种与消费者更近距离的接触，有利于企业更好地根据消费者真实需求进行市场调控，保证企业利润最大化。

二、渠道创新的主要障碍

（1）直接面向细分市场，最终消费者的信息收集和评估机制不健全，难以准确把握新通路的发展规律。

受多种环境如居住、工作、市政配套、公共交通等波动的影响，消费者消费行为习惯也始终发生着变化。这种变化总体是一个潜移默化的渐变过程，但在特定条件下，它也会量变并积聚成一种独特的、有生命力的消费力量。当这种力量刚刚产生时，若有新的通路去覆盖它，就容易获得更大的收益。

但是，要及时发现并把握这种趋势，需要企业对细分市场具有高度的敏感度，这需要企业与目标消费者有稳定而密切的联系。由于企业过分依赖经销渠道提供的二手信息，而渠道上报的信息又大多经过过滤，渠道商更乐意传递有利于自己利益的信息；如此一来，企业难以在质变瞬间发现并发掘出新通路价值。

（2）企业常常具有沿用固有渠道系统的惯性，缺乏挖掘新通路的积极性。

渠道创新的最大障碍往往在企业内部。中国企业普遍使用外部渠道，他们构建渠道的出发点是基于同渠道商的利益合作稳定及有效率，而不太注意与消费者合理接触的深度与广度。由于渠道建设工作千头万绪、系统庞大，牵扯管理者太多精力和利益纠葛，所以一旦确定，管理者是很难下决心去对它作大的改动或调整，往往倾向于对其中的部分要素进行微调。其后果就是，企业在发现新通路时需要仰仗分销商对新兴渠道的敏感性和接受性。

（3）常规商业渠道模式之外的新通路，其稳定性比较差。

个体消费者行为习惯的变化需要聚合到一定规模时，才能满足企业建立分销新通路的利益追求。随着城镇化速度加快，综合物流技术水平提高，常规商业渠道模式虽然在把握新消费行为的速度上有所欠缺，但它在满足企业利益追求上往往比较稳定，当新通路出现时，常规商业渠道模式收编新通路的可能性往往大于其被新通路淘汰的可能性。

因此，企业寻找新通路时，往往更多关注的是能否将销售与宣传相结合，即利用新通路与最终消费者关系密切的优势，扩大对消费者的品牌渗透，而非过多关注能从新通路分解的销售压力。

三、渠道创新的方向

渠道的目标就是要满足消费者对产品服务的多种需求。当服务需求发生变化，企业渠道也就需要进行变革。市场环境的日新月异和市场的不断细化，会使原有的渠道不能适应市场的变化和厂家对市场占有率及市场覆盖率的要求。同时，消费者的购买动机更趋理性，也更自我。尤其是在高房价高生活节奏的大都市中，人们对品牌的认知更加准确。特别是成熟性消费产品，消费者已经拥有了选择多种品牌的权利，而企业能否提供更方便的采买通道、更快捷的服务、更高性价比的产品，成为消费者选择商品甚至品牌的重要依据。

因此，企业进行渠道创新要遵循因势利导的基本原则，冷静地分析现状，深入地考察目标市场变化，加强与最终用户的接触，从中发现并捕捉机遇。同时，企业要正确地认识自身渠道的优劣势，根据消费行为特征变化与产品自身特点的关联程度，对已有渠道进行合理科学的结构调整，在稳定的基础上再尝试和探索新渠道。因此，对于大多数企业来说，彻底研究现有的及潜在的渠道，尽可能地跳出单一渠道的束缚，采用合理的多渠道策略，是有效地提高市场占有率和销售业绩的手段。

四、渠道创新的一般方法

（1）保持与目标消费者高密度、高频度的接触，及时发现目标消费者消费行为变化的特征和动向（尤其是对消费决策起关键影响的行为特征）。

（2）根据以上变化深入了解现有销售渠道对其的影响和控制力度。当答案不理想时，就意味着有新的通路存在或即将出现。

（3）当企业认可新通路的渠道价值时，即可参照渠道设计的基本原则对新渠道进行定位设计，并寻找合适的渠道伙伴。当新渠道中还没有合适的渠道伙伴时，要采取逆向反推法，根据最理想的渠道模型反向寻找具有潜质的合作者，并通过引导和指导使其靠近该理想模型。

（4）根据新渠道的消费互动特点，设计最适宜的营销宣传方式和营销配套政策，以扩大对目标消费者的吸引力和关注度。

（5）当新渠道产生了实际销售后，要站在维持整个渠道网络的稳定、保证渠道网络整体发展的高度，根据新渠道的实际贡献价值，及时进行疏通协调，避免因利益分配偏差造成各层级渠道伙伴的纠纷和相互攻击。

小链接

软饮料企业创新耕耘网吧渠道

市场竞争的残酷逼迫着企业拼命寻找和开拓全新的渠道资源。某软饮料企业 M 公司，在参照统一绿茶通过创新洋酒混搭的方式成功渗透夜店渠道后，也开始寻找适合自己的蓝海。

很快，M 公司的销售人员一致反映对"网吧"渠道的高度关注：在 M 公司覆盖的二、三级市场中，网吧密集的目标消费人群已经开始主动从网吧经营者手上直接采买软饮料，部分单店的日销规模已经接近二类终端店，并呈现出特殊的品牌推广价值。同时，软饮料销售逐渐成为网吧的增值业务，经营者也开始有意识地寻找货源渠道，以增加自己的收益。

由此，M 公司开展了专题调研，探讨将分散的网吧系统纳入渠道建设的可能性。单体网吧虽然是封闭的终端点，但随着该行业规模化和连锁化趋势加强，网吧内部的统一采供机制已经不再只关注 IT 关联产品，还覆盖到了饮料、香烟及方便食品。同时，网吧特殊的群落文化还能有效帮助企业进行产品品牌形象的快速推广。网吧渠道，在软饮料企业渠道战略中已经具备足够的分量了。

通过调查，M 企业发现很多竞争对手也早对网吧渠道虎视眈眈，但能有效开发和利用的却不多。原来，网吧渠道兴起不久，尚处于快速扩展和剧烈变化中，各个企业对网吧渠道价值的解读也各有差异。于是，有的企业主要把网吧作为宣传推广平台，更倾向于将新品、非主流产品投放其中；有的企业则过度重视了网吧推广力量的作用，甚至采取激进的让利政策拉拢网吧，结果引起周边其他终端伙伴的反弹。

在分析他人经验的利弊后，M 企业提出了系统开拓网吧渠道的新策略和方法，指导下属单位准确、快速、全面地开拓了网吧渠道。其主要步骤如下：

（1）建立详尽全面的网吧资料

M 企业为保证渠道开拓成功效率，要求下属单位按照网吧基本信息、竞品资源投入、销售状况、客户问题和需求、网吧周边环境等内容详细建立市场区域内的客户资料，并及时汇总至区域市场总部进行数据分析，如表 5.2 所示。

表 5.2 　　　　　　　　　　　网吧资料收集表

网吧名称				地址			电话		联系人		机子数	
销售产品结构	水系列				茶系列			果汁系列			碳酸系列	功能系列	其他
	娃哈哈	乐百事	农夫山泉	康师傅	康师傅	统一	茶研工坊	冰爽茶	鲜橙多	果粒橙	汇源	康师傅	酷儿	可口	百事	脉动	红牛	

(注：上表头部分为多列合并，下表继续)

销售产品结构	娃哈哈	乐百事	农夫山泉	康师傅	康师傅	统一	茶研工坊	冰爽茶	鲜橙多	果粒橙	汇源	康师傅	酷儿	可口	百事	脉动	红牛	其他
330/350/380																		
450/500/550/600																		
1.25/1.25																		

供应商名称			结款方式		月均销量		进货频次		库存	

市场设备	展柜	台柜	陈列架	太阳伞	店招	墙面广告	机台广告	POP	其他	非量化信息收集
可口										
百事										
康师傅										
统一										
其他/自有										

详尽的汇总分析帮助 M 企业及时认清了形势，并增强了策略设计的科学性和有效性：

① 通过网吧规模分析（开设电脑数量）对网吧进行规模分级，锁定了主打目标，并可合理配比人、财、物的投入。

② 收集销售产品结构的信息，让企业充分了解竞争品牌在网吧渠道的渗透状况和消费者日常消费习惯的主要特点，有利于企业选择出最具综合竞争优势的产品切入网吧渠道。

③ 网吧的采供结款方式和进销存信息，是厂家甄选合作经销商的重要依据资料。无论是引导现有渠道下沉覆盖目标网吧，还是将网吧现有供应商发展为自己的经销商，都将帮助企业节约大量时间。

④ 从冷饮设备、广告宣传品等企业资源的投放数量、质量可以间接反映出被调查网吧在竞品中的重要性和控制程度，有利于快速发现最具特定价值的进入渠道。

除此之外，M 企业大量收集了竞争产品在网吧促销活动的资料和政策情况，为今后借鉴和开展针对性促销作好准备。

（2）根据网吧的要货特点确定经销商和配送流程

网吧渠道要货具有货量少频次高，进货时间不规律，配送地点复杂（尤其是连锁网吧），结款周期长、难度大等共性，同时，网吧要货的类别既有饮料也有休闲食品，他们迫切需要集中统一配送的服务。

根据以上要素及资料信息，M企业通过适度让利，择优选择地域覆盖能力强、统一配送优势大、善于客户维护的区域经销商，并邀请经销商与目标网吧经营者参加联谊会，成功地构建起了完整的销售通路。

（3）渠道疏通后产品快速进场并及时开展促销活动。

关系建立后，M企业及时地提出多种奖励政策，并在经销商的配合下说服大多数网吧快速铺货，又派出促销团队进入网吧协助推动销售。产品快速动销，打消了网吧经营者的顾虑，增强了其合作信心，也确保了企业产品对该新型渠道的有力把控。

资料来源：中国营销传播，"经营心得：看饮料业如何在网吧拓展渠道"，http://article.pchome.net/content-187295.html。

第八节　网络时代的渠道拓展和渠道创新

2010年3月5日，腾讯公司宣布QQ同时在线用户数量突破1亿。这是中国和世界互联网的历史时刻，它标志着网络生活已经突破阶层、地域和文化差异的约束，不再是某些人或某类人的专享，而已成为了大多数人常态的行为模式之一。受其影响，传统的渠道模式将面临更严峻的考验，而能够快速适应网络技术条件和网络消费行为特征的新渠道模式则将不断涌现。

一、网络技术对渠道拓展和渠道创新的促进作用

通观网络技术的发展历史，其核心目的是实现多点之间快速便捷的信息共享。作为更便捷、更高效的信息交流平台，网络可以满足企业渠道建设对信息流畅通无阻的高要求，自然可以更好地促进渠道拓展和渠道创新。

（一）网络扩大了企业采集信息的空间

在互联网时代之前，企业在进行商业决策之前的信息采集工作主要通过实地探访、历史资料收集整理、委托外包公司调研等方式进行，时间成本和经济成本都比较高，更多依靠企业本身的人际网络来实现，受员工素质和经验水准的影响大，存在采样有限、视野局限等先天缺点，不利于科学决策。

互联网的出现大大改观了此前的局限——由于网络上可以免费、迅捷地查阅大量公开的第三方信息，不仅拓宽了企业收集、整理信息的路径，更增强了信息采集的准确性与真实性。

（二）网络提高了企业与渠道伙伴、目标消费者的交流质量

网络已经大大改变了人际交流的习惯，尤其是网络即时通信工具的普及与应用，为企业更好地与渠道伙伴、目标消费者进行适时交流提供了便利。企业灵活运用网络技术，既可以创办高质量的企业网站及时更新产品信息，也可以通过灵活丰富的网络广告活动增进与目标消费者的交流沟通。同时，现代网络技术提高了相关行业信息互享的质量，比如，目前很多物流企业提供最新的物流配送动态信息，可以帮助企业与渠道伙伴和消费用户及时掌握货物动向，这就能有效规避很多推诿扯皮的麻烦，有助于增强各方的合作意识。

网络即时通信工具的普及更以极为经济的方式提高了企业与渠道伙伴保持更广泛深入合作的效率。目前，很多企业的销售人员都与辖区经销商通过 QQ 保持工作联系，网络通信能快速传递大量文本及多媒体信息，大大提高了双方沟通交流的质量。同时，网络通信的平等性（如留言记录、在线显示等）有助于双方采取更友好积极的交流模式，不仅推动企业和渠道伙伴共同提高服务质量，还可增强彼此的信任度和信赖感。

二、网络技术对渠道拓展和渠道创新适应消费行为变化的帮助

网络中存在着与现实世界一样的真实消费需求，网络既是信息交流平台，也是财物交流平台。网络具备成为销售通路的价值可能，可以帮助企业拓展和创新渠道以适应消费行为的变化。

网络独特的大量信息共存模式，营造出融真实与虚拟于一体的新型社会复合体。在网络世界里，尽管个体参与者的日均在线时间和在线行为特征参差不齐，但庞大的网民基数却能保证现实生活中各种代表性行为特征都在网络世界里得到直观的反映。需求决定着企业存在的价值，网络世界由此就具备了自己的商业价值。同时，由于网络世界跨越时空局限的特点，又使网络世界的商业价值变得比现实世界更加可贵。

隐藏在电脑屏幕和比特信息之后的消费需求会在网络中彰显，而现实世界中的各行业企业为适应其消费需求，都纷纷把自己的服务扩展到了网络世界中。随着关联企业逐渐加入，很多企业发现，网络世界的商业环境已经越来越接近现实世界了。在信用制度的监督下，抽象的信息流可以变成订单和账单，通过线下的货物配送和线上的订购支付，实现产品从企业到目标消费者的顺畅转移。

最初选择网络渠道的行业，大多数是销售满足消费者在线消费的特殊产品，如杀毒软件、网络游戏、在线音乐等；随后，又逐渐扩展到对产品后继服务要求较低的食物产品，如书籍、服装、票券等。目前，随着网络愈加普及，网络技术更加先进，选择网络作为销售渠道的行业越来越宽泛，加入的企业也越来越多。

最近几年，大中城市家庭的网络普及率进一步提高，现代物流快递行业日渐发达，大大促进了 B2C、C2C 商业模式的升级进步。目前，出现了以下值得企业高度重视的趋势：

一是大量区域经销商开始注重网络业务的开发，将部分经营力量放置到网络上，扩大

了对区域市场潜在消费者的控制能力，提升了自身的渠道价值。

二是随着网络社区化潮流的发展，一些区域门户网站或专业性网站通过自身的信息传播能力和专业指导能力可以覆盖很多分散的消费者，并通过网络的快速召集能力将这些分散的消费聚合在一起，通过团购消费模式形成独特的渠道分销能力和价值。

小链接

凡客诚品（VANCL）的网络渠道生存模式

创立于 2007 年的凡客诚品（VANCL）是近年来风头甚健的国产男装品牌，它定位于为中国新兴中产阶级提供具备国际一线品质保障、价格合理、提倡简单得体生活方式的全新着装体验。与传统服装品牌依托"经销商＋店铺"的渠道模式不同，凡客诚品从创业之初即以网络为销售渠道，通过"线上交易＋线下交货"的方式拓展市场，并巧妙运用多种策略，联合物流企业和合作网站与之协作。尤其是与合作网站的 CPS（Cost Per Sales）合作模式，不仅以较小的成本获得了广告推广平台，还推动了合作网站发挥链接的技术优势，将其转化为有效的销售通路。

该公司 CEO 陈年和股东雷军都是中国互联网产业的风云人物（前者曾创办卓越网，后者曾为金山集团总裁），他们对网络时代社会主流消费习惯的变化有着敏锐的判断：70后、80 后的新生代伴随着互联网成长，越来越习惯于使用互联网工作，其生活也越来越依赖网络。同时，随着各种关联技术如物流、线上支付、即时通信等的同步发展，网络已经具备从宣传平台向承载产品销售通路转变的所有条件。由此，陈年决定以 B2C（即从生产者直接通向消费者）模式拓展网络渠道，并尝试从中获得稳定的收益。

选择网络渠道，可以免掉常规服装销售渠道拓展中所面临的店面成本、水电物业成本、物流仓储费和大量税收。凡客诚品可以集中资源聘请国际水准的设计师提升产品时尚基因，也能以更严格的品质管理保障产品品质并依靠合理的采买机制降低制造成本，从而确立并保证品牌定位的"质优价惠"差异性竞争优势。同时，选择网络渠道，意味着凡客诚品可以实现"一点对多面"的市场覆盖，即该公司可以同时面对常规地理概念上不同区域的消费者。

凡客诚品充分利用其运营团队熟悉互联网技术的经验优势，通过多种手段全力挖掘渠道价值。首先，企业创建了网络商城，在商城中展示产品并在线销售。同时，为了扩大宣传影响和销售规模，凡客诚品自建了网络广告联盟，在多家合作网站上投放 CPS 广告（即按销售提成折抵广告费用）。合作网站投放的广告都有与通达商城的快速链接，可以很便利地将感兴趣的消费者直接牵引到产品面前。由于网络技术的先进性，消费者通过何种途径进入网络商城的数据记录清晰，只要利益分配合理，门户网站、专业网站、社区网站甚至个人博客都乐意成为凡客诚品的宣传平台和销售通路。

凡客诚品成立不到一年，其广告就频繁现身于新浪、腾讯、网易、搜狐等主流网站、网络常用工具资讯条上。这些卖点明确、制作精美的网络广告，抓住了消费者的眼球。同时，凡客诚品精良的品质和完备的物流配送又快速积攒起消费口碑，实现了销售与品牌的同步飙升。到 2008 年年底，公司每天接到订单高达 6000 多单，日销量超过 1.5 万件，全年销售额接近 5 亿元。

凡客诚品的成功，为有志于借助网络进行渠道建设的企业提供了非常有价值的经验。

资料来源：伯仲传媒，凡客诚品背后的网络营销分析；OK 网、电商论坛，鹏飞，以凡客诚品为例的 B2C 商城 CPS 模式研究，2010 - 09 - 25。

思考题

1. 在"得不偿失的渠道拓展"案例中，厂商与渠道商之间的矛盾冲突的核心是什么？

2. 在"得不偿失的渠道拓展"案例中，如果你是 A 企业的销售总监，在第一次渠道拓展计划成功后，会采用什么样的跟进计划管理渠道或调整渠道，以保障企业在三、四级市场的销售稳步增长？

3. 在"得不偿失的渠道拓展"案例中，当第二次渠道拓展计划明显失败后，如果 A 企业邀请你来收拾残局，你准备采取哪些措施来纠正渠道政策的偏差，挽回企业的美誉度？

4. 在"雅戈尔集团收购新马集团"案例中，雅戈尔集团为什么要邀请鲍勃·斯金纳出任该公司 CEO？

5. 在"雅戈尔集团收购新马集团"案例中，雅戈尔集团收购并创建新公司后，其出口产品品牌应优先考虑自有品牌还是新马集团早期代理成功的产品品牌？

6. 太阳能热水器具有环保无污染的天然优势，符合低碳经济和清洁发展机制的时代潮流。随着技术进步和国家补贴手段的加强，预计未来十年内在中国城乡的普及率都会同步提升。请根据本章节所学习内容，试分析太阳能热水器在城市和乡村市场存在哪些消费行为差异。并请分析太阳能热水器未来在城市和乡村市场该如何选择市场渠道将更有利于企业快速发展。

参考文献

[1] 渠道拓展得不偿失 [EB/OL]. http://www.soft6.com/tech/7/72320.html.

[2] 某商学院时间管理课程实录. http://bbs.fdc.com.cn/showtopic - 3918972.aspx.

[3] 易秀峰. 解读资生堂中国市场渠道策略 [J]. 医学美学美容（财智），2007 (4).

[4] 中国营销传播网. 经营心得：看饮料业如何在网吧拓展渠道 [EB/OL]. http://article.pchome.net/content - 187295.html.

第六章
促销及推广策略

小链接

成都电话特号拍出天价

2003 年 8 月 18 日，由四川电信成都分公司主办、四川博雅拍卖行主拍的成都小灵通特号拍卖会在成都电信新华营业厅举行。本次拍卖会将把 100 个小灵通特号（可转为固话）进行公开拍卖，拍卖的所得款项全部捐献给成都市的再就业援助工程和社会抢险救援奖励基金。

上午 9：30，240 多家企业和若干个人竞拍者将拍卖现场挤得满满当当，其中不乏中外知名企业：联想、朗讯、安捷伦科技、川航、武汉普天等。9：30，拍卖会准时开始。上午拍卖的号码共 79 个。为了纪念 8 月 18 日这个特殊的拍卖日期，第一个拍卖号码特别调整为 88881818，起拍价 6000 元。价格在众买家竞相举牌下迅速抬高，经过十多回合的竞拍，最后它被 6 号买家以 4.4 万元的价格夺得。79 个号码很快都顺利拍卖出去了，拍卖价格都在 1 万~3 万元之间。有些公司一连拍得几个电话号码，而个人竞拍者也不甘示弱，会场气氛热烈。

下午 1：30，拍卖会接着进行。会场外火辣的太阳炙烤着大地，会场内人们的激情更是高涨。拍卖师冷女士宣布下午将对包括 88888888 在内的 21 个特别号码拍卖时，会场里一时间人声鼎沸。下午第一个拍卖号码是 89999999，在拍卖师宣布 8000 元起拍后，价格飞一般上涨。经过一番"厮杀"，该号码被 12 号买家瑞合实业以 40 万元的价格拿下。整个下午，现场气氛一浪热过一浪。接下来的 19 个号码很快就"各归其主"了。

下午 2：25，最激动人心的时刻到了！拍卖师宣布：号码 88888888 即将开拍。这时，整个会场气氛达到了沸点，大家都注视着主席台上的拍卖师。"88 888 元！"拍卖师刚响亮地喊出起拍价，立马就有竞拍者喊出了"50 万元"的价格。"88 万"、"100 万"、"120 万"、"138 万"……价格一路飙升！15 号四川航空和 195 号元亨集团展开了激烈角逐。150 万元、158 万元……双方都不甘示弱，不少激动的参会者直接站在了椅子上。当四川航空喊出 168 万元时，185 号永亨实业突然杀出，价格竞争进入了白热化，三企业的竞拍代表个个争得面红耳赤。当价格涨到 230 万元时，四川航空好像没动静了，这时在场的人纷纷高喊"川航，雄起！川航，雄起！……"。"233 万！"川航给出了更高的价格！"233 万第一次，233 万第二次……233 万第三次！"2：40，拍卖师一锤定音，"233 万！"现场响起了雷鸣般的掌声。"8 个 8"拍卖历时 15 分钟，平均每分钟价格上涨 12.2 万元！此次拍卖会的 100 个电话特号一举拍出了 700 多万元。

对于这次拍卖的价格，成都电信总经理赵强告诉记者，"此前预计也就四五百万元，但没想到会超过 700 万元。'8 个 8'我们开始的预计也就 100 万以上，但没料到最后会拍到 233 万元。"赵强对这次拍卖非常满意。

作为这次特别拍卖号码的拍卖师，博雅拍卖公司总经理冷黛表示，如此大场面的拍卖在成都本身就比较少见，如此火爆的局面更是大大出乎意料。这样的场面就从全国来说，也是比较罕见的。"8 个 8"的卖价也大大出乎预料。

问题：为什么特号"8 个 8"能够以超过起拍价近三十倍的价格成交？

资料来源：中国通信网，http：//www.c114.net/news/104/a89847.html.

现代企业的市场营销活动，不但要求企业能够生产出适销对路的产品，制定出有竞争力的价格，建立高效的分销渠道，而且要善于通过促销和推广活动与目标顾客沟通信息、塑造形象，扩大产品的销售。

第一节　促销概述

企业置身于一个复杂的市场信息沟通系统之中，人们一般不会购买从来没有听说过的产品。企业要将信息传递给中间商、消费者和公众，中间商也要与其顾客及各种社会公众保持信息沟通，同时，各组织、群体又要对来自其他群体的信息给予处理和反馈——整个系统中各个个体之间频繁而活跃地进行着信息交流。为了科学合理地开展促销活动，我们有必要了解信息沟通的模式。

一、信息沟通过程

信息沟通过程主要由九个要素构成（如图 6.1），其中两个要素表示沟通的主要参与者——发送者和接受者，两个要素表示沟通的主要工具——信息和媒体，四个要素表示沟通的主要职能——编码、解码、反应和反馈，最后一个要素表示系统中存在的噪音。图 6.1 以九阳豆浆机为例说明这些要素的含义。

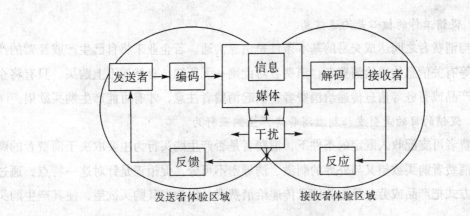

图6.1　信息沟通过程

（1）发送者：将信息传达给另一方的主体——九阳公司。

（2）编码：将想法以形象的内容表达出来的过程——九阳公司的广告策划机构将文字和图案组合到广告中去，以传达预想的信息。

（3）信息：即发送者传达的一系列形象内容——九阳豆浆机广告。

（4）媒体：将信息从发送者传到接收者所经过的渠道或途径——九阳公司选择的电视广告。

（5）解码：信息接收者对发送者所传信号进行解释的过程——消费者观看九阳豆浆机广告，然后解释其中的图像和语言意义。

（6）接收者：接收信息的一方实体——观看九阳豆浆机广告的消费者。

（7）反应：接收者在受该信息影响后采取的有关行动——各种可能的反应，如目标顾客看到广告以后，决定购买九阳豆浆机。

（8）反馈：接受者在回应中返回给信息发送者的一部分信息——消费者观看广告或购买产品后，积极向九阳公司提出对广告或产品的意见和要求；或是九阳公司通过市场调研，收集到的顾客反应。

（9）噪音：在信息沟通过程中发生的意外干扰和失真，导致接收者收到的信息与发送者发出的信息不同，使消费者受到干扰，在看电视时误解或错过了九阳豆浆机公司的广告或关键点。

企业要生产适销对路的产品，就必须了解消费者的需求、习惯和偏好，同时还要辅以良好的信息沟通。

二、促销的含义

促销（Promotion）是促进产品销售的简称。从市场营销的角度看，促销是企业通过人员和非人员的方式，沟通企业与消费者之间的信息，引发、刺激消费者的消费欲望和兴趣，使其产生购买行为的活动。从这个概念不难看出，促销具有以下几层含义：

（一）促销工作的核心是沟通信息

企业与消费者之间达成交易的基本条件是信息沟通。若企业未将自己生产或经营的产品和劳务等有关信息传递给消费者，消费者对此则一无所知，自然谈不上购买。只有将企业提供的产品或劳务等信息传递给消费者，引起消费者注意，才有可能产生购买欲望。

（二）促销的目的是引发、刺激消费者产生购买行为

在消费者可支配收入既定的条件下，消费者是否产生购买行为主要取决于消费者的购买欲望。消费者购买欲望又与外界的刺激、诱导密不可分。促销正是针对这一特点，通过各种传播方式把产品或劳务等有关信息传递给消费者，以激发其购买欲望，使其产生购买行为。

（三）促销的方式有人员促销和非人员促销两类

人员促销，也称人员推销，是企业运用推销人员向消费者推销商品或劳务的一种促销活动。它主要适合于消费者数量少、分布集中的情况。非人员促销，又称间接促销或非人员推销，是企业通过一定的媒体传递产品或劳务等有关信息，以促使消费者产生购买欲望、发生购买行为的一系列促销活动，包括广告、公关和营业推广等。它适合于消费者数量多、分布广的情况。一般情况下，企业在促销活动中将人员促销和非人员销结合运用。

三、促销的作用

促销在企业营销活动中是不可缺少的环节，也是市场营销组合的要素之一，因为促销具有以下作用：

（一）传递信息，提供情报

商品交换是市场营销活动的核心，信息传递是产品顺利销售的保证。信息传递有单向和双向之分。单向信息传递是指卖方发出信息，买方接收，它是间接促销的主要功能。双向信息传递是买卖双方互通信息，双方都是信息的发出者和接受者，直接促销有此功效。在促销过程中，一方面，卖方（企业或中间商）向买方（中间商或消费者）介绍有关企业现状、产品特点、价格及服务和内容等信息，以此来诱导消费者对产品或劳务产生需求欲望并采取购买行为；另一方面，买方向卖方反馈对产品价格、质量和服务内容、方式是否满意等有关信息，促使生产者、经营者取长补短，更好地满足消费者的需求。

（二）突出特点，诱导需求

在市场上同类商品很多，并且有些商品差别细微，消费者往往不易分辨。企业通过促销活动，宣传、说明本企业产品有别于其他同类竞争产品之处，便于消费者了解本企业产品在哪些方面优于同类产品，使消费者认识到购买、消费本企业产品所带来的利益较大，从而乐于认购本企业产品。生产者作为卖方向买方提供有关信息，特别是能够突出产品特点的信息，能激发消费者的需求欲望，变潜在需求为现实需求。

（三）指导消费，扩大销售

在促销活动中，营销者循循善诱地介绍产品知识，一定程度上对消费者起到了教育指导作用，从而有利于激发消费者的购买欲望，变潜在需求为现实需求，实现扩大销售之功效。

（四）形成偏爱，稳定销售

在激烈的市场竞争中，企业产品的市场地位通常并不稳定，致使有些企业的产品销售波动较大。企业运用适当的促销方式，开展促销活动，可使较多的消费者对本企业的产品产生偏爱，进而巩固已占领的市场，达到稳定销售的目的。

四、促销组合及其影响因素

（一）促销组合

促销组合是指企业对人员推销、广告宣传、公共关系和营业推广等各种促销方式进行选择、搭配及其运用，使其成为一个有机的整体，发挥整体功能。各种促销方式的优缺点见表 6.1。

表 6.1　　　　　　　　　　　各种促销方式的优缺点

促销方式	优点	缺点
人员推销	直接沟通信息，及时反馈，可当面促成交易	占用人员多，费用高，接触面窄
广告宣传	传播面广，形象生动，节省人力	只能针对一般消费者，难以立即促成交易
公共关系	影响面广，信任程度高，可提高企业知名度	花费力量较大，效果难以控制
营业推广	吸引力大，激发购买欲望，可促成消费者当即采取购买行动	接触面窄，有局限性，有时会降低商品的心理价值

（二）影响因素

如今，促销组合的战略意义越来越受到企业的重视，企业关注的焦点是如何优化促销组合的问题。要实现促销组合的优化必须考虑以下因素的影响：

1. 促销目标

促销目标在不同阶段的重点不同，如目标为树立企业形象、提高产品知名度，则促销重点应放在广告，同时辅之以公关宣传；如目标是让顾客充分了解某种产品的性能和使用方法，则印刷广告、人员推销或现场展示是好办法；如促销目标为在近期内迅速增加销售，则营业推广最易立竿见影，并辅以人员推销和适量的广告。从整体看，广告和公关宣传在顾客购买决策过程的前期阶段成本效益最优，因其最大优点为广而告之；而人员推销和营业推广在后期阶段更具成效。

2. 市场类型与产品特点

产业市场和消费者市场在顾客数量、购买量和分布范围上相差甚远，各种促销方式的效果也不同。一般来说，在产业市场上更多采用人员推销，而在消费者市场上大量采用广告。因为产业市场具有技术性强、价格高、批量大、风险大等特性，适宜以人员推销为主，配合公共关系和营业推广的组合；反之，消费者市场顾客数量多而分散，通过广告促销为主，辅以公共关系和营业推广的组合。

从产品特点看，技术复杂、单价昂贵的商品适用人员推销，如生产设备、计算机、高档化妆品。因为需要懂技术的推销人员作专门的介绍、演示操作、售后技术保障；另外，价格昂贵才能承担相对昂贵的人员推销成本。反之，结构简单、标准化程度较高、价格低廉的产品适合广告促销，如绝大多数消费品。

3. "推"与"拉"的策略

企业促销活动的策略有"推"与"拉"之分。

"推"策略，即生产企业主要运用人员推销和营业推广方式把产品积极推销给批发商，批发商再积极推销给零售商，零售商再向顾客推销。此策略的目的是使中间商产生"利益分享意识"，促使他们向那些打算购买但没有明确品牌偏好的消费者推荐本企业产品。

"拉"策略，即生产企业首先要依靠广告、公共关系等促销方式，引起潜在顾客对该产品的注意，刺激他们产生购买的欲望和行动。当消费者纷纷向中间商指名购买这一商品时，中间商自然会找到生产厂家积极进货。

4. 产品生命周期所处阶段

对处于生命周期不同阶段的产品，促销目标通常有所不同，投入的促销预算和促销组合也不同。其促销组合选择概括如表6.2所示。

表6.2　　　　　　　　　　　　　　产品生命周期不同阶段的促销组合

产品生命周期阶段	促销目的	成本效应和促销组合
导入期	促使消费者认识、了解企业产品	以广告和公共关系为主，辅以人员推销和营业推广
成长期	提高产品知名度	虽以广告和公共关系为主，但应考虑用人员推销来部分替代广告以降低成本
成熟期	保住已有的市场占有率，增加信誉度	应以营业推广为主，充分利用降价、赠送等促销工具，并辅以广告、公共关系和人员推销
衰退期	维持消费者对产品的偏爱，保证利润	人员推销、公共关系和广告的效应都降低了，以营业推广为主

第二节 人员推销策略

一、人员推销的概念及特点

人员推销是企业运用销售人员直接向顾客推销商品和劳务的一种促销活动。在人员推销活动中，推销人员、推销对象和推销品是三个基本要素。其中前两者是推销活动的主体，后者是推销活动的客体。通过推销人员与推销对象之间的接触、洽谈，将推销品推给推销对象，从而达成交易，实现既销售商品，又满足顾客需求的目的。

人员推销与非人员推销相比，既有优点又有缺点，其优点表现在以下四个方面：

（一）信息传递的双向性

人员推销作为一种信息传递形式，具有双向性。在人员推销过程中，一方面，推销人员通过向顾客宣传介绍推销品的有关信息，如产品的质量、功能、使用、安装、维修、技术服务、价格以及同类产品竞争者的有关情况等，以此来达到招徕顾客、促进产品销售之目的。另一方面，推销人员通过与顾客接触，能及时了解顾客对本企业产品的评价，通过观察和有意识地调查研究，能掌握推销品的市场生命周期及市场占有率等情况。这样不断地收集信息、反馈信息，为企业制定合理的营销决策提供依据。

（二）推销目的的双重性

一重性是指激发需求与市场调研相结合，二重性是指促进推销商品与提供服务相结合。就后者而言，一方面，推销人员施展各种推销技巧，其目的是推销商品；另一方面，推销人员与顾客直接接触，向顾客提供各种服务，是为了帮助顾客解决问题，满足顾客的需求。双重目的相互联系、相辅相成。推销人员只有做好顾客的参谋，更好地实现满足顾客需求这一目的，才有利于诱发顾客的购买欲望，促成购买，使推销效果达到最大化。

（三）推销过程的灵活性

由于推销人员与顾客直接联系，当面洽谈，可以通过交谈与观察近距离了解顾客，进而根据不同顾客的特点和反应，有针对性地调整自己的方式方法，以适应顾客，诱导顾客购买。而且还可以及时发现、答复和解决顾客提出的问题，消除顾客的疑虑和不满意。

（四）合作的长期性

推销人员与顾客直接见面，长期接触，可以促使买卖双方建立友谊，密切企业与顾客之间的关系，易于使顾客对企业产品产生偏爱。如此，在长期保持友谊的基础上开展推销活动，有助于建立长期的买卖协作关系，稳定地销售产品。

人员推销的缺点主要表现在两个方面：一是费用支出大。每个推销人员直接接触的顾客有限，销售面窄，特别是在市场范围较大的情况下，人员推销的开支较多，这就增大了产品销售成本，一定程度地减弱了产品的竞争力。二是对推销人员的要求高。人员推销的效果直接决定于推销人员素质的高低。而且，随着科学技术的发展，新产品层出不穷，对推销人员的素质要求越来越高。要求推销人员必须熟悉新产品的特点、功能、使用、保养和维修等知识与技术。要培养和选择出理想的胜任其职的推销人员比较困难。

二、推销人员的素质

人员推销是一个综合而复杂的过程。它既是信息沟通过程，也是商品交换过程，又是技术服务过程。推销人员的素质，决定了人员推销活动的成败。推销人员一般应具备如下素质：

（一）态度热忱，勇于进取

推销人员是企业的代表，有为企业推销产品的职责；同时他们又是顾客的顾问，有为顾客的购买活动当好参谋的义务。企业促销和顾客购买都离不开推销人员。因此，推销人员要具有高度的责任心和使命感，热爱本职工作，不辞辛苦，积极进取，耐心服务，同顾客建立友谊，这样才能使推销工作获得成功。

（二）求知欲强，知识广博

广博的知识是推销人员做好推销工作的前提条件。较高素质的推销员必须有较强的上进心和求知欲，乐于学习。一般说来，推销员应具备的知识有以下几个方面：①企业知识。要熟悉企业的历史及现状，包括本企业的规模及在同行中的地位、企业的经营特点、经营方针、服务项目、定价方法、交货方式、付款条件和保管方法等，还要了解企业的发展方向。②产品知识。要熟悉产品的性能、用途、价格、使用知识、保养方法以及竞争者的产品情况等。③市场知识。要了解目标市场的供求状况及竞争者的有关情况，熟悉目标市场的环境，包括有关政策、法规等。④心理学知识。要了解并掌握消费心理规律，研究顾客心理变化和要求，以便采取相应的方法和技巧。

（三）文明礼貌，善于表达

推销人员推销产品的同时也是在推销自己，这就要求推销人员要注意推销礼仪，仪表端庄，举止适度，谈吐文雅，口齿伶俐。在说明主题的前提下，语言要诙谐、幽默，给顾客留下良好的印象，为推销获得成功创造条件。

（四）善于应变，技巧娴熟

市场环境因素多样且复杂，市场状况很不稳定。为实现促销目标，推销人员必须对各种变化反应灵敏，并有娴熟的推销技巧，能对千变万化的市场环境采用恰当的推销技巧。推销人员要能准确地了解顾客的有关情况，能为顾客着想，尽可能地解答顾客的疑难问题，并能恰当地选定推销对象；要善于说服顾客（对不同的顾客采取不同的技巧）；要善于选择适当的洽谈时机，掌握良好的成交机会，并把握易被他人忽视或不易发现的推销机会。

小链接

被日本人称为"推销之神"的原一平，身高仅1.45米，可他连续15年推销额居全国第一。他69岁时应邀演讲，当有人问他成功的秘诀时，他脱掉袜子请人摸他的脚底板：一层厚厚的脚茧。有人问他，在几十年推销生涯中是否受过污辱，他回答"我曾十几次被人从楼梯上踹下来，五十多次手被门夹痛，可我从未受过污辱"。他一天要访问几十位客户，每月用掉1000张名片，从未间断。

资料来源：文义明. 世界上最伟大的推销大师实战秘诀［M］. 北京：中国经济出版社，2011.

三、推销人员的甄选与培训

由于推销人员素质高低直接关系到企业促销活动的成败，因此推销人员的甄选与培训十分重要。

（一）推销人员的甄选

甄选推销人员，不仅要对未从事推销工作的人员进行甄选，将其中品德端正、作风正派、工作责任心强、胜任推销工作的人员引入推销人员的行列，还要对在岗的推销人员进行甄选，淘汰那些不适合推销工作的推销人员。

推销人员的来源有二：一是来自企业内部。就是把本企业内德才兼备、热爱并适合推销工作的人选拔到推销部门工作。二是从企业外部招聘。企业从大专院校的应届毕业生、其他企业或单位等群体中物色合格人选。无论哪种来源，都应经过严格的考核，择优录用。

甄选推销人员有多种方法，为准确地选出优秀的推销人才，应根据推销人员素质的要求，采用申报、笔试和面试相结合的方法。由报名者自己填写申请，借此掌握报名者的性别、年龄、受教育程度及工作经历等基本情况；通过笔试和面试，可了解报名者的仪表风度、工作态度、知识广度和深度、语言表达能力、理解能力、分析能力、应变能力等。

（二）推销人员的培训

对入选的推销人员，还需经过培训才能上岗，使他们学习和掌握有关知识与技能。同时，还要对在岗推销人员每隔一段时间进行培训，使其了解企业的新产品、新的经营计划和新的营销策略，进一步提高素质。培训内容包括企业知识、产品知识、市场知识、心理学知识和政策法规知识等。

培训推销人员的方法很多，常被采用的方法有三种：一是讲授培训。这是一种课堂教学培训方法，一般是通过举办短期培训班或进修等形式，由专家、教授和有丰富推销经验的优秀推销员来讲授基础理论和专业知识，介绍推销方法和技巧。二是模拟培训。它是指受训人员亲自参与的有一定真实感的培训方法。其具体做法是，由受训人员扮演推销人员，向由专家教授或有经验的优秀推销员扮演的顾客进行推销，或由受训人员分析推销实例等。三是实践培训。实际上，这是一种岗位练兵。当选的推销人员直接上岗，与有经验的推销人员建立师徒关系，通过传、帮、带，使受训人员逐渐熟悉业务，成为合格的推销人员。

四、人员推销的形式、对象及策略

（一）人员推销的基本形式

一般而言，人员推销有以下三种基本形式：

1. 上门推销

上门推销是最常见的人员推销形式。它是由推销人员携带产品的样品、说明书和订单等走访顾客，推销产品。这种推销形式，可以针对顾客的需要提供有效的服务，方便顾客，故为顾客所广泛认可和接受。此种形式是一种积极主动的、名副其实的"正宗"推销形式。

2. 柜台推销

柜台推销又称门市推销，是指企业在适当地点设置固定的门市，由营业员接待进入门市的顾客，推销产品。柜台推销与上门推销正好相反，它是等客上门式的推销方式。由于门市里的产品种类齐全，能满足顾客多方面的购买要求，为顾客提供较多的购买便利，并且可以保证商品安全无损，因此顾客比较乐于接受这种方式。柜台推销适用于选购品、奢侈品和易损品。

3. 会议推销

它指的是利用各种会议向与会人员宣传和介绍产品，开展推销活动。例如，在订货会、交易会、展览会、物资交流会等会议上推销产品均属会议推销。这种推销形式接触面广，客户集中，可以同时向多个对象推销产品，且成交额较大，推销效果较好。

（二）人员推销的推销对象

推销对象是人员推销活动中接受推销的主体，是推销人员说服的对象。推销对象有消费者、产业用户和中间商三类。

1. 向消费者推销

推销人员向消费者推销产品，必须对消费者有所了解。为此，要掌握消费者的年龄、性别、民族、职业、宗教信仰等基本情况，进而了解消费者的购买欲望、购买能力、购买特点和习惯等，并且要注意消费者的心理反应，对不同的消费者要采用不同的推销技巧。

2. 向产业用户推销

将产品推向产业用户的必备条件是熟悉产业用户的有关情况，包括生产规模、人员构成、经营管理水平、产品设计与制作过程以及资金情况等。在此前提下，推销人员还要善于准确而恰当地说明自己产品的优点，并能对产业用户使用该产品后所得到的效益作简要分析，以满足其需要；同时，推销人员还应帮助产业用户解决疑难问题，以取得信任。

3. 向中间商推销

与生产用户一样，中间商也对所购商品具有丰富的专门知识，其购买行为也属于专家型购买，这就需要推销人员具备相当的业务知识和较高的推销技巧。在向中间商推销产品时，首先要了解中间商的类型、业务特点、经营规模、经济实力及其在整个分销渠道中的地位；其次，应向中间商提供相关信息，给予帮助，建立友谊，扩大销售。

（三）人员推销的基本策略

在人员推销活动中，一般采用以下三种基本策略：

1. 试探性策略

试探性策略也称为"刺激—反应"策略。这种策略是在不了解顾客的情况下，推销人员运用刺激性手段引发顾客产生购买行为的策略。推销人员事先设计好能引起顾客兴趣、能刺激顾客购买欲望的推销语言，通过渗透性交谈进行刺激，在交谈中观察顾客的反应，然后根据其反应采取进一步的对策，诱发购买动机，引导产生购买行为。

2. 针对性策略

这是指推销人员在基本了解顾客某些情况的前提下，有针对性地对顾客进行宣传、介绍，以引起顾客的兴趣和好感，从而达到成交的目的。因推销人员常常在事前已根据顾客的有关情况设计好推销语言，这与医生对患者诊断后开处方类似，故针对性策略又称为"配方—成交"策略。

3. 诱导性策略

这是指推销人员运用能激起顾客某种需求的说服方法，引导顾客产生购买行为。这种策略是一种创造性推销策略，它对推销人员要求较高，要求推销人员能因势利导，诱发、唤起顾客的需求，并能不失时机地宣传介绍和推荐所推销的产品，以满足顾客对产品的需求。因此，诱导性策略也可称为"诱发—满足"策略。

五、推销人员的考核与评价

为了加强对推销人员的管理，企业必须对推销人员的工作业绩进行科学而合理的考核与评价。推销人员的业绩考评结果，既可以作为分配报酬的依据，又可以作为企业人事决策的重要参考指标。

（一）考评资料的收集

全面、准确地收集考评所需资料是做好考评工作的前提条件。考评资料主要从推销人员销售工作报告、企业销售记录、顾客及社会公众的评价以及企业内部员工的意见这四个来源途径获得。

1. 推销人员销售工作报告

销售工作报告一般包括销售活动计划和销售绩效报告两部分。销售活动计划作为指导推销人员推销活动的日程安排，可展示推销人员的区域年度推销计划和日常工作计划的科学性、合理性。销售绩效报告反映了推销人员的工作实绩，据此可以了解销售情况、费用开支情况、业务流失情况、新业务拓展情况等许多推销绩效。

2. 企业销售记录

企业的销售记录包括顾客交易记录、区域销售记录、销售费用支出的时间和数额等信息，是考评推销业绩的宝贵的基础性资料。通过对这些资料进行加工、计算和分析，可以得出适宜的评价指标。

3. 顾客及社会公众的评价

推销人员面向顾客和社会公众提供各种服务，这就决定了顾客和社会公众是考评推销人员服务质量最好的见证人。因此，评估推销人员理应听取顾客及社会公众的意见。通过对顾客投诉和定期客户调查结果的分析，可以透视出不同的推销人员在完成推销工作时，其言行对企业整体形象的影响。

4. 企业内部员工的意见

企业内部员工的意见主要是指销售经理或其他非销售部门有关人员的意见，此外，销售人员之间的意见也作为考评时的参考。依据这些资料，可以了解有关推销人员的合作态度和领导才干等方面的信息。

（二）考评标准的建立

考评销售人员的绩效，科学而合理的标准是不可缺少的。绩效考评标准的确定，既要遵循基本标准的一致性，又要坚持推销人员所在区域市场拓展潜力等方面的差异性，不能一概而论。当然，绩效考核的总体标准应与销售增长、利润增加和企业发展目标相一致。

制定公平而富有激励作用的绩效考评标准，客观上需要企业管理人员根据过去的经验，结合推销人员的个人行为来综合制定，并且需要在实践中不断加以修正与完善。常用的推销人员绩效考核指标主要有：销售量、毛利、访问率（每天的访问次数）、访问成功率、平均订单数目、销售费用及费用率。

第三节　广告策略

从市场营销的角度来说，广告指的是生产经营者付出一定的费用，通过特定的媒体传播产品或劳务的信息，以促进销售为主要目的的活动。广告具有覆盖面广、可选形式多、承载的信息量大、受众接受能力强、可以对受众进行反复刺激、可实现多种促销目的等优点，因而是一种非常重要的促销工具。但是，广告的费用一般比较高，操作过程也比较复杂。为了有效地运用广告这一促销工具，就需要了解广告的分类、广告的策划过程以及广告效果评估等方面的知识。

一、广告的分类

广告可分为以下几种基本类型：

（一）按照广告覆盖的范围分类

1. 全国性广告

全国性广告是指选用全国性传播媒体如全国性报纸、杂志、电台、电视台进行的广告宣传，其范围覆盖与影响都比较大。

2. 区域性广告

区域性广告是指选用区域性传播媒体如地方报纸、杂志、电台、电视台开展的广告宣传，这种广告的传播范围仅限于一定的区域内。

（二）按照广告使用的媒体分类

1. 视听广告

视听广告包括广播广告、电视广告、互联网广告等。

2. 印刷广告

印刷广告包括报纸广告、杂志广告和其他印刷品广告等。

3. 户外广告

户外广告包括路牌广告、招贴广告、交通工具及设施上的广告以及布置在文体活动场所的广告等。

4. 销售现场广告

销售现场广告包括企业在销售现场设置的橱窗广告、招牌广告、墙面广告、柜台广告、货架广告等。

（三）按照广告的目的分类

1. 产品广告

产品广告以教育性和知识性的文字、声音、图像等向消费者介绍产品，使消费者了解商品的性能、用途、价格等情况，使他们对产品产生初步需求。这种广告不进行直接的购买劝导，主要是通过客观报道式的介绍引起消费者对某种产品的注意，使其产生消费需求与购买欲望。

2. 品牌广告

品牌广告在宣传中突出本企业产品的特色，强调本产品在同类产品中所具有的优势，指出本企业产品能给消费者带来的特殊利益，加深消费者对产品品牌的了解，以便树立良好的品牌形象，对市场消费起到品牌引导的作用。

3. 企业广告

企业广告一般不直接介绍商品，而是通过宣传企业的宗旨与成就，介绍企业的发展历史，或以企业名义进行公益宣传，以便提高企业的声誉，在消费者心目中树立良好的企业形象。

4. 提示广告

提示广告主要用来重复购买、强化习惯性消费，一般适用于那些消费者已经有购买习惯或使用习惯的日常生活用品。

（四）按照广告的对象分类

1. 消费者广告

消费者广告即面向广大消费者的广告，在各类广告中所占比例较大。

2. 产业用品广告和商业批发广告

产业用品广告和商业批发广告即针对生产企业、商业批发企业或零售企业的广告。

3. 专业广告

专业广告即针对教师、医生、律师、建筑师或会计师专业工作人员的广告。

二、广告策划

广告策划是为了用较低的广告费用取得较好的促销效果。广告策划工作，包括分析广告机会、确定广告目标、形成广告内容、选择广告媒体以及确定广告预算等内容。

（一）分析广告机会

进行广告促销，首先要解决针对哪些消费者做广告以及在什么样的时机做广告等问题。为此就必须搜集并分析有关方面的情况，如消费者情况、竞争者实力、市场需求变化、环境发展动态等，然后根据企业的营销目标和产品特点，找出广告的最佳切入时机，做好广告的受众定位，为开展有效的广告促销活动奠定基础。

（二）确定广告目标

确定广告目标就是根据促销的总体目标，依据现实需要，明确广告宣传要解决的具体问题，以指导广告促销活动的进行。广告促销的具体目标，可以包括使消费者了解企业的新产品、促进购买、增加销售或提高产品与企业的美誉度以便形成品牌偏好等。

（三）形成广告内容

广告的具体内容应根据广告目标、媒体的信息可容量来加以确定。一般来说应包括以下三个方面：

1. 产品信息

这主要包括产品名称、技术指标、销售地点、销售价格、销售方式以及国家规定必须说明的情况等。

2. 企业信息

这主要包括企业名称、发展历史、企业声誉、生产经营能力以及联系方式等。

3. 服务信息

这主要包括产品保证、技术咨询、结算方式、零配件供应、维修网点分布以及其他服务信息

（四）选择广告媒体

广告信息需要通过一定的媒体才能有效地传播出去，然而不同的媒体在广告内容承载

力、覆盖面、送达率、展露频率、权威性以及费用等方面各有差异，因此正确地选择媒体是广告策划过程中一项非常重要的工作。

1. 广告媒体的特性

企业的广告策划人员在选择广告媒体时必须了解各种媒体的特性。广告可以选择的传播体及其特性的有关情况如下：

（1）印刷媒体。印刷媒体指的是报纸、杂志等印刷出版物，这类媒介是广告最普遍的承载工具。报纸的优点是：信息传递及时、读者广泛稳定、可信度比较高；刊登日期和版面的可选度较高、便于对广告内容进行较详细的说明；便于保存，制作简便，费用较低。报纸的局限性是：时效短、传阅率低；印刷简单因而不够形象和生动，感染力较差。杂志的优点是：读者对象比较确定、易于送达特定的群体；时效长、传阅率高、便于保存；印刷比较精美、有较强的感染力。杂志的不足是：广告信息传递前置时间长、信息传递的时效性差、有些发行量是无效的。

（2）视听媒体。视听媒体主要有广播、电视、互联网等。广播的优点是：覆盖面广、传递迅速、展露频率高；可选择适当的地区和对象、成本低。广播的缺点是：稍纵即逝、保留性差、不宜查询；受频道限制缺少选择性、直观性与形象性较差、吸引力与感染力较弱。电视的优点是：覆盖面广、传播速度快、送达率高；生动直观、易于接受、感染力强。电视的不足是：展露信息瞬间即逝、保留性不强；对观众的选择性差，绝对成本高。

（3）户外媒体。户外媒体包括招牌、广告牌、交通工具、霓虹灯等。户外媒体的优点是：比较灵活、展露重复性强、成本低、竞争少。户外媒体的缺点是：不能选择对象、传播面窄，信息容量小、动态化受到限制。

（4）邮寄媒体。邮寄媒体的优点是：广告对象明确而且具有灵活性、便于提供全面信息；隐蔽性强，竞争对手不易察觉。邮寄媒体的局限性是：时效性较差、成本比较高、容易出现滥寄的现象。

2. 广告媒体的选择

企业媒体策划人员在选择媒体时需要综合考虑以下因素：

（1）产品特性。不同的产品在形式、性能、用途、使用者等方面各不相同，不同的媒体在说明能力、展示能力、可信度等方面也不一样，因此应根据产品特性选择广告媒体。例如，服装、化妆品、食品等产品最好采用电视、印刷图片等有色彩表现力的媒体，以便生动地展示其色彩和形象，提高广告宣传的感染力；新产品、科技含量高的产品，则可以利用报刊、邮寄广告等媒体，以便详细说明产品特点。

（2）媒体的传播范围。一般来说，媒体的传播范围应当与企业的目标市场范围大体一致，以便使广告信息能够有效地覆盖传播对象。例如，产品是销往全国的，就应该在全国性媒体上做广告；产品是销往某一地区的，便可以选用地方性媒体做广告。

（3）广告目标与内容。广告的目标和内容也影响着对媒体的选择。例如，以营业推广、促进购买为目标的广告，其内容则注重于销售宣传，要求选择大众化、传播速度快、瞬时印象深的媒体，以利用电视、广播等媒体为宜；以提高产品认知度为目标的广告、在内容中含有大量的技术资料的广告，则利用报纸、杂志等媒体为宜。

（4）媒体成本。不同的广告媒体收费情况是不一样的，企业应力求以最少的广告支出，获得最大的宣传效果。因此，企业在选择广告媒体时应根据自身的经济承受能力，对广告成本与广告效果进行测算，然后再进行决策。

（五）制定广告预算

为了实现成本与效果的最佳结合，以较低的广告成本达到预定的广告目标，企业就必须进行合理的广告预算。一般来讲，企业确定广告预算的方法主要有以下四种。

1. 销售百分比法

销售百分比法，就是企业按照销售额（一定时期的销售额）或单位产品售价的一定百分比来计算和决定广告开支。

这种方法的优点是：简单方便、易于计算；有利于保持竞争的相对稳定，因为只要各竞争企业都默契地同意让其广告预算随着销售额的某一百分比而变动，就可以避免广告战。这种方法的缺点是：可能导致广告预算随每年销售额的波动而增减，从而与广告长期方案相抵触；从总体看固定比率的选择具有主观随意性，从局部看不是根据不同的产品或不同的地区确定不同的广告预算，而是所有的广告按同一比率分配预算，造成了不合理的平均主义。

2. 量力而行法

量力而行法，就是企业根据财务状况的可能性来决定广告开支，即企业在优先分配给其他市场营销活动经费之后的余额再供广告之用。这种方法的主要优点是简便易行。这种方法的问题在于，企业根据其财力情况来决定广告开支多少虽然没有错，但广告是企业的一种重要促销手段，因此企业做广告预算时不仅要考虑企业能花多少钱做广告，而且要考虑需要花多少钱做广告才能完成销售指标。所以，这种方法存在着一定的缺陷。

3. 目标任务法

目标任务法，就是根据广告目标来确定广告开支。目标任务法的应用程序是：①明确广告目标。②确定为达到广告目标而必须执行的工作任务。③估算执行各项工作任务所需的各种费用。④汇总各项工作经费，做出广告预算。

这种方法的优点是能够把预算和需要密切地结合起来，尤其对新上市产品，可以根据市场变化灵活地决定广告预算。这种方法的缺点是没有从成本的观点出发来考虑某一广告目标是否值得追求这一问题。为了克服上述不足，企业在使用这一方法确定广告预算时，应该进行边际成本与边际收益分析。

4. 竞争对比法

竞争对比法，就是企业参照竞争者的广告开支来决定自己的广告预算。竞争对比广告预算有两种计算方式。

（1）市场占有率对比法

广告预算 = 竞争者广告费/（竞争者市场占有率 × 本企业预期市场占有率）

（2）增减百分比法

广告预算 = 竞争者上年度广告费 ×（1 + 竞争者广告费增长率）

在广告竞争激烈、企业间势均力敌的情况下，为了保持本企业的市场地位，采用这种方法还是比较有效的。但是这种方法也有明显不足：①难以获悉竞争者广告预算的可靠信息，因而可能导致预算依据不合理；②各企业的广告信誉、资源、机会与目标和竞争者并不完全相同，因而以竞争者的广告费为基础确定本企业的广告预算不一定科学。

三、广告效果测定

广告的有效计划与控制主要基于广告效果的测定。广告效果测定包括两个方面内容：①广告的促销效果，即广告宣传对企业产品销售状况产生的影响，其测定一般在广告播出之后进行。②广告的传播效果，也就是既定的广告活动对购买者知识、感情与信念的影响程度，其测定在广告播出之前或播出之后都可进行。

（一）测定广告促销效果的方法

一般而言，广告的促销效果要比沟通效果难以测定。测定广告促销效果的方法主要有以下几种：

1. 历史资料分析法

这是一种综合运用连续性原则、类推性原则与相关性原则。应用回归分析法求得企业过去的销售额与过去的广告支出两者之间的关系，进而测定未来的广告支出可能带来的销售额的一种测量方法。

2. 实验数据分析法

这一方法是通过对销售额增加幅度与广告费增加幅度进行实验对比来测定广告效果。其应用过程如下：首先选择几个不同的产品销售地区；其次在其中某些地区进行比平均广告水平强 50% 的广告活动，在另一些地区进行比平均水平弱 50% 的广告活动；最后通过分析三个不同广告水平地区的销售记录，便可以测定广告活动的强度对企业销售的影响程度，同时还可以得出销售对广告的反应函数。

3. 销售业绩分析法

这一方法通过分析广告播出后产品销售量的变化来测定广告效果。该方法的计算公式为：

销售量弹性系数 =（销售量增长率/广告费用增长率）×100%

（二）测定广告传播效果的方法

测定传播效果的目的在于分析广告活动是否达到了预期的信息沟通效果。测定广告传播效果的方法很多，有的用于广告播出之前，有的用于广告播出之后。

1. 直接评价法

直接评价法，就是企业或广告代理人邀请部分消费者或专家，通过填写问卷对广告直接进行评价的方法。问卷应包括对广告的注意强度、阅毕强度、认知强度、情绪强度和行为强度等内容，问卷评分标准的等级可以根据具体情况设定。企业可以参考评价结果改进或淘汰那些效果不好的广告。

2. 组合测试法

组合测试法，就是企业先给受试者一组试验用的广告，不限定阅读时间，阅读后要求受试者回忆所看到的广告，尽其最大能力对每一个细节予以描述。其所得结果可用以判别一个广告的突出性、期望信息被了解的程度。

3. 实验室测试

实验室测试，就是通过测定受试者阅读广告时的生理反应来评估一个广告的传播效果，譬如心跳、血压、瞳孔、出汗、大脑皮层反应等。该测试目前已经被西方国家的广告公司用于商业活动。不过这种生理测试一般只能测量广告引人注意的能力，而无法测出广告可信度等方面的影响。

4. 认知测试法

这是一种通过了解公众对广告的认知程度来测试广告传播效果的方法。这种方法的程序是，用一定标准选取经常接触某种广告媒介的公众，让他们叙述媒介上的广告内容，再根据对广告内容的认知程度将这些公众划分为略观性读者、联想性读者和深读性读者三类，然后计算每类读者的百分比，最后判断广告的传播效果。

5. 回忆测试法

回忆测试法，就是企业找一些经常接触某一广告媒体的受众，请他们回忆在该媒体上刊播广告的企业及其产品。回忆方式是请被测试者尽可能回想并复述所有能记得的东西，企业以此作为判断广告引人注意和令人记住的效果。

小链接

商业广告何时能起促销作用

登广告者现在面临的问题仍然是：判断广告是否有效的最佳途径是什么？一次透彻的评估将会表明，现行的商业广告中有些是完全无效，有些略为有效，有些则非常有效。

<u>是否有规则可循？</u>

不少公司把电视台关于广告的某些"规定"视为既成事实加以接受。其中一些规定有问题，比如，大部分公司认为下列诸点是无可争辩的：为了增加市场份额，在电视有声广告中所占份额必须大于现有的市场份额；要想产生重大影响，至少需要亮相三次；电视广告多比少好；电视广告效用持续时间长；等等。

不必从表面价值来接受这些规定。用以评价广告效应有效的办法的确存在，并且需要在每一种特定的形势下对这些和其他的"确定事实"进行仔细的检验。我们检验了会对广告产生作用的四种不同因素：市场上的一般商标和种类状况；广告要宣传的商业战略和目标；新闻媒介的使用；与广告文字说明有关的一些措施。

对我们来说，其根本问题是弄清楚为什么有些广告能起到促销作用，而有些广告则起不到这样的作用。另外，我们还对销售额的变化和市场份额百分比进行了研究，特别研究了那些使用电视广告一年以上的商标。

调查结果如下：

——不大有名气的小商标比已经建立起良好信誉的大商标更容易通过增加广告播放次数的办法起到促销的作用。

——新闻媒介连续定期重播好几个星期然后停止播放的广告相对来说不大可能促销。而改变这种定期播放计划，大大增加播放次数可能较有效果。

——广告的集中看来比分散更有利，对新产品来说这更具紧迫性。

——在广告信息意在改变人们的态度和在广告文字说明最近发生了变化的情况下，广告的作用比较大。另外，重要的是要使买主脑海里的信息保持新颖。我们的研究成果表明，不断变革带来的效益很可能大于风险。为证明电视广告的有效性，广告的文字说明必须经常改变，保持现状是相当危险的，因为这样会使顾客感到乏味。这一点对于名气较大的信誉较好的商标来说至关重要。

规模不断扩大的种类或者购买机会较多的种类的商标通过增加电视广告播放次数起到促销作用的可能性更大。

就一些已经享有良好信誉的产品而言，我们没有发现电视商业劝买性广告等标准的措施与广告的文字说明与市场销售之间有很大关联。

我们的数据资料表明，增加在电视黄金时间插播广告的次数对新产品来说是非常重要的。

检验再检验

一项重要的告诫是，我们最初的研究报告表明，销售变化的不足一般与电视广告播放次数的变化有关。但是，如果营销管理人员注意到这一点的话，他们能够处理好这方面的问题。

一位谨慎的经理应当选择一些主要的市场来进行试验，看看减少或者取消电视广告后市场销售情况如何。如果在6~12个月后，试验市场的销售势头不减，那么，经理就会对在整个广告市场减少广告播放次数感到有信心。

检验也有助于加强销售能力，数量检验结果可以用来争取犹豫不决的零售商。

就销售而言，广告效应是多方面的。成功的关键是不断地进行检验。

资料来源：伦纳德·洛迪什. 在什么时候能起到促销作用 [N]. 金融时报，2001－09－14.

第四节　公共关系策略

一、公共关系的职能

公共关系（Public Relations）简称公关，是指一个社会组织评估社会公众态度，确认与公众利益相符合的个人或组织的政策与程序，拟订并执行各种行动方案，达到与公众建立良好的关系，树立良好公司形象，处理不利的谣言、传闻和事件等目的。公共关系用来推广产品、人物、地点、观念、活动、组织甚至国家。如行业协会利用公共关系重新激起人们对衰退产品的兴趣。公共关系的行动主体是组织，其作用对象是公众，其作用手段主要是运用信息传播来达到目的。公共关系当中的组织包括各类企业、政府机关、事业单位、社会团体等。其面对的公众主要有股东、员工、媒体、政府、社会团体、社区民众等，企业需要与各类公众建立良好的关系。公共关系的职能主要表现在以下几个方面：

（一）树立企业良好形象

在市场经济条件下，企业形象逐渐成为企业竞争战略的核心内容。公共关系对于树立企业特定形象有着独特的、不能取代的作用。因为广告和人员推广，主要是为企业销售产品服务，其形式主要是自我宣传，因此，在树立形象方面所发挥的作用是有限的。而公共关系的作用是为整个企业服务的，不仅仅只是为某个方面的职能服务；其采取的形式是多样化的，有企业的自我宣传，也有公众的口碑传颂，还有新闻媒介进行的宣传报道，所以其发挥的作用是广泛的。

（二）创造和谐的企业外部环境

现代社会中企业是一个经济、技术、文化、心理的复合体。企业的生存和发展离不开和谐的外部环境，维护、协调和发展多边关系成了每个企业都面临的课题。通过公关活动，发挥沟通和协调功能，可以帮助企业处理好与销售网络中各经销商、股东、顾客、政府、媒体、社区等的关系，使他们理解和支持本企业的工作，以保持企业在发展过程中的和谐与稳定。

（三）化解企业面临的危机

企业生存在千变万化的环境之中，随时可能会面临危机。这些危机的出现影响企业和产品的形象，像三鹿的毒奶粉事件甚至能摧毁企业。通过公共关系，对有可能影响企业与公众关系的行为及时提醒和制止，对出现的危机产生原因进行分析，采取办法化解，使企业度过困难时期。

（四）增强企业内部凝聚力

公共关系承担着协调领导与员工的关系、各部门之间的关系及员工之间的关系，创造良好的内部环境的职责。通过公关活动，进行有效的双向沟通，使企业上下都同心同德为企业经营目标的实现而努力，消除可能产生的误解和隔膜，增强企业员工的自豪感和认同感，使企业成为一个统一的整体。这样的企业才会在激烈的市场竞争中充满活力，即使面临暂时的困境，也会由于强大的凝聚力和高涨的士气而重整旗鼓，摆脱困境。

（五）塑造名牌，增加企业销售

消费者之所以崇尚名牌，其原因既在于它的内在价值，也在于产品的外在延伸。公共关系宣传把企业的好产品名牌化，整合传播完整的品牌形象，全方位地提高产品的知名度、美誉度。例如，麦当劳中国第一家分店在深圳开业时，公司就宣布把当天的所有收入全部捐给儿童福利基金。这一举措深受公众好评，麦当劳叔叔开朗热情、乐于助人的形象很快被公众接受，使深圳麦当劳的营业额一直居于世界各分公司的前列。

（六）收集信息

公共关系需收集的信息主要有两大类，即产品形象信息与企业形象信息。产品形象信息包括公众对产品价格、质量、性能、用途等方面的反映，对于该产品优缺点的评价以及如何改进等方面的建议。企业形象信息包括：①公众对本企业组织机构的评价；②公众对企业管理水平的评价；③公众对企业人员素质的评价；④公众对企业服务质量的评价。通过公共关系，企业可以及时获得可靠的社会信息、市场信息、质量反馈信息，为经营决策提供第一手资料，有助于及时开发新产品，提供新服务，不仅可以满足市场的现有需求，而且可以把握市场的未来发展趋势，驱动企业不断增强竞争能力。

二、公共关系的原则

（一）全优性原则

全优性原则强调企业通过优良的经营管理，为社会提供优质的产品和优良的服务，是公共关系策略实施的基石。全优性原则要求企业必须苦练内功，在抓好企业的生产经营上狠下工夫，认真研究市场，找准消费者的需求，实行全面质量管理，并且重视企业与公众的关系，重视树立和维护良好的企业形象。这一原则要求公关部门必须关注企业的生产和经营，必须参与企业经营决策的制定，时时监测企业的经营管理状况，对不合理的决策提出改进意见，以便企业能够时时刻刻以高标准要求自己，达到全优管理的水平。

（二）互利性原则

互利性指通过公共关系使企业与社会公众在活动中都成为获益者。公关互利性要求企业必须要把自己看做社会大家庭的一个成员，要承担起相应的社会责任，时时考虑为社会作贡献，而不能只充当赚钱机器。要在有利于社会、服务公众的基础上取得经济效益，即在企业效益与社会整体效益一致的前提下求得不断发展。总之，通过公关活动，使企业、国家、社会、公众都得到利益，是互利性原则的核心。

（三）诚实性原则

公共关系必须以诚实的态度传播真实的信息，这就是诚实性原则。诚实性原则是公共关系的生命，它要求企业在公关活动中不能用虚伪的态度向公众传播不真实的信息，尽力避免经过长期艰苦的努力树立的良好的企业形象，由于一次的虚假事件而毁于一旦。所以，诚实性原则要求企业的公关活动必须实事求是，公关人员对待公众必须真诚老实，企业做了错事要勇于承认错误，及时改正，求得公众谅解，而不能遮遮掩掩，更不能虚假欺骗。

（四）科学性原则

科学性原则要求公共关系人员必须运用多学科的知识，遵循公共关系活动的客观规律办事。首先，公关人员要掌握经营管理学科的知识，善于将公共关系活动同企业的经营管理活动紧密结合在一起，使公关活动为企业的经营管理目标服务。其次，公关人员要掌握现代传播学的知识，运用好各种传播工具来达到与公众沟通的目的。再次，公关人员要掌握社会学、心理学、行为科学的知识，研究和掌握各类公众的心理和行为特点，组织好企业与各类公众的信息沟通，以达到内求团结、外结友谊、推动企业发展的公关目标。最后，公关人员还要掌握美学、逻辑学、伦理学、语言学、礼仪知识、法律法规等多学科的知识，并善于将它们运用在公关活动中，以提高公关活动的效果。

（五）持久性原则

俗话说："冰冻三尺，非一日之寒。"良好的公众关系，良好的企业形象，都不是一朝一夕就能建立起来的，而是要长期持久地进行公共关系活动，才能培养出来。持久性原则一是要求企业的公关活动要在有计划、有目标的基础上长期不断、持续不懈地开展；二是要求企业以始终如一的态度悉心维护与公众的关系，而不能时冷时热，需要时拿起来，不需要时搁置一边；三是要求企业要对公关活动经常进行检讨，对不合适的目标、政策和策略及时进行调整。

（六）全员性原则

企业形象是通过企业所有人员的集体行为表现出来的，它是企业内个人形象的总和。企业的公共关系不仅要靠公关部门和公关人员的努力，还离不开企业各部门的密切配合和全体员工的共同关心和参与。全员公关原则即要求企业全体成员都要树立公关意识，共同关注和参与公关工作。

三、公共关系的工具

公共关系活动需要借助于一些工具。

（一）新闻

新闻对公众的影响力要比广告、人员推销等自我宣传形式大得多。所以，它是公共关系最为重要的工具。在公关活动中，利用新闻可从以下方面着手：

（1）召开新闻发布会和记者招待会，向新闻界通报企业情况，吸引公众对企业产品与企业本身的注意。

（2）定期邀请新闻记者参观企业，为其采访提供方便。"百闻不如一见"，新闻记者如能亲自参观企业，往往可以发掘出许多可供报道的新闻素材。

（3）企业人员撰写新闻稿件寄给新闻单位，供其采用发表。将企业有意义的活动和事件报道给新闻单位，提高稿件的采用率。

（4）制造新闻，吸引新闻媒介的注意。这种方法难度较高，属于高级公关艺术。因为创造新闻素材需要抓准时机，随机应变，并且往往需要资金方面的支持。例如，养生堂有限公司为了支持中国的申奥活动，决定每卖出一瓶农夫山泉为申奥捐出一分钱，各大媒体纷纷报道，为养生堂树立了良好的企业形象。

以上利用新闻的方法，都要求公关人员掌握新闻的知识和规律，并且要和新闻界保持良好的联系，甚至要与重要媒体的记者和编辑有良好的个人关系。只有这样，企业才能获得较多较好的新闻报道。

（二）广告

这里的广告特指在公关活动中利用广告形式来树立良好的企业形象，或向公众传播必要的信息。公关中的广告归纳起来大致有下述六种类型：

1. 形象广告

这是指以树立企业形象为目的的广告。该类广告一般采用抽象式（寓意式）广告，把企业宗旨、企业精神通过精巧的艺术构思表现出来。例如上海通用汽车公司在我国的第一则形象广告：气势磅礴的电视画面中，配合着雄壮的音乐，一个个强悍的古铜色青年男子，在褐色荒原齐心协力推着一个巨大无比的金属球上山。金属球上显现出别克标志。铿锵有力的男声旁白揭示："它不只是一部车，它是一种精神！以当代精神造别克，来自上海通用汽车。"其意念非常明确，即上海通用汽车的信念、决心与团队精神，推动中国汽车工业的发展，在中国制造世界品质的轿车，体现使命感、责任感与开拓精神。

2. 声明广告

这是指在紧急情况下表明企业对某些事件的立场、态度的广告。它通常适用于两种情况：

（1）对企业不利的事件，但企业自身并无过错。如出现假冒本企业商标的伪劣产品引起消费者的投诉或控告，本企业的专利权被非法侵犯，某些竞争对手恶意中伤、造谣诬蔑，新闻媒介的失实报道等，都需要利用声明广告表明本企业立场，以正视听。

（2）一些重要的必须使公众迅速知晓的事件和消息。例如，企业更名、迁移、更换商标和包装、清理债权债务等，也需要发布声明广告。

3. 致歉广告

由于企业自身原因引起危机事件时，向公众表示歉意，以取得公众谅解和好感的广告。例如，本企业产品质量问题，引起消费者投诉；本企业员工对待顾客服务态度不好，引起顾客不满等。这类危机事件通常都是以公众来信、新闻报道等形式在新闻媒体上披露，给企业声誉带来不利的影响。企业如果不理不睬，或是以不真诚的态度甚至是否认或抵赖的手法来处理这些危机事件，将会给企业带来灭顶之灾。所以，利用致歉广告承认错误，以真诚的态度和有效的改正措施取得公众谅解，不但无损企业的形象，反而会使公众对企业产生好感，变不利为有利。

4. 祝贺广告

这是指在与本企业有密切关系的企业或单位举办重大活动时表示祝贺的广告。

5. 活动广告

这是指为配合企业所开展的各项公关活动而发布的广告。例如，开展消费者意见征询活动、企业进行各种庆典活动时，围绕着这些活动进行的大规模的广告宣传。使公众踊跃参加，提高企业的知名度和影响范围，是这种广告的主要目的。

6. 公益广告

企业为获取公众好感、表现社会责任而进行的有关维护社会公共利益的广告宣传。其具体形式有两种：一种是利用大众传媒播出由企业出资的公益广告，另一种是由企业出资设立各种公益广告物或是向社会举办的各种公益活动提供印有本企业名称的各种实物用品。

（三）演讲

通过企业领导或发言人的演讲，可以让公众了解企业的态度与立场，以及企业已经或将要实施的行动。但需要注意：一是演讲人要掌握演讲的技巧和艺术；二是演讲不能信口开河，以免弄巧成拙，损害企业形象。所以，公关人员要负责精心准备演讲稿或演讲提纲。

（四）事件

事件是企业特意安排和准备的，目的在于吸引新闻媒介和公众注意的事情或活动。可以通过以下方式进行：

1. 巧抓事件

通过一些与本企业及其产品（服务）有关联的消息，采取某些措施，使公众关注该事件，利用公众对该事件的注意和兴趣，提高本企业的知名度和好感度。例如，过去某电视机厂从华东某城市晚报看到，该市某居民住房不慎失火，消防队用水扑灭大火，该居民找回了先遭火烧、又遭水浇的电视机，通电后电视机运行正常，这台电视正是该厂的产品。该厂立即派人带着一台新电视机赶赴该市，找到了那位居民，无偿地为他更换了电视机，将旧电视机带回工厂陈列。该厂的做法引起了该市新闻媒介对这一事件的关注和报道，也引起了该市居民对该厂产品的兴趣和赞赏，既提高了企业和产品的知名度，又扩大了产品的销售量。

2. 制造事件

这是指由企业构思某题材，并将其发展成为事件来达到引起公众关注，提高企业知名度，树立企业形象的目的。制造事件与巧抓事件相仿，其难度更高。南京熊猫电子集团发起的，倡议全国使用"熊猫"作为商标或企业名称的企业参加的"拯救中华国宝大熊猫行动"是比较成功的一例。

（五）公益活动

这是指企业投入一定的精力、金钱和时间用在一些有益于社会的公共事业、慈善事业、福利事业方面，以体现企业的社会责任，从而增加公众的好感，提高企业的知名度。投入社会公益服务活动，一方面表现了企业高度的社会责任感；另一方面，公众透过这些活动，对企业增加了了解，产生了好感，从而树立良好的企业形象，促进企业产品的销售。所以，它是一种双向的公共关系活动，而并不是只有投入，没有回报，企业应该重视和积极参与这类活动。如"希望工程"活动，有许多企业参加；惠泽于广大女童的"春蕾计划"活动，企业也纷纷投身其中。

（六）书面资料

这是指编写制作各种书面资料，向各类公众广泛宣传，以加深其对企业及产品（服务）的了解，影响其观念和态度，增加对企业的好感。各种书面资料包括：年度业绩报告、小册子、文章、书籍、画册、企业报纸和刊物等。在运用书面资料工具时：一是要注意在编写制作时，必须实事求是，万万不可弄虚作假，欺骗公众；二是要根据各类对象的特点有选择地寄送资料。

（七）视听资料

视听资料，指用在各种公共场合播放电影、录像、幻灯、录音、多媒体和 CD 光盘等信息载体，其传播效果比书面资料要形象生动，但成本也比较高。企业可以精心制作一批用于公关宣传的视听资料，用于公众场合播放。

（八）企业形象识别媒体

这是指公关部门参与企业 CI 战略决策，充分利用企业形象识别系统，体现和传播良好的企业形象。CI 战略把广告宣传、公共关系、人员推广以及企业的产品包装、交通工具、建筑物、服装、名片、商业信函、宣传品等一切信息传播形式和传播媒体都纳入总体设计的范围，为树立良好的企业形象服务。公关部门一是要积极参与 CI 战略决策的制定，参与企业视觉形象识别系统的设计；二是要积极参与 CI 战略的具体实施；三是在各种公共关系工具的运用中，要服从企业 CI 战略的要求，使企业形象统一化。

第五节 营业推广策略

营业推广（Sales Promotion），又称销售促进，它是指企业运用各种短期诱因鼓励消费者和中间商购买、经销或代理企业产品或服务的促销活动。营业推广是与人员推销、广告、公共关系相并列的四种促销方式之一，是构成促销组合的一个重要方面。

一、营业推广概述

（一）营业推广的特点

营业推广是人员推销、广告和公共关系以外的能够刺激需求、扩大销售的各种促销活动。概括说来，营业推广有如下特点：

1. 营业推广促销效果显著

在开展营业推广活动中，可选用的方式多种多样。一般说来，只要能选择合理的营业推广方式，就会很快地收到明显的增销效果，而不像广告和公共关系那样需要一个较长的时期才能见效。因此，营业推广适合于在一定时期、一定任务的短期性促销活动中使用。

2. 营业推广是一种辅助性促销方式

人员推销、广告和公关都是常规性的促销方式，而多数营业推广方式则是非正规性和非经常性的，只能是前者的补充方式。使用营业推广方式开展促销活动，虽能在短期内取得明显的效果，但它一般不能单独使用，常常需要配合其他促销方式使用。一般而言，营业推广方式的运用能使与其配合的促销方式更好地发挥作用。

3. 营业推广有贬低产品之嫌

采用营业推广方式促销，迫使顾客产生"机不可失、时不再来"之感，进而能打破消费者需求动机的衰变和购买行为的惰性。不过，营业推广的一些做法也常使顾客认为卖者有急于抛售的意图。若频繁使用或使用不当，往往会引起顾客对产品质量、价格产生怀疑。因此，企业在开展营业推广活动时，要注意选择恰当的方式和时机。

二、营业推广的方式

营业推广的方式多种多样，每一个企业不可能全部使用。这就需要企业根据各种方式的特点、促销目标、目标市场的类型及市场环境等因素选择适合本企业的营业推广方式。

（一）向消费者推广的方式

向消费者推广，是为了鼓励老顾客继续购买、使用本企业产品，激发新顾客试用本企业产品。其方法主要有：

1. 赠送样品

向消费者免费赠送样品，可以鼓励消费者认购，也可以获取消费者对产品的反应。样品赠送，可以有选择地赠送，也可在商店或闹市区或附在其他商品中无选择地赠送。这是介绍、推销新产品的一种促销方式，但费用较高，一般适用于低值易耗品。

2. 赠送代金券

代金券作为对某种商品免付一部分价款的证明，持有者在购买本企业产品时免付一部分货款。代金券可以邮寄，也可附在商品或广告之中赠送，还可以向购买商品达到一定的数量或数额的顾客赠送。这种形式，有利于刺激消费者使用老产品，也可以鼓励消费者认购新产品。

3. 包装兑现

包装兑现即采用商品包装来兑换现金。如收集到若干个某种饮料瓶盖，可兑换一定数量的现金或实物，借以鼓励消费者购买该种饮料。这种方式在一定程度上体现了企业的环保低碳理念，有利于树立良好的企业形象。

4. 提供赠品

对购买价格较高的商品的顾客赠送相关商品（价格相对较低、符合质量标准的商品）有利于刺激高价商品的销售。

5. 商品展销

展销可以集中消费者的注意力和购买力。在展销期间，质量精良、价格优惠、提供周到服务的商品备受青睐。可以说，参展是难得的营业推广机会和有效的促销方式。

除此之外，还有有奖销售、降价销售等方式。

（二）向中间商推广的方式

向中间商推广，其目的是为了促使中间商积极经销本企业产品。其方式主要有：

1. 购买折扣

为刺激、鼓励中间商大批量地购买本企业产品，对中间商第一次购买和购买数量较多的中间商给予一定的折扣优待，购买数量越大，折扣越多。折扣可以直接支付，也可以从付款金额中扣出，还可以赠送商品作为折扣。

2. 资助

这是指生产者为中间商提供陈列商品、支付部分广告费用和部分运费等补贴或津贴。在这种方式下，中间商陈列本企业产品，企业可免费或低价提供陈列商品；中间商为本企业产品做广告，生产者可资助一定比例的广告费用；为刺激距离较远的中间商经销本企业产品，可给予一定比例的运费补贴。

3. 经销奖励

对经销本企业产品有突出成绩的中间商给予奖励。这种方式能刺激经销业绩突出者加倍努力，更加积极主动地经销本企业产品，同时，也有利于诱使其他中间商为多经销本企业产品而努力，从而促进产品销售。

三、营业推广的控制

营业推广是一种促销效果比较显著的促销方式，倘若使用不当，不但达不到促销的目的，反而会影响产品销售，甚至损害企业的形象。因此在运用营业推广方式促销时，必须予以控制。

（一）选择适当的方式

我们知道，营业推广的方式很多，且各种方式都有其各自的适应性。选择好营业推广方式是促销获得成功的关键。一般说来，应结合产品的性质、不同方式的特点以及消费者的接受习惯等因素选择合适的营业推广方式。

（二）确定合理的期限

控制好营业推广的时间长短也是取得预期促销效果的重要一环。推广的期限，既不能过长，也不宜过短。这是因为时间过长会使消费者感到习以为常，刺激需求的作用减小，甚至会产生疑问或不信任感；时间过短会使部分顾客来不及接受营业推广的好处，收不到最佳的促销效果。一般应以消费者的平均购买周期或淡旺季间隔为依据来确定合理的推广周期。

（三）忌弄虚作假

营业推广的主要对象是企业的现有和潜在顾客。因此，企业在营业推广全过程中，一定要坚决杜绝徇私舞弊的短视行为发生。在市场竞争日益激烈的条件下，企业商业信誉是十分重要的竞争优势，企业没有理由自毁商誉。本来营业推广这种促销方式就有贬低商品之意，如果再不严格约束企业行为，那将会产生失去企业长期利益的巨大风险。因此，弄虚作假是营业推广中的大忌。

（四）注重中后期宣传

开展营业推广活动的企业比较注重推广前期的宣传，这非常必要。在此基础上也不应忽视中后期宣传。在营业推广活动的中后期，面临的十分重要的宣传内容是营业推广中的企业兑现行为。这是消费者验证企业推广行为是否具有可信性的重要信息源。所以，令消费者感到可信的企业兑现行为，一方面有利于唤起消费者的购买欲望，另一方面是可以换来社会公众对企业良好的口碑，提升企业的形象。

此外，还应注意确定合理的推广预算，科学测算营业推广活动的投入产出比。

思考题

1. 信息沟通过程是由哪些要素构成的？
2. 促销组合的优化考虑的影响因素有哪些？
3. 推销人员一般应该具有哪些素质？如何才能培养出合格的推销人员？
4. 企业确定广告预算的方法主要有哪些？它们各自的优缺点是什么？
5. 公共关系活动常用的工具有哪些？

参考文献

[1] 菲利普·科特勒. 营销管理 [M]. 北京：中国人民大学出版社，2001.

[2] 卢泰宏，朱翊敏. 实效促销SP [M]. 北京：清华大学出版社，2003.

[3] 林成安. 促销管理 [M]. 北京：北京工业大学出版社，2004.

［4］李小红. 市场营销学［M］. 北京：中国财政经济出版社，2006.

［5］中国通信网［EB/OL］http：//www.c114.net/news/104/a89847.html.

［6］菲利普·科特勒. 营销管理［M］. 北京：中国人民大学出版社，2001.

［7］卢泰宏，朱翊敏. 实效促销SP［M］. 北京：清华大学出版社，2003.

［8］林成安. 促销管理［M］. 北京：北京工业大学出版社，2004.

［9］李小红. 市场营销学［M］. 北京：中国财政经济出版社，2006.

［10］文义明. 世界上最伟大的推销大师实战秘诀［M］. 北京：中国经济出版社，2011.

第七章
市场竞争战略

小链接

诺基亚与微软结盟

2011 年 2 月 11 日，诺基亚和微软在伦敦共同宣布将结成战略合作关系（同盟），诺基亚将放弃 Symbian、MeeGo 操作系统，携应用商店、数字地图等优势资源投入 Windows Phone 阵营。

在 2010 年度，作为目前全球最大的手机制造商、最大的数码相机生产商，诺基亚在《财富》杂志全世界最受尊敬企业中排名第 41，世界 500 强公司中排名第 120，《商业周刊》全球最有价值品牌评选中排名第 8，光是 Nokia 这个品牌就价值 295 亿美元。转眼之间，手机老大诺基亚怎么就沦落为人人哀其不幸、怒其不争的对象了？

诺基亚的历史可以追溯到 1865 年。它原本是一家造木浆的小工厂，直到 1982 年，才以一款蜂窝式移动电话进入手机制造业。

1992 年 11 月 10 日，诺基亚推出了全球首款商用和首款量产的 GSM 手机 1011，迎来了发展的春天。作为第二代通信技术 GMS 的主要开发商，凭借对产品外观、性能的重视和物流体系，诺基亚从芬兰起家，最后成为全球最大通信设备供应商。今天，全球平均每 5.7 人拥有一部诺基亚手机，一共约有 12 亿部。

十多年过去，诺基亚的行业领先地位没有遇到什么像样的挑战。颇有威胁的一次挑战来自中国东南沿海的山寨手机。2005 年前后，从这一带小作坊里拼装、仿制的手机，以价格低廉、功能多样，受到中国以及东南亚、中东地区消费者的追捧，分食全球低端手机市场的份额。他们迫使诺基亚在内的品牌手机厂商不得不降低身段，减小利润空间。这一波冲击拉低了诺基亚的利润，但并没有把诺基亚拉下马。

真正推倒诺基亚的则是智能手机时代的快速降临。其实，作为行业老大，诺基亚早就发现了这一趋势，只是他们的动作太过迟缓。1986 年诺基亚就成立了研究中心，致力于改进和提升诺基亚手机的功能，在同行中走在前列；1998 年 6 月，诺基亚、摩托罗拉、爱立信、三菱和 Psion 在伦敦共同投资成立 Symbian 公司，研发手机智能操作系统，迎接 3G 时代的到来，结果又被 Android 抢去风头，因为它免费又开源；2004 年，诺基亚就发布了第一款触摸屏手机，没想到却被半路出家的苹果携大触屏、应用商城一骑绝尘而去。见情况不妙，诺基亚也赶紧上马了手机应用商店、买下 Symbian 后也实施了开源，奈何都只是作为追随者角色。

2006 年年底，诺基亚首席执行官兼总裁康培凯预言互联网与手机的未来将融合在一起，诺基亚要成为"站在这一新时代的前沿，成为真正融合互联网和移动性的公司"。还没等诺基亚站到前面去，隔壁队伍里的苹果和谷歌在 2005 年就有了行动计划。2007 年，苹果推出了智能手机 iPhone，谷歌则拿出了智能手机操作系统 Android。

按照市场调研公司甘特纳（Gartner）的数据，2010 年诺基亚手机的销量为 4.61 亿部，虽继续保持了第一的位置，但市场占有率下滑 7.5%。iPhone 年销量达 4660 万部，同比增长 87.2%，已经排到了第五名。智能手机操作系统方面，Android 系统在 2010 年激增 888.8%，晋升为全球第二，而 Symbian 的市场占有率滑落至 37.6%（最高时 60%），两者的差距只有 10% 左右。

今天的这两位主要搅局者，原本都不是做手机的——苹果是造电脑起家，谷歌则是做搜索引擎出身。就像当年诺基亚成为了 GMS 先锋一样，他们成为智能手机新技术和新市场的领头羊。苹果和谷歌的破坏性创新，加快了 3G 时代的到来，拖着庞大身躯的诺基亚被甩在了后面。

问题：诺基亚能否通过与微软的结盟重新巩固行业老大的地位？

资料来源：全球品牌网，http://www.globrand.com/2011/513792.shtml（有改动）。

竞争是市场经济的基本特征。市场竞争迫使企业不断研究市场，开发新产品，改进生产技术，更新设备，降低经营成本，提高经营效率和管理水平，获取最佳效益并推动社会的进步。在发达的市场经济条件下，企业都处于竞争者的重重包围之中，竞争者的举动对企业的营销活动及效果具有决定性的影响。企业必须认真研究竞争者的优势与劣势、竞争者的战略和策略，明确自己在竞争中的地位，有的放矢地制定竞争战略，才能在激烈的竞争中求得生存和发展。

第一节 竞争因素分析

一、波特的竞争分析模型

一般而言，一个产业的内部竞争激烈程度以及效益水平受到了下面五种竞争力量的共同影响，如图 7.1 所示。

通过这种分析，可以对一个产业的竞争环境进行结构性的把握。从企业战略管理角度出发，一个产业可以视为以基本相同的关键活动和关键资源，生产相互替代产品的企业群或企业的经营单位群。实际上，对于产业的范围，完全可以根据企业竞争的实际情况划定。当我们区分开了这五种力量时，同时也就确定了一个产业。

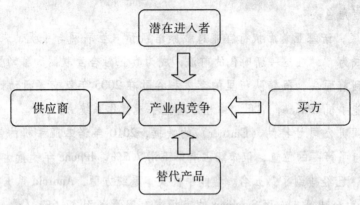

图 7.1　波特的产业结构模型

波特的五种竞争力量分析的要点如图 7.2 所示。通过图 7.2，可以对产业竞争环境分析有一个整体的框架性认识。

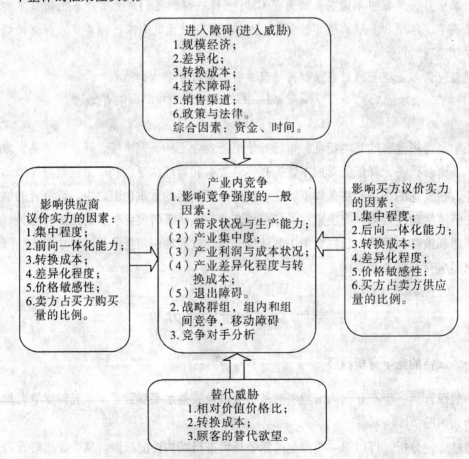

图 7.2　波特的产业结构五种力量分析要点

波特模型中，每种竞争力量所列举和分析的因素，是以制造业为基准形成的一般的或通用的因素。具体到某个特定产业，其竞争力量构成因素的重要性是不同的，也可能有一些新的因素。将这些一般因素应用于具体产业的分析，正是波特模型的应用分析过程，也是一个产业竞争环境的具体分析过程。

二、影响竞争力的相关因素

（一）潜在进入者的威胁

产业外潜在进入者的进入威胁受到包括产业进入障碍等多个因素的影响。一个企业在进入新产业领域时，都会遇到这个产业内部竞争力量的抵御。从产业的外部看，这些力量构成了制约进入该产业的进入障碍。从产业内部看，这些力量是保护产业内部各企业利益的有效屏障。显然，进入障碍越大，进入的威胁越小，反之则越大。除进入障碍之外，产业的吸引力、产业发展的风险和产业内企业的集体报复可能性等，都影响着进入威胁的大小。

构成产业进入障碍的主要因素包括下面六点。这些内容最终都可以反映到产业的进入资金和进入时间这两种进入障碍的综合因素上。

许多构成进入障碍的因素也构成企业间对竞争对手的阻碍因素，或称为竞争优势壁垒。因此，对进入障碍的分析，既可以服务于分析产业进入威胁的大小，也可以用于对竞争优势壁垒的分析和决策。

1. 规模经济

规模经济（Economic of Scale）指随着经营规模的扩大，单位产品成本下降的产业特性。如果产业内的企业都达到了相当的规模，并通过规模经营获取到明显的成本优势，那么规模经济就会成为抵御潜在进入者的制约因素。规模经济最本质的特性是，随着企业某项活动规模的增长，其要素成本的增长比例低于规模的增长比例。并非每一个产业都具有这种特性，只有具备这种特性的产业，才能够通过扩大规模来降低成本。当然，实际上大多数产业都具有规模经济的特性。特别需要注意的是，规模经济不仅存在于生产环节，在其他环节，例如采购、销售等，也可能存在。

2. 差异化程度

差异化的本质是产品或服务所形成的对顾客需求的独特针对性。企业的品牌、形象、独特质量和性能、产品组合、服务等，都可能成为差异化的来源。如果产业内部的企业都具有良好的企业形象或较高的品牌知名度，并且这种信誉、形象成为它们吸引顾客的主要力量，这个产业的差异化程度就达到了较高的水平。新进入者为了在这一领域开展经营，必须花费很大的代价来树立自己的声望和品牌形象。需要特别注意的是，由差异化所构成的产业进入障碍，往往不仅是大量的资金成本，还包括大量的时间成本。也就是说，产业外的潜在进入者要想进入这种产业，为克服差异化带来的进入障碍，不仅需要大量的资金投入，而且需要一定的时间。

3. 转换成本

转换成本指顾客为了更换供应商而必须付出的额外费用。比如一个制药厂，如果不从原供应商那里购进原料，而改从另一厂家进货，就必须重新检验这些原料的性能、质量。如果生产部门不熟悉新原料的性能，在生产过程中还有可能出一些废品。所有这些所产生的费用，都构成了转换成本。广义地说，顾客为了学会使用新供应商的产品而花费的时间、精力和资金，都属于转换成本。

一般而言，供应商对顾客越重要，顾客的转换成本越高。通常，转换成本包括以下方面：重新培训自己的员工所需的成本，新的辅助设备的成本，检验考核新购产品所需的时间、风险和成本，需要销售者提供技术上的帮助，新销售的产品需要买方重新设计产品或改变使用者的角色，建立新关系、断绝旧关系的心理代价，回转成本等。市场实践证明，转换成本是一种十分有效的竞争武器。许多企业采用各种方式在顾客身上成功地建立起了转换成本，从而强化了他们与顾客的联系。

4. 技术障碍

在技术障碍中，专利技术是最有效的保护屏障。如宝丽来公司的一次成像技术、皮尔金顿公司的浮法玻璃技术，都是凭借专利保护来确立自己的领先地位的。

构成技术障碍的另一个重要因素是学习曲线。学习曲线即随着时间的推移，单位产品成本下降的产业特性。时间的推移也可以表现为积累产量的增加，实际上是企业的学习过程的加深和经验的积累，因此学习曲线也称为经验曲线。学习曲线可以使最早进入某个领域的企业享有特殊的、与规模无关的成本优势。本质上讲，这也是一种技术障碍。在生产活动中，规模经济取决于某期的产量，而学习曲线则取决于产量（时间）的积累。

5. 对销售渠道的控制

企业可以通过与销售商建立密切的合作关系来封锁新进入者通向市场的通道。虽然这种合作关系本身不具有排他性，但新进入者为了建立起有效的通道，必须以更优惠的商业回扣，或承担更高的广告费用等方式打动销售商，否则新进入者就难以开拓市场。

6. 政策与法律

国家的产业政策或有关的法律也构成了一项重要的进入障碍。

以上构成进入障碍的六种因素，是一般情况下分析产业进入障碍的因素。运用这六种因素，可以针对某个产业的进入障碍进行具体分析。需要注意的是，某个产业的进入障碍可能由上述六种因素构成，也可能只由其中的部分因素构成，甚至只由其中的一两个因素构成。同时，也不排除有些产业还有其他因素构成产业进入障碍。

进入障碍的高低是由产业特性和企业的竞争行为共同决定的。就其产业特性的确定性而言，每个产业在一定的时期内都有确定的大小，可以给出具体的资金需求和时间需求。但是，进入障碍又不断地通过产业内企业之间的竞争行为而改变。通常，产业内部的竞争常常有利于促进进入障碍的形成。

小链接

商业喷气飞机产业在全球只有两家企业，这与巨大的进入障碍直接相关。其进入障碍主要是专有技术、规模经济和经验曲线等。原麦道公司的MD—11型是其20世纪80年代引入的新型宽体飞机。其开发和应用耗资15亿美元，盈亏点销售量为200架，需要占此种类型飞机1990—2000年市场份额的13%。MD—12原计划与波音747竞争，将耗资50亿美元，需销售400~500架，10~14年达到盈亏平衡点，需要五六年的现金亏损以支持开发。在飞机制造中，成本随经验而下降。基于经验生产相同机型的成本比生产特定飞机的成本低20%，而欧洲空中客车则受到欧盟的政策支持。

资料来源：Hill Charles W L, Jones Gareth R. Strategic Management — An Integrated Approach [M]. Boston：Houghton Mifflin Company, 1995.

（二）替代威胁的存在

1. 识别替代的意义

产品的替代是一种常见的竞争现象。一个产业之内相互竞争的企业之间之所以构成相互竞争的关系，原因就是他们的产品是相互替代的。需要注意的是，产品替代的威胁不仅来自本产业之内的企业，而且还来自产业之间的企业，即分属不同产业中的企业生产出了同样可以满足顾客需要的产品。这种来自产业之外的替代往往容易被企业所忽视，因此要给予特别的关注。在高科技产业中，由于本产业和相关产业技术的发展迅速，而且可能形成产业之间技术的交叉突破，或产品功能的交叉延伸，因而这些企业面对的主要是替代威胁。

不同产业的替代，是产品功能相同或部分相同，但主要或关键的是企业活动与资源不同的企业之间的产品替代。同一产业的替代则是产品的功能相同或部分相同，而主要或关键的是企业活动与资源相同的企业之间的产品替代。实际上，很多情况下，同产业替代和产业之间的替代并没有绝对鲜明的界限，而是一种程度的变化。对企业的经营管理实践而言，其实最重要的是比较不同产品之间的替代程度，而不是界定是同产业替代还是产业间替代。只不过不能将扫描的范围局限于关键活动与资源相同的产品替代，还应当从关键活动和资源不同的产业中识别产品替代及替代程度。产业替代意味着关键活动或关键资源的变化，这也是应当高度重视产业替代的根本原因。需要注意，技术替代也服从产品替代的规律，甚至管理技术的替代也是如此。

2. 识别替代的步骤

首先，要列出一张完整的替代清单。替代发生在性能（功能）相近的产品之间。应根据产品的使用全过程、顾客的使用标准来识别替代品。不同产品之间可以相互替代的原因在于它们能够满足同一顾客群体的同一类需求，因此两种产品的性能是否相近，要根据顾客的需求来判断。其次，分析性能相近的程度。

小测试

试分析一下可乐和茶的替代关系。

参考答案：表7.1代表可乐和茶的替代关系。由于后两种功能较前两种重要，所以两者的替代程度不强。若是将茶换成柠檬茶呢？

表7.1　　　　　　　　　　　　可乐和茶的替代关系

功　能	解　渴	怡　神	口　味	清　凉
可乐/茶	相　似	相　似	不　同	不　同

3. 广义替代

广义替代是除产品替代之外，由于产业发展和顾客需求及其满足方式的变化等各种因素引起的产品需求的减少。广义替代和产品替代的作用都是使顾客对本产业产品需求的减少。

波特列举了四种广义替代：二手产品对原产品的替代；产品消耗率的下降；顾客自己完成了一部分生产任务；顾客购买倾向的变化。其中，产品消耗率的下降这是产业竞争的一种结果，顾客自己完成了一部分生产任务是顾客的后向一体化。在企业实践中，企业可以针对造成产品需求减少的各种可能，更广泛、更具体地思考广义替代的内容。

4. 决定替代的因素

替代是否发生，以及替代的程度如何，取决于以下三种因素：

（1）相对价值价格比（Relative Value Verses Price，简称RVP）。相对价值价格比即通常所说的性能价格比。当价格的差异与价值不相符合时，就会发生替代。也就是说，替代产品之间性能或价格的变化会改变替代进程的方向。因此，替代品的存在使替代品和被替代品之间设定了价格上限。当一方降低价格或提高价值时，就会对另一方产生替代。同样，当一方过高地提高价格，就会面临另一方的替代威胁。

（2）转换成本。转换成本越高，越可以减缓替代过程。

（3）顾客的替代欲望。这也可以称为顾客的替代倾向，是顾客需求的变化。顾客可能由于其自身的各种原因而产生替代的欲望和一定的倾向。例如，企业用户如果受到竞争压力，可能希望使用替代产品来获取竞争优势。

5. 替代过程

一般情况下，替代是一个渐进的过程。如果把原产品和替代产品看做同一市场上的两种产品，则被替代品的市场份额逐渐减少，替代品的市场份额逐渐增多。一般认为，替代全过程的速度有"慢、快、慢"的特点，呈反"S"型，如图7.3所示。开始时替代的速度较慢，因为人们对新出现的替代品尚不熟悉。替代中间的过程速度较快，此时多数顾客认识到了替代品的价值，较快地转而购买替代品。在替代即将完成时，可以或准备转而购买替代品的顾客人数明显减少，替代速度降低。最终，在原产品与替代产品之间一般会出现平衡状态，即原产品会保留较小的一个市场份额。例如，戏剧、电影和电视之间从我国20世纪20年代至80年代，依次发生了产业之间的替代。

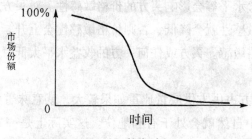

图7.3　替代过程

企业防范替代威胁的战略行动应当以对替代性质的分析为前提。如果是暂时性的或重复性的替代，则意味着情况还会发生改变，或企业可以改变这种替代。此时企业可以提高相对价值价格比，使顾客重新购买自己的产品。如果是一种历史性的、不可逆转的替代，则企业只有加入到生产替代品的行列。此外，如果原产品的剩余市场份额的需求量仍然能满足企业的生存和发展，企业也可以继续生产原产品。

（三）买方和卖方的议价实力

买方和卖方的议价实力（Bargaining Power）是买方和卖方讨价还价的能力。企业与顾客和供货方之间既存在着合作，又存在着利益冲突。买方和卖方对交易价格的争斗将直接影响到企业的收益水平。顾客和供应商的议价实力强，则会瓜分本产业的利润，从而使本产业的利润水平降低。

影响议价实力的因素很多，如交易洽谈的地点、人员素质、日程安排，等等，但这些都是运作层面的因素。对企业的战略管理而言，重要的是分析和把握能够给企业带来长期、全面和稳定的议价地位的因素。如果企业在这些因素中占据了主动地位，则对方很难通过运作层面的技巧或谋略动摇这种议价地位。

1. 影响议价实力的因素

从战略的角度分析，影响买方议价实力的因素主要有：

（1）集中程度。如果买方的数量远远少于供方的数量，买方在谈判中就可以打出"公司牌"，即寻求最有利的供货者；反之，供方就会占据有利地位。

（2）前向一体化的能力。有时买方自己拥有一定的加工产品的能力，这样在谈判中就容易占据主动。这种情况在汽车工业中比较常见，如 T 型布局，即在成车、调速器和关键部件三个上下游产业中，其生产量形成逐次减少的格局，从而在外购调速器和关键部件时处于主动。

（3）转换成本。转换成本降低买方的议价实力。如前所述，这是供应方控制买方的一种力量。需要注意，转换成本的控制力常常是无形的、潜移默化的。

（4）差异化程度。具有良好的企业形象或较高的品牌知名度的买方议价能力较强，反之则低。

（5）价格敏感性。产品对买方的质量性能的影响程度、买方此项外购投入在其总成本中的比例和买方的收益水平等会影响买方的价格敏感性。对买方产品的质量、性能有重大影响时，买方的价格敏感性就会降低，否则价格敏感性会上升。买方此项外购投入在其总成本中的比例高则价格敏感。买方或任何一方的收益水平太低时，他们对价格的立场都会表现得异常坚定。

（6）"大主顾"。买方占供方供应量比重如果较大，就意味着买方事实上成了供应方的主要顾客，他在谈判中自然就会处于有利地位。这实际上是一方在另一方中购买（或销售）中所占比例大而带来的议价实力。

小链接

美国的保健组织鼓励模仿（me‐too）药而使专用药降价。美国的医疗体制是，制药厂将药销给药店，患者持医生处方到药店买药，药费由保险公司支付。美国的保健组织（HMOs）为降低医疗成本，要求制药厂降价。大部分的药降了价，但有专利的专用药不肯降价。于是保健组织允许和鼓励开发模仿（me‐too）药。当这些药出现后，专利专用药的价格下降。其原因是专利药品的产品差异化程度降低了。

资料来源：Hill Charles W L, Jones Gareth R. Strategic Management — An Integrated Approach［M］. Boston：Houghton Mifflin Company, 1995.

卖方即供应商的议价实力的影响因素与买方的议价实力相对，即集中程度、前向一体化能力、转换成本（顾客的转换成本增强卖方的议价实力）、差异化程度、价格敏感性和"大卖主"等。

2. 合理选择买方和供应商

合理选择买方和供应商不是产业分析阶段的主题，但它是企业在制定竞争战略时必须考虑的、与议价实力相关的主题。波特认为，企业应该制定顾客策略，好的顾客战略能够营造出理想的顾客。波特提出了选择顾客的标准，包括以下四项：顾客需求与企业产品的根本一致性；顾客需求具有较大的增长潜力，有足够的需求规模；议价实力低；供货成本合理。

与其他关于目标顾客选择标准的观点相比，波特选择理想顾客的独到之处是将顾客的议价实力也作为重要的选择标准。在企业确定目标顾客时，在考虑其他因素的基础上，选择那些议价实力低的顾客群，可以为企业在较长的时期内带来比较稳定的、有利的议价地位。对已经选定的目标顾客群，企业可以通过改变影响议价实力的各个因素，例如进行前向产业的T型布局、提高产品差异化程度、建立顾客的转换成本等，从而提高企业自身的议价实力。正是在这个意义上，可以说"理想顾客"是可以"培养"出来的。当然，在这一过程中，对企业十分重要的顾客，企业一般应作为有战略意义的重要资源来看待，在"双赢"的基础上建立自己的议价策略。

3. 采购策略

采购策略和顾客策略一样，是竞争战略的另一项内容。采购策略必须回答如下的问题：供应源的稳定性和竞争力、降低供应商的议价实力。

在降低供应商的议价实力方面，可考虑以下策略：

（1）最佳的纵向联合程度。在此方面，应当与建立企业的竞争优势通盘考虑。

（2）分散购买。在合格的供应者之间分配购买额。

（3）促进原材料和部件的标准化，防范供应商建立转换成本的努力。例如接受他人的服务，而又不依赖他人。

（四）产业内部的竞争

竞争强度即竞争的激烈程度的影响因素一般可以从以下五个方面分析：

（1）需求状况与生产能力。此方面即通常所说的供需关系，与市场饱和程度直接相关。涉及的因素有需求总量、需求增长率，重复购买周期和重复购买程度，生产能力增长等。

（2）产业集中度。产业集中度的变化主要影响产业中企业的竞争行为，同时也对竞争强度产生重要影响。在分散产业中，每个企业可能很难找到明显的竞争对手，是"一对所有"的竞争。企业之间也很难进行有效的沟通和必要的协议，各企业各行其是，竞争行为有从众的趋势。在集中产业中，企业之间相互影响、相互依赖的程度很高，或者竞争、或者结盟，结果难以预料。如果在几个有限的大企业之间展开竞争，其程度将十分激烈，往往两败俱伤，例如20世纪90年代初美国航空服务业的价格战。中等集中的产业，由于企业数量不像分散产业那样多而有可能达成协议，又由于企业数量比集中产业数量多使其企业之间往往互存戒心，相互争斗，如房地产业。

（3）产业利润与成本状况。一般而言，产业利润低、固定成本高和高外购投入、高库存成本，将加剧产业内的竞争。这些因素，实际上都是导致赢利规模增大，从而导致激烈的市场争夺。

（4）产业缺乏差异性和转换成本。差异化程度和转换成本均为价格竞争设置了隔离带。因此，如果一个产业缺乏差异性和转换成本，必然使竞争加剧。

（5）退出障碍。这里的退出障碍指产业退出障碍，即企业从一个产业撤出时要付出的代价。显然，高的退出障碍使竞争者无法离场而去，必然使竞争加剧。退出障碍是与进入障碍对应的重要概念，在一定的时期也有确定的大小。波特列举了五项产业退出障碍：专用性资产；退出产业的固定成本；战略牵连；感情障碍；政府与社会的约束。

第二节　识别和选择竞争对手

仅仅了解自己的顾客远远不能满足当前激烈市场竞争的需要。尤其是进入 21 世纪以后，为了制定有效的竞争性市场营销战略，公司需要尽可能地找出有关竞争对手的资料，必须经常与那些实力相当的竞争者在产品、价格、渠道和促销上作比较。这样公司才能找出自己潜在的优势与劣势，做到知己知彼，才能对竞争对手施以更有效的市场营销攻击，并且才能够防御较强竞争者的"攻击"。因此，公司需要了解掌握谁是竞争者，他们的经营策略手段是什么及其反应模式。

一、竞争者与竞争关系

（一）四种层次的竞争关系

正常情况下，识别竞争者对公司而言似乎轻而易举。长虹公司知道 TCL 公司是其主要竞争者，远大公司知道春兰集团与其竞争。在最狭窄的层次上，公司能明确的竞争对手就是以类似的价格提供类似的产品和服务给相同的顾客的公司。

概括起来说，竞争包含非常广泛的含义，我们可以把竞争关系分为 4 个层次：

（1）最为广泛的，所有为争取某一部分顾客消耗其购买力的市场营销者之间都存在竞争。例如，由于某一顾客本月购买了房子，因此不能再购买摩托车。生产摩托车的哈雷公司可以把房地产公司看做竞争者。

（2）稍窄一点范围，提供部分或全部替代性功能产品的企业是竞争者。在此意义上，哈雷公司可以将通用、福特、丰田等汽车厂商看做竞争者。替代性越全面，竞争性越强。

（3）再窄一点范围，提供相同或类似产品的企业是竞争者，如哈雷公司与本田、川崎、雅马哈、宝马公司都是竞争者关系。这个层次的竞争关系是我们在谈及竞争时最普遍的含义。

（4）最后，从战略的观点，最为直接的竞争对手是采用相同的战略而竞争能力又非常接近的竞争者。

（二）四种层次的竞争者

根据产品替代性的强弱，我们可以区分以下 4 种层次的竞争者：

（1）品牌竞争（Brand Competition）：当其他公司以相似的价格向相同的顾客提供类似产品与服务时，公司将其视为竞争者。例如，被别克公司视为主要竞争者的是福特、本田、雷诺和其他中档价格的汽车制造商，但它并不把梅塞德斯汽车看成是自己的竞争对手。

（2）行业竞争（Industry Competition）：公司可把制造同样或同类产品的公司都广义地视做竞争者。例如，别克公司认为自己在与所有其他汽车制造商竞争。

（3）形式竞争（Form Competition）：公司可以更广泛地把所有能提供相同服务的产品的公司都作为竞争者。例如，别克公司认为自己不仅与汽车制造商竞争，还与摩托车、自行车和卡车的制造商在竞争。

（4）一般竞争（Generic Competition）：公司还可进一步把所有争取同一消费者的人都看做竞争者。例如，别克公司认为自己在与所有的主要耐用消费品、国外度假、新房产和房屋修理的公司竞争。

二、竞争者分析

（一）确定竞争对手的目标

确定了主要竞争对手之后，就要确定对手的经营目标。

我们可以这样假设，所有竞争者都只是为了追求利润最大化，从而采取适当的行动。但是这种做法会出现很大偏差，因为各公司对短期利润和长期利润的重视程度各不相同。有的竞争者可能倾向于市场份额的最大化，而不是利润的极大化，甚至是"满意"的利润。

因此，市场营销决策者还必须考虑竞争者利润目标以外的其他需求。每个竞争者均有目标组合，其中每一个目标有不同的重要性。公司要知道竞争对手对其目前的"位置"是否满意，包括目前的利润水平、市场份额、技术领先程度等。另外，公司还需监视它的竞争者对不同产品市场细分的目标。如果公司得知，竞争者发现了一个新的细分市场，这就可能是一个机会；如果得知对手计划进入本公司所服务的细分市场，则应作好充分的准备。

（二）确定竞争者的战略

公司间的战略越相似，它们间的竞争就会越激烈。在多数行业里，竞争对手可分为几个追求不同战略的群体。战略群体（Strategy Group）是指在一个行业里采取相同或类似战略的群体且在一个特定的目标市场上的一群公司。显然，战略群体内的竞争必然最为激烈，但各个群体间的竞争有时也相当激烈。首先，某些战略群体可能争夺重叠顾客的细分市场。例如，不论其战略是什么，所有主要家用电器的制造商都会选择新建住房和房地产开发商细分市场。其次，消费者可能看不出各个群体所提供产品之间的差别。最后，一个战略群体成员可能会采取扩展新的细分市场的策略。

战略途径与方法是具体的、多方面的，应从企业的各个方面去分析。从营销的角度看，本田摩托车的营销战略途径与方法至少包括这样一些内容：在产品上，以小型车切入美国市场，提供尽可能多的小型车产品型号，提高产品吸引力；在价格上，通过规模优势和管理改进降低产品成本，低价销售；在促销上，建立摩托车新形象，使其与哈雷的粗犷风格相区别。事实证明，这些战略途径行之有效，大获成功。相对应地，哈雷摩托车却没有明确的战略途径与方法。美国机械与铸造公司公司（简称 AMF）虽然也为哈雷品牌注入资本提高产量，也曾一度进行小型车的生产，结果由于多方面因素的不协同而以失败告终。

（三）确定竞争者优势与劣势

公司要充分考虑评估每个竞争者的优势与劣势。公司可收集有关对手过去几年的关键资料，包括：销量、市场份额、利润率、现金流量及技术水平等。当然，有些信息可能不易获得。公司一般通过二手资料来了解有关竞争者的优势与劣势。他们也可以通过与顾客、供应者和经销商合作进行市场营销研究。当前，越来越多的公司采用优胜基准的方法在产品和工序方面与竞争对手相对比，以便找出改进业绩的方法。

小链接

标杆超越是怎样改进竞争绩效的

标杆超越（benchmarking）是一门艺术，它寻找某些公司为什么在执行任务时比其他公司做得更出色。

执行标杆超越的公司的目标是模仿其他公司最好的做法并改进它。日本人在第二次世界大战以后，勤奋不懈地贯彻标杆超越，并模仿美国产品和生产方法。施乐公司1979年在美国率先执行标杆超越。施乐想要学习日本竞争者生产性能可靠和成本更低的能力。施乐买进日本复印机，并通过"逆向工程"分析它，使施乐在这两方面有了较大的改进。但施乐并不满足，它提出了进一步的问题：施乐的科学家与工程师在他们各自的专业上是最杰出的吗？施乐的生产者、销售员及其活动在全世界是最优秀的吗？这些问题要求他们识别世界级的"最佳实践"公司，并向它们学习。虽然优胜基准起源于学习竞争者的产品和服务，但它的视野已扩展至工作全过程、员工功能、组织绩效和全部的价值提供过程。

另一个优胜基准的早期采用者是福特公司。福特的销售落后于日本和欧洲汽车商。当时福特的总裁唐·彼得森指示它的工程师和设计师，根据客户认为的最重要的400个特征组合成新汽车。萨博的座位最好，福特就复制座位，如此等等。彼得森进一步要求：他的工程师要成为"比最好的还要好"的人。当新汽车完成时，彼得森声称：他的工程师已经改进（而不是复制）竞争者汽车的大部分最佳特征。

在其他方面，福特发现它要雇佣500人管理付款账单，而日本马自达完成同样任务只要10个人。学习了马自达的体制结构后，福特开始了"无票据系统"并且减少员工至200人，并还在不断地改进。

今天，诸如美国电话电报公司、国际商用机器公司（IBM）、杜邦和摩托罗拉等许多公司都把标杆超越作为它们的标准工具。有些公司在本行业中寻找最佳竞争者，而另一些公司则寻找全世界"最佳实践者"。这意味着，标杆超越已超越"标准竞争分析"。例如，摩托罗拉把优胜基准定位于寻找世界上"成长最佳者"。其负责人表示："我们比竞争对手跑得越远，我们越高兴。我们寻求成为竞争的优胜者，而不是与竞争者平起平坐。"

为了寻找"成长最佳者"，施乐公司的优胜基准专家罗伯特·C. 坎普，飞至缅因州弗里伯特，去参观 L·L. 比恩公司——它的仓库工人的整理工作比施乐快 3 倍。由于两者不是竞争对手，比恩公司很高兴介绍经验，施乐最后重新设计了它的仓库管理软件系统。后来，施乐向美国捷运学习账单处理技术，向卡明斯工程公司学习生产计划技术。

标杆超越的步骤如下：①确定标杆超越的基准项目；②确定衡量关键绩效的变量；③确定最佳级别的竞争者；④衡量最佳级别对手的绩效；⑤衡量公司绩效；⑥规定缩小差距的计划和行动；⑦执行和监测结果。

当一个公司决定实行标杆超越时，它可以在每一项活动中都执行标杆基准。它可以建立该执行部门以促进活动开展和在技术上训练部门员工。要有时间和成本的紧迫感。一个公司首先要解决的关键任务是影响顾客满意度的深入程度、公司的成本和在实质上的更好的绩效。

一个公司怎样确定"实践最好"的其他公司呢？第一步是问客户、供应商和分销商，请他们对最好的工作进行排队。第二步是接触咨询公司，他们有"实践最好"的公司的档案。另一个重要之点是标杆超越活动不应去求助商业间谍。

资料来源：王方华. 市场营销学 ［M］. 上海：上海人民出版社，2007.

（四）确定竞争对手的反应模式

仅仅知道竞争对手的经营目标和优势劣势是远远不够的，关键是要通过各种渠道来获知对手可能采取的行为，如对削价、加强促销或推出新产品等公司举动的反应。

另外，还需充分考虑分析主要竞争对手的企业文化（包括经营哲学、经营理念等）。企业文化将直接影响其在市场营销中的经营策略，这对分析预测竞争对手的行为将有重要的参考价值。

每个竞争者对事情的反应各不相同。但概括起来，竞争对手的反应不外乎三种：其一，不采取行动；其二，防御型；其三，进攻型。这主要取决于竞争对手自己的战略意图及所具有的战略能力，竞争对手是否对自己目前的形势满意，竞争对手受到威胁的程度。另外，还取决于竞争对手的实力和信心，即他是否有足够的信心依靠现有的条件打败对手并消除其威胁。

具体地说可分为 5 种反应模式：

1. 从容不迫型

某些竞争者对某一特定竞争者的行动没有迅速反应或反应不强烈，而只是坐观其变。他们可能认为某顾客是忠诚于他们，也可能是由于他们没有作出反应所需的资金，还可能认为还未到"出击"的时机。公司一定要先弄清楚他们"不出击"的原因，以防止他们的突然袭击。

2. 全面防守型

这类竞争者对外在的威胁和挑战作出全面反应，确保其现有地位不被侵犯。但会使战线拉得过长，若实力不雄厚，会被其他竞争对手拖垮。

3. 选择型

竞争者可能只对某些类型的攻击作出反应，而对其他类型的攻击视而不见。例如竞争者会对削价作出积极反应，防止自己市场份额减少（我国家电市场上就是这种情况，对于价格极为敏感，只要有一家削价，其他竞争对手都会不约而同作出反应）。他们可能对对手大幅增加广告费不予理睬，认为这并不能构成实质性威胁。为此，应了解这种类型的竞争者的敏感部位，避免与其发生不必要的正面冲突至关重要。

4. 强烈反击型

这一类型的公司对其所占据的所有领域发动的任何进攻都会做迅速强烈的反应。例如，宝洁公司（P&G）绝不会允许一种新洗涤剂轻易投放市场。这种类型的公司一般都是实力较强大的公司，占有的市场份额具有绝对优势，否则没有实力对任何外在威胁采取强烈反击的行动。

5. 随机型

这类竞争者并不表露自己将要采取的行动。这一类型的竞争者在任何特定情况下可能作出也可能不作出反击，而且根本无法预测他会采取的行动。

（五）选择竞争对手

在进行以上分析后，公司应能够意识到市场上可与谁进行有效的竞争。当公司决定与哪个竞争者进行最有力的竞争时，就可把注意力集中在这一竞争对手上。

1. 强大或弱小的竞争对手

大部分公司愿意选择比较弱小的公司作为其攻击的对手。因为这样做比选择强大公司作为竞争对手所需资金和精力都将会小得多。但从长远来看，公司则很难提高他们的能力，易于造成盲目乐观的心理。为此，从理论上讲，公司应选择较强大的竞争者与其竞争，以便使他们有压力，来磨炼和增强自身的能力。在选择与强大公司竞争时，关键是要努力发现强大公司的潜在及现在的弱点（即使再强大的公司也有弱点），并对其弱点采取有效行动，以便取得更多的回报。

评估竞争对手强弱的一种有用工具是顾客价值分析。在分析时，公司首先要识别顾客的重要属性和顾客将这些属性排名的重要性。其次，要评估公司和竞争者在有价值属性上的业绩。如果通过比较发现，公司在所有的重要属性方面均超过竞争对手，就可以通过制定高价策略获得更多的利润，或者在同样价格的条件下占有更多的市场份额。如果主要属性表现不如竞争对手，则必须想方设法加强这些属性，并且再挖掘其他能够领先竞争者的主要属性。

2. 靠近或疏远竞争对手

大部分公司会与那些与自己实力接近的公司竞争。同时，公司还要尽量避免"摧毁"实力接近的竞争对手，否则会促使其与其他公司联合起来组成更强大的公司，成为自己更难对付的竞争者。

3. 区分"品行良好"与"品行低劣"的竞争对手

每个行业中都包括"品行良好"和"品行低劣"的竞争者。一个公司应积极支持前者而攻击后者。从某种意义上讲，公司能够受益于竞争对手。如：他们可以增加总需求；导致更多的差别；分担市场开发及产品开发成本，并协助推出新技术，等等。

当然，公司也会发现，有些竞争者是"品质低劣"的，他们破坏规则，企图"购买"市场份额而不是通过自己的产品或优质服务获得市场份额。他们喜欢蛮干，在生产能力严重过剩时，仍然继续投资。如美国航空公司发现，德尔塔（Delta）和联合航空公司是品行良好的竞争对手，而环球航空公司（TWA）、大陆航空公司（Continental）和美国西部航空公司（America West）为"品行低劣"的公司，因为它们不断通过很大的价格折扣和过激的促销计划使航空业呈现不稳定状态。

因此，公司应注意分辨哪些属于"品行良好"的公司，哪些属于"品行恶劣"的公司。在授予特许权时，更应谨慎，以防授给"品质恶劣"公司，而使整个行业受损。

第三节 市场竞争战略选择

根据各企业在行业中所处的地位，美国著名市场营销学教授菲利普·科特勒把它们分成四类，即市场领导者、市场挑战者、市场追随者和市场补缺者。这种分类方法被世界许多国家所接受，如图7.4所示。

市场领导者	市场挑战者	市场追随者	市场补缺者
40%	30%	20%	10%

图7.4 竞争性地位的分析

在图7.4中，市场领导者掌握了40%的市场，拥有最大的市场份额。市场挑战者掌握了30%的市场，名列第二，而且该类企业正在为获得更大的市场份额而努力。市场追随者掌握了20%的市场，该类企业只图维持现有市场份额，并不希望打破现有的市场结构。市场补缺者掌握了剩余的10%的市场，这部分市场是大企业所不感兴趣的小细分市场。

一、市场领导者战略

市场领导者是指在相关产品的市场上占有率最高的企业。一般来说，大多数行业都有一家企业被认为是市场领导者，它在价格变动、新产品开发、分销渠道的宽度和促销力量等方面处于主宰地位，为同行业者所公认。它是市场竞争的先导者，也是其他企业挑战、效仿或回避的对象，如美国汽车行业的通用汽车公司、饮料行业的可口可乐公司，中国家电行业的海尔集团等。这种领导者几乎各行各业都有，它们的地位是在竞争中自然形成的，但不是固定不变的。

市场领导者为了维护自己的优势，保住自己的领先地位，通常可采取三种策略，一是扩大市场需求总量；二是保护市场占有率；三是提高市场占有率。

（一）扩大市场需求总量

当一种产品的市场需求总量的扩大时，受益最大的是处于领先地位的企业。一般来说，市场领导者可从三个方面扩大市场需求量：一是发现新用户；二是开辟新用途；三是增加使用量。

1. 发现新用户

每种产品都有吸引和增加用户数量的潜力。因为可能有些消费者对某种产品不甚了解，或产品定价不合理，或产品性能有缺陷等。一个制造商可从三个方面找到新的用户。如香水企业可说服不用香水的妇女使用香水（市场渗透战略），说服男士使用香水（市场开发战略），向其他国家推销香水（地理扩展战略）。美国强生公司婴儿洗发香波的扩大推销，是开发市场的一个成功范例。当美国人口出生率开始下降时，该公司制作了一部电视广告片向成年人推销婴儿洗发香波，取得良好效果，使该品牌成为市场领导者。另一成功发现新用户的例子是微软公司开发出了中文版的 Windows 操作系统。

2. 开辟新用途

为产品开辟新的用途，可扩大需求量并使产品销路久畅不衰。例如，美国杜邦公司的尼龙就是一个成功的典型。又如碳酸氢钠的销售在 100 多年间没有起色，它虽有多种用途，但没有一种需求是大量的，后来一家企业发现有些消费者将该产品用做电冰箱的除臭剂，于是大力宣传这一新用途，使该产品销售大增。许多事例表明，新用途的发现往往归功于顾客。凡士林最初问世时是用作机器润滑油，过后，一些使用者才发现凡士林可用作润肤脂、药膏和发胶等。

3. 增加使用量

促进用户增加使用量是扩大需求的一种重要手段。例如，宝洁公司劝告消费者在使用海飞丝香波洗发时，每次将使用量增加一倍效果更佳。又如，日本味之素公司曾将其产品的小瓶盖打了许多小孔，既方便了消费者，又使其在不知不觉中增加了消费量。提高购买频率也是扩大消费量的一种常见的办法，如时装制造商每年每季都不断推出新的流行款式，消费者就不断购买新装；流行款式的变化越快，购买新装的频率也就越高。

（二）保护市场占有率

处于市场领先地位的企业，必须时刻防备竞争者的挑战，保卫自己的市场阵地。例如，可口可乐公司要防备百事可乐公司，丰田公司要小心日产公司等。这些挑战者都是很有实力的，领导者稍不注意就可能被取而代之。市场领导者保护阵地最为积极的途径是进攻，即不断创新。市场领导者任何时候也不能满足于现状，必须在产品的创新、服务水平的提高、分销渠道的畅通和降低成本等方面真正处于该行业的领先地位，同时抓住对手的弱点主动出击，即进攻就是最好的防御。

市场领导者如果不便发动进攻，就必须严守阵地，不能有任何疏漏。它应尽可能使中间商的货架上多摆上些自己的产品，以防止其他品牌的侵入。例如，早年美国通用汽车不愿生产小型汽车，结果被日本公司侵入美国汽车市场，通用汽车公司的损失巨大。因此，市场领导者必须善于准确地辨别哪些是值得防守的阵地，哪些是风险很小可以放弃的阵地。领导者往往无法保持它在整个市场上的所有阵地，应当集中使用防御力量。防御战略的目标是，减少受攻击的可能性，使攻击转移到危害较小的地方，并削弱其攻势。现有六种防御战略可供市场领导者选择。

1. 阵地防御

这是指围绕企业目前的主要产品和业务建立牢固的防线，根据竞争者在产品、价格、渠道和促销方面可能采取的进攻战略而制定自己的预防性营销战略，并在竞争者发起进攻时坚守原有的产品和业务阵地。阵地防御是防御的基本形式，是静态的防御，在许多情况下是有效的、必要的，但是单纯依赖这种防御则是一种"市场营销近视症"。企业更重要的任务是技术更新、新产品开发和扩展业务领域。当年亨利·福特固守T型车的阵地就惨遭失败，使得年赢利10亿美元的公司险些破产。我国海尔集团没有局限于赖以起家的冰箱市场，而是积极从事多元化经营，开发了空调、彩电、洗衣机、电脑、微波炉、干衣机等一系列产品，成为我国家电行业的著名品牌。

2. 侧翼防御

侧翼防御是指市场领导者除保卫自己的阵地外，还应建立某些辅助性的基地作为防御阵地，必要时作为反攻的基地。特别是注意保卫自己较弱的侧翼，防止对手乘虚而入。例如，美国的微软公司为了保持其在行业中的领先地位，在美国的苹果计算机公司推出了"图形操作软件"时，立即推出了"视窗"系统操作软件，使苹果公司没有扩大其在软件市场的份额。

3. 以攻为守

这是指在竞争对手尚未构成严重威胁或在向本企业采取进攻行动前抢先发起攻击以削弱或挫败竞争对手。这是一种先发制人的防御，公司应正确地判断何时发起进攻效果最佳以免贻误战机。有的公司在竞争对手的市场份额接近于某一水平而危及自己市场地位时发起进攻，有的公司在竞争对手推出新产品或推出重大促销活动前抢先发动进攻，如推出自己的新产品、宣布新产品开发计划或开展大张旗鼓的促销活动，压倒竞争者。公司先发制人的方式多种多样：可以运用游击战，这儿打击一个对手，那儿打击一个对手，使各个对手疲于奔命，忙于招架；可以展开全面进攻，如精工手表有 2300 个品种，覆盖各个细分市场；也可以持续性地打价格战，如长虹电视机曾数次率先降价，使未取得规模效益的竞争者陷于困境；还可以开展心理战，警告对手自己将采取某种打击措施而实际上并未付诸实施。

4. 反击防御

当市场领导者遭到对手发动降价或促销攻势，或改进产品、占领市场阵地等时，不能只是被动应战，应主动反攻入侵者的主要市场阵地。反击战略主要有：①正面反击，即与对手采取相同的竞争措施，迎击对方的正面进攻。如果对手开展大幅度降价和大规模促销等活动，市场领导者凭借雄厚的资金实力和卓著的品牌声誉以牙还牙地采取相同活动，以有效地击退对手。②攻击侧翼，即选择对手的薄弱环节加以攻击。某著名家电公司的电冰箱受到对手的削价竞争而损失了市场份额，但是其洗衣机的质量和价格比竞争者占有更多的优势，于是对洗衣机大幅度降价，使对手忙于应付洗衣机市场而撤销对电冰箱市场的进攻。③钳形攻势，即同时实施正面攻击和侧翼攻击。比如，竞争者对电冰箱削价竞销，则本公司不仅电冰箱降价，洗衣机也降价，同时还推出新产品，从多条战线发动进攻。④退却反击，是在竞争者发动进攻时我方先从市场退却，避免正面交锋的损失，待竞争者放松进攻或麻痹大意时再发动进攻，收复市场，以较小的代价取得较大的战果。⑤"围魏救赵"，是在对方攻击我方主要市场区域时攻击对方的主要市场区域，迫使对方撤销进攻以保卫自己的大本营。例如，当康佳电视机在四川市场向长虹电视机发动进攻的时候，长虹电视机也进攻广东市场，还以颜色。

5. 运动防御

运动防御是指市场领导者将其业务活动范围扩大到其他的领域中，作为未来防御和进攻的中心。例如，美国的施乐公司为了保持其在复印机市场的领先地位，从 1994 年开始积极开发电脑复印技术和相应的软件，并重新定义公司为"文件处理公司"而不再是"文件复印公司"，以防止由于计算机文件处理技术和软件性能的改善而使公司的市场地位被削弱。

6. 收缩防御

当市场领导者的市场地位已经受到来自多个方面的竞争对手的攻击时，由于受到短期资源的限制和能力的限制，采取放弃较弱的领域或业务范围，收缩到企业应该保持的主要市场或业务领域内。有计划收缩不是放弃市场，而是放弃较弱的领域和力量，把优势重新分配到较强的领域。有计划收缩是一个巩固公司在市场上的竞争实力和集中兵力于关键领域上的行动。可口可乐公司就在 20 世纪 80 年代放弃了公司曾经新进入的房地产业务和电影经营业务，以收缩公司的力量对付饮料业越来越激烈的竞争。

（三）提高市场占有率

市场领导者设法提高市场占有率，也是增加收益、保持领先地位的一个重要途径。市场占有率是与投资收益率有关的最重要的变量之一。市场占有率越高，投资收益率也越高。市场占有率高于40%的企业，其平均投资收益率相当于市场占有率低于10%的企业的3倍。因此，许多企业在市场占有率上占据第一位或第二位，否则便撤出该市场。

实际提高市场占有率策略时应考虑以下因素：

1. 经营成本

许多产品往往有这种现象：当市场份额持续增加而未超出某一限度的时候，企业利润会随着市场份额的提高而提高；当市场份额超过某一限度仍然继续增加时，经营成本的增加速度就大于利润的增加速度，企业利润会随着市场份额的提高而降低，这是因为用于提高市场份额的费用增加。如果出现这种情况，则市场份额应保持在该限度以内，市场领导者的战略目标应是扩大市场份额而不是提高市场占有率。

2. 营销组合

如果企业实行了错误的营销组合战略，比如过分地降低商品价格，过高地支出公关费、广告费、渠道拓展费、销售员和营业员奖励费等促销费用，承诺过多的服务项目导致服务费大量增加等，则市场份额的提高反而会造成利润下降。

3. 反垄断法

为了保护自由竞争，防止出现市场垄断，许多国家的法律规定，当某一公司的市场份额超出某一限度时，就要强行地分解为若干个相互竞争的小公司。西方国家的许多著名公司都曾经因为触犯这条法律而被分解。如果占据市场领导者地位的公司不想被分解，就要在自己的市场份额接近于临界点时主动加以控制。

总之，市场领导者必须善于扩大市场需求总量，保卫自己的市场阵地，防御挑战者的进攻，并在保证收益增加的前提下，提高市场占有率。这样，才能持久地占据市场领导地位。

二、市场挑战者战略

在市场上处于次要地位（第二、三甚至更低地位）的企业可称为市场挑战者或市场追随者，如美国汽车市场的福特公司、软饮料市场的百事可乐公司等。这些处于次要地位的企业可以视不同时期的市场竞争的需要采取两种策略：一是争取市场领先地位，向竞争者挑战，即做市场挑战者。比如佳能公司，在20世纪70年代中期只有施乐公司1/10的规模，而今天生产的复印机已超过了施乐。丰田公司比通用汽车公司生产更多汽车。当那些市场领导者用习惯方法经营业务时，挑战者已树立了更大的雄心壮志和使用较少的资源扭转了局面。二是安于次要地位，在"共处"的状态下求得尽可能多的收益，即做市场追随者。每个处于市场次要地位的企业，都要根据自己的实力和环境提供的机会和风险，决定自己的竞争战略是"挑战"还是"跟随"。

（一）确定战略目标和挑战对象

如果要向市场领导者和其他竞争者挑战，首先必须确定自己的战略目标和挑战对象。一般来说，挑战者可在下列三种情况中进行选择。

1. 攻击市场领导者

这一战略风险大，潜在利益也大。当市场领导者在其目标市场的服务效果较差而令顾客不满或对某个较大的细分市场未给予足够关注的时候，采用这一战略带来的利益更为显著。例如，施乐公司开发出更好的复印技术（用干式复印代替湿式复印），这就从 3M 公司手中夺去了复印机市场。后来，佳能公司也如法炮制，通过开发台式复印机夺去了施乐公司一大块市场。

2. 攻击规模相同但经营不佳、资金不足的公司

公司应当仔细调查竞争者是否满足了消费者的需求，是否具有产品创新的能力。如果其在这些方面有缺陷，就可作为攻击对象。

3. 攻击规模较小、经营不善、资金缺乏的公司

这种情况在我国也比较普遍。许多实力雄厚、管理有方的外国独资和合资企业一进入市场，就击败了当地资金不足、管理混乱的弱小企业。

总之，战略目标决定于进攻对象：如果以领导者为进攻对象，其目标可能是夺取某些市场份额；如果以小企业为对象，其目标可能是将它们逐出市场。但无论在何种情况下，如果要发动攻势，进行挑战，就必须遵守一条原则：每一项行动都必须指向一个明确的、肯定的和可能达到的目标。

（二）选择进攻战略

在确定了战略目标和进攻对象后，挑战者还需要考虑采取怎样的进攻战略。挑战者的进攻战略有五种：正面进攻、侧翼进攻、包围进攻、迂回进攻、游击进攻。具体采用哪种进攻战略要视自己的进攻对象、进攻战略目标、自己企业实力和市场竞争形势需要而定。

1. 正面进攻

正面进攻就是集中全力向对手的主要市场阵地发动进攻，即进攻对手的强项而不是弱点。在这种情况下，进攻者必须在产品、广告、价格等主要方面大大超过对手，才有可能成功，否则不可采取这种进攻战略。正面进攻的胜负取决于双方力量的对比。军事上认为，当对方占有防守优势（如高地或防御工事）时，进攻者必须具有 3∶1 的优势才有把握取得胜利。

挑战者还可以通过巨额投入以实现更低的生产成本，使产品成本降低，从而以降低价格的手段向对手发动进攻。然后以此来向对手发起价格攻击。发动价格战，要求企业能够做到：在提高质量的同时，有效地降低成本，以便能够保持原来的赢利水平；能够使顾客相信企业的产品具有较高的价值或继续有相应的价值感觉，使顾客认为本企业产品的质量的确是高于竞争者的；是"反倾销"立法所允许的，在法律允许的范围内。

2. 侧翼进攻

侧翼进攻采取的是"集中优势兵力攻击对方的弱点"的战略原则，侧翼进攻就是集中优势力量攻击对手的弱点。有时可采取"声东击西"的策略，佯攻正面，实际攻击侧面或背面。侧翼进攻包括两个战略角度——地理性的侧翼进攻和细分性的侧翼进攻，来向一个准备攻击的对手发动进攻。

（1）地理性的侧翼进攻。这是指在全国或全世界范围内寻找对手力量薄弱的地区，在这些地区发动进攻。常见的方法主要有两种：一是在竞争对手所经营的相同的市场范围内，建立起比竞争对手更强有力的分销网点，以拦截竞争对手的顾客；另一个是在同一地理区域内，寻找到竞争对手没有覆盖的市场片或是没有推销网点覆盖的空白区域，占领这些区域并组织营销。

（2）细分性的侧翼进攻。这是指利用竞争对手的产品线的空缺或是营销组合定位的单一而留下的空缺，进入这些细分市场，迅速地用竞争对手所空缺的产品品种或在其营销盲区用相应的营销组合加以填补。

3. 包围进攻

包围进攻是在对方的领域内，同时在两个或两个以上的方面发动进攻的做法。当用来对付可能会对单一方面的进攻迅速反应的竞争对手时，包围进攻可以使被攻击者首尾难顾。使用该战略要求应具备两个条件：一是通过市场细分未能发现对手忽视或尚未覆盖的细分市场，补缺空当不存在，无法采用侧翼进攻。二是与对手相比拥有绝对的资源优势，制定了周密可行的作战方案，相信包围进攻能够摧毁对手的防线和抵抗意志。

日本精工公司在手表市场的进攻是一个典型的包围战略。精工公司多年来在每一个手表网点上都有品种齐全的产品分销，并且用众多种类不断变化的式样压倒了它的竞争者和征服了消费者。

4. 迂回进攻

这是一种间接的进攻战略，它避开任何较直接地指向对手现行领域的交战行动。它意味着绕过对手和攻击较容易进入的市场，以扩大自己的资源基础。有三种推行这种战略的方法。①多样化地经营无关联的产品。这是市场领导者鞭长莫及的。典型的例子是高露洁公司为了避开宝洁公司而进入一些不相关的领域，如纺织业、运动器材业、化妆用品业、食品业以及医疗器材业。②将现有产品打入新地区市场，实行市场多角化，使之远离市场领导者。例如，百事可乐公司为了在中国取得对可口可乐的优势，将其新建的制瓶厂设在中国内陆省区以远离繁华的沿海城市，因为在那里外国饮料公司早已开展了经营。③公司可以采取蛙跳式战略而跃入新技术领域以替代现有产品。这种技术上的蛙跳，在高技术领域极为普遍。由于挑战者不是愚蠢地效仿竞争对手的产品发动耗资巨大的正面战役，而是耐心地研制开发出新的技术，这样就可以在自己占有优势的新战场上向对手们发起挑战。例如，世嘉进攻任天堂在电视游戏机市场上的成功，就是得益于通过引入高新技术，向市场推出虚拟真实为基础的娱乐游戏节目。

5. 游击进攻

这是向对手的有关领域发动小规模的、断断续续的进攻，逐渐削弱对手，使自己最终夺取永久性的市场领域。游击进攻适用于小公司打击大公司。其主要方法是在某一局部市场上有选择地降价、开展短促的密集促销、向对方采取相应的法律行动等。游击进攻能够有效地骚扰对手、消耗对手、牵制对手、误导对手、瓦解对手的士气、打乱对手的战略部署而己方不冒太大的风险。适用条件是对方的损耗将不成比例地大于己方。采取游击进攻必须在开展少数几次主要进攻还是一连串小型进攻之间作出决策。通常认为，一连串的小型进攻能够形成累积性的冲击，效果更好。

三、市场追随者战略

采取市场攻击，并不总是可以奏效的，尤其是在市场领导者对攻击不会有反应或是较大反应的情况下；力图"毕其功于一役"往往是不现实的。所以，在发动进攻时，往往需要极其谨慎。对于市场份额少于市场领导者的企业来说，如果没有技术上的真正进步或营销方式的突破，应该更多地考虑采用市场追随的战略。

市场追随者指那些在产品、技术、价格、渠道和促销等大多数营销战略上模仿或跟随市场领导者的公司。在很多情况下，追随者可让市场领导者和挑战者承担新产品开发、信息收集和市场开发所需的大量经费，自己坐享其成，减少支出和风险，并避免向市场领导者挑战可能带来的重大损失。许多居第二位及以后位次的公司往往选择追随而不是挑战。当然，追随者也应当制定有利于自身发展而不会引起竞争者报复的战略。以下是三种可供选择的跟随战略：

（一）紧密跟随

这种战略是在各个细分市场和市场营销组合方面，都尽可能仿效领导者。这种跟随有时好像是挑战者，但是只要它不从根本上侵犯到领导者的地位，就不会发生直接冲突，有些甚至被看成是靠拾取领导者残余谋生的寄生者。例如，《华尔街日报》是美国发行量与广告量最大的商业报纸，每天发行量超过 200 万份。它拥有最好的作者与编者，而且是集工商报道和财经消息两种新闻媒体于一身。但由于其名称太偏重财经，因此《商业时报》（Business Times）即以工商业的专业报纸出现，跟随《华尔街日报》而获得发展。

（二）距离跟随

这是指在基本方面模仿领导者，但是在包装、广告和价格上又保持一定差异的公司。如果模仿者不对领导者发起挑战，领导者不会介意。在钢铁、肥料、化工等同质产品行业，不同公司的产品相同，服务相近，不易实行差异化战略，价格几乎是吸引购买的唯一手段，随时可能爆发价格大战。正因如此，各公司常常模仿市场领导者，采取较为一致的产品、价格、服务和促销战略，市场份额保持着高度的稳定性。

（三）选择跟随

这种跟随者在某些方面紧跟领导者，而在另一些方面又自行其是。也就是说，它不是盲目跟随，而是择优跟随，在跟随的同时还要发挥自己的独创性，但不进行直接的竞争。它必须集中精力，开拓适合它的那些市场。如果这样做了，它仍可以获得丰厚的利润，甚至超过市场领导者。美国霍恩实业公司就是采取这种战略取得成功的例子。虽然该公司在以斯蒂尔凯斯公司为首的美国办公家具市场只排第四位，但它在中档办公家具市场的年盈利却高居榜首。

四、市场补缺者战略

在现代市场经济条件下，每个行业几乎都有些小企业，它们关注市场上被大企业忽略的某些细小部分，在这些小市场上通过专业化经营来获得最大限度的收益，也就是在大企业的夹缝中求得生存和发展。这种有利的市场位置在西方被称为"Niche"，即补缺基点。

所谓市场补缺者，就是指精心服务于市场的某些细小部分，而不与主要的企业竞争，只是通过专业化经营来占据有利的市场位置的企业。这种市场位置（补缺基点）不仅对小企业有意义，而且对某些大企业中的较小部门也有意义，它们也常常设法寻找一个或几个这种既安全又有利的补缺基点。

（一）补缺基点的特征

一个好的补缺基点应具有以下特征：有足够的市场潜量和购买力；利润有增长的潜力；对主要竞争者不具有吸引力；企业具有占有此补缺基点所必需的能力；企业既有的信誉足以对抗竞争者。

（二）市场补缺者战略应用

企业取得补缺基点的主要战略是专业化市场营销。为取得补缺基点，企业可以选择在市场、顾客、产品或渠道等方面实行专业化。

1. 最终用户专业化

专门致力于为某类最终用户服务，如计算机产业有些小企业专门针对某一类用户（如诊所、银行等）进行市场营销。

2. 垂直层面专业化

专门致力于分销渠道中的某些层面，如制铝厂专门生产铝锭、铝制品或铝质零部件。

3. 顾客规模专业化

专门为某一种规模（大、中、小）的客户服务，如有些小企业专门为那些被大企业忽略的小客户服务。

4. 特定顾客专业化

只对一个或几个主要客户服务，如美国有些企业专门为西尔斯公司或通用汽车公司服务。

5. 地理区域专业化

专为国内外某一地区或地点服务。

6. 产品或产品线专业化

只生产一大类产品，如美国的绿箭公司专门生产口香糖这一种产品，现已发展成一家世界著名的跨国公司。

7. 客户订单专业化

专门按客户订单生产预订的产品。

8. 质量和价格专业化

专门生产经营某一种质量和价格的产品，如专门生产高质高价产品或低质低价产品。

9. 服务项目专业化

专门提供某一种或几种其他企业没有的服务项目，如美国有一家银行专门承办电话贷款业务，并为客户送款上门。

10. 分销渠道专业化

专门服务于某一类分销渠道，如专门生产适于超级市场销售的产品，专门为航空公司的旅客提供食品。

选择市场补缺基点时，多重补缺基点比单一补缺基点更能减少风险，增加保险系数。因此，企业通常应选择两个或两个以上的补缺基点，以确保企业的生存和发展。总之，只要企业善于经营，小企业也有许多机会可以在获利的条件下周到地为顾客服务。

市场补缺者是弱小者，其面临的主要风险是当竞争者入侵或目标市场的消费习惯变化时有可能陷入绝境。因此，它的主要任务有3项：创造补缺市场，扩大补缺市场，保护补缺市场。

企业在密切注意竞争者的同时不应忽视对顾客的关注，不能单纯强调以竞争者为中心而损害顾客的利益。以竞争者为中心指企业行为完全受竞争者行为支配，逐个跟踪竞争者的行动并迅速作出反应。这种模式的优点是使营销人员保持警惕，注意竞争者的动向；缺点是被竞争者牵着走，缺乏事先规划和明确的目标。以顾客为中心指企业以顾客需求为依据制定营销竞争战略。其优点是能够更好地辨别市场机会，确定目标市场，根据自身条件建立具有长远意义的战略规划；缺点是有可能忽视竞争者的动向和对竞争者的分析。在现代市场中，企业在营销战略的制定过程中既要注意竞争者，也要注意顾客。

思考题

1. 波特模型中对五种力量的分析要点包括哪些？
2. 根据产品替代性的强弱，我们可以如何区分竞争者？
3. 对于市场领导者而言，如何扩大市场需求总量？

4. 如果你是市场挑战者，可以采用的进攻战略有哪几种？

5. 试各举一例说明三种不同的跟随战略。

6. 一个好的补缺基点应具有哪些特征？

参考文献

[1] 菲利普·科特勒. 营销管理 ［M］. 北京：中国人民大学出版社，2001.

[2] 迈克尔·波特. 竞争优势 ［M］. 陈小悦，译. 北京：华夏出版社，2001.

[3] 迈克尔·波特. 竞争战略 ［M］. 陈小悦，译. 北京：华夏出版社，2005.

[4] 李小红. 市场营销学 ［M］. 北京：中国财政经济出版社，2006.

[5] 希尔，琼斯，周长辉. 战略管理 ［M］. 北京：中国市场出版社，2007.

第八章
品牌与定位

美国营销学界的泰斗阿肯保（Alvin Achenbaum）说："品牌与没有品牌的同类商品的差异，以及赋予品牌资产的原因，在于消费者对产品的属性与功能、对品牌名称与所代表的意义、对品牌相关的公司等的知觉与感觉总和的一种承认。"市场竞争根本上是品牌竞争。品牌的号召力、凝聚力，可以为企业维系较高的市场份额。在成熟的市场上，企业不是在卖产品，而是在卖品牌。企业营销活动的关键是实现产品资本向货币资本转化，也即由产品实体功能向脱离产品本身并能够说明产品功能的符号、标志转化。

第一节　品牌真相

一、什么是品牌

品牌是整体产品的重要组成部分。一个品牌是一个名字、名词、符号和设计，或者以上四种之组合，用以识别一个或一群出售者之产品或劳务，以之与其他竞争者相区别。

组成品牌的有关因素有以下几个方面：

（1）品牌名称。品牌名称指品牌中可以用语言称呼，即能发出声音的那一部分。

（2）品牌标记。品牌标记是品牌中可以辨别但不能用语言称呼的那部分，通常是一些符号、图案、颜色、字体等。

（3）商标。商标是指已获得专用权并受到法律保护的整个品牌或品牌中的某一部分。

二、品牌内涵的六层次

现代营销学之父美国菲利普·科特勒（Philip Kotler）认为，品牌从本质上说，是销售者向购买者长期提供的一组特定的特点、利益和服务的许诺。品牌是一个较为复杂的系统，它的内涵包括以下六个层次：

（1）属性。品牌属性是指产品自身的特性，包括那些写在产品说明书上的物理参数、技术参数、性能参数。如，进口奔驰 2010 款 E300 豪华型轿车的技术参数包括：7 档自动、排量 cc2996、最大功率（kW/rpm）170/6000、油耗（L/100km）9.1、最高时速

（km/h）247、驱动方式前置后驱等。这些参数还可以进一步概括为制造精良、耐用性好、高车速等。

（2）利益。品牌利益是指产品能给消费者带来的好处和利益。顾客买的不是属性，他们买的是利益，属性需要转化成利益。如：耐用性——我这几年将不需要购买新车；昂贵——该车使我感到自己很重要和令人羡慕；制造精良——万一出交通事故，我仍然是安全的。

（3）价值。品牌价值实质是产品给消费者提供的一组利益的提炼。这种价值可以是产品对消费者功能上满足的价值，也可以是对消费者情感上满足的价值。如奔驰汽车包含的价值有：高绩效、安全和名声、象征着财富、标志着身份、引导着时尚。它可以满足消费者的心理需求，是购买者对自我价值实现的肯定与证明。

（4）文化。品牌文化是指隐含在品牌中的文化内涵。例如，奔驰车包含德国文化：组织性、效率和高质量，寓意奔驰汽车凝聚着德国严谨的企业管理和先进的技术文化。一般说来，品牌是文化的载体，文化是品牌的灵魂，是凝结在品牌上的物质文化和精神文化的统一。成功的品牌都有其丰富的文化背景。

（5）个性。品牌也反映一定的个性。这就好比具有鲜明特征的人，能够活生生地把自己展现在他人的面前，并且给他人留下深刻的印象。品牌没有个性，犹如人没有特点，容易被忽视和忘记。海尔的品牌个性是"真诚"；沃尔玛的品牌个性是"勤劳、朴实"；可口可乐品牌个性是"年轻、有活力和激情，紧跟时代潮流"。

（6）用户。品牌暗示了购买或使用产品的消费者类型，反映品牌的用户形象。例如，宝马车的消费者定位于成功人士；太太口服液的消费者为富裕阶层的家庭主妇；劳斯莱斯是一种豪华的生活方式、显赫的社会地位代名词，因而它的消费者多为各国政要和顶尖明星。

三、品牌内涵六层次之间的关系

对于一个品牌而言，属性、利益、价值、文化、个性、使用者这六者是一个紧密联系的统一体，同时又隶属于不同的层级。它们之间的具体关系如图8.1所示。

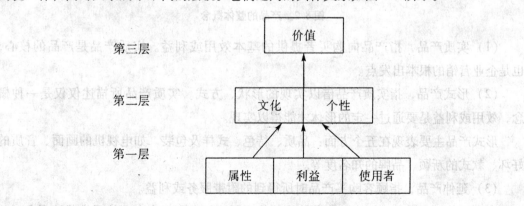

图8.1　品牌内涵六层次的关系

其中，处于第一层次的"属性、利益、使用者"是形成一个品牌的基础。一个品牌如果只具备这三个基本要素，我们称之为浅意品牌，同时具备了六大要素的品牌被称为深意品牌。"文化、个性"属于第二层次，它们是第一层次中三个基本要素的浓缩和提炼。品牌的某些属性或利益象征着一种文化，而品牌的使用者诠释了品牌所代表的个性。处于第三层次的"价值"同时也是品牌六大要素的中心，品牌价值是一个品牌的精髓所在，是其成为深意品牌的关键。品牌价值是在浅意品牌基础上的升华，一个品牌最独一无二且最有价值的部分通常都会表现在核心价值上。比如，沃尔沃的"安全"，诺基亚的"科技，以人为本"，舒肤佳的"有效除菌"，海尔的"真诚到永远"，这些品牌都是依靠其核心价值来获得消费者的认同的。

四、品牌与产品的区别

现代营销学之父菲利普·科特勒把产品定义为："凡能提供给市场以引起人们注意、获取、使用或消费，从而满足某种欲望和需求的一切东西。"这一定义表达的是产品的整体概念，即把产品理解为由实质产品、形式产品和延伸产品三个层次组成的一个整体，如图8.2所示。

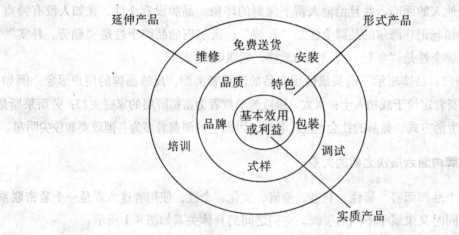

图8.2 产品的整体概念

（1）实质产品，指产品向购买者提供的基本效用或利益。实质产品是产品的核心，也是企业营销的根本出发点。

（2）形式产品，指实质产品借以实现的形状、方式。实质产品所描述仅仅是一种概念，效用或利益是要通过一定的形体才能得以实现。

形式产品主要表现在五个方面：品质、特色、式样及包装。如电视机的画面、音质的好坏、款式的新颖、品牌的知名度等。

（3）延伸产品，指顾客购买产品时所得到的附带服务或利益。

产品整体概念的三个层次，十分清晰地体现了一切以顾客为中心的现代营销观念。一个产品的价值大小，是由顾客决定的，而不是由生产者决定的。因此产品生产者必须要更多地爱他的顾客而不是产品，努力为顾客创造价值。

品牌与产品的区别见表8.1。

表8.1   品牌与产品的区别

差异点	产品	品牌
主要依赖对象	制造商	消费者
表现	物化的	抽象的、综合的
作用	实现交换的物品	与消费者沟通的工具
要素	包括原料、工艺、生产、技术、质量等	标记、形象、个性等
功能和效用	对应特定的功能和效用	包容范围广，不局限于特定的功能和效用
意义	有功能意义	兼有象征意义
关注点	注重价格的	注重价值，追求高附加值
有形/无形	有形资产	无形资产
可模仿性	容易被模仿	独一无二
生命周期	有一定的生命周期	可以经久不衰
可扩展性	从属于某一种类型	可以延伸、兼并和扩展
可积累和传承性	其效应难以积累	其无形资产可以不断积累和增加

第二节　品牌定位真相

品牌定位是品牌营销的基础和关键。只有完成了品牌市场定位后，才能进一步研究制定与之相对应的价格、渠道、促销策略，所以，产品的市场定位是确定市场营销组合的基础，而与之相适应的价格、渠道、促销策略的制定也有助于形成和树立选定的产品市场定位形象。

一、什么是品牌定位

当人们提起可乐，最先联想到的是什么？可口可乐已经成为了可乐品类的最佳代名词。当人们口渴了，想来瓶可乐，最先想起和购买的也正是可口可乐；当人们提起凉茶，最先联想到的是什么？"王老吉"。王老吉也已经成为了凉茶品类的最佳代名词。当人们上火了，想来瓶凉茶，最先想起和购买的正是王老吉凉茶；当人们提起牛仔，就会想到由李奥·贝纳所创造的万宝路男人形象。万宝路品牌，它所代表的是一种"强悍、粗犷、自主"的牛仔形象，它赋予了一种全新的生活方式，一种男人都渴望追求的性感形象。这就是品牌定位的魅力。

全球顶级营销大师、"定位之父"美国的杰克·特劳特认为："所谓定位，就是令你的企业和产品与众不同，形成核心竞争力；对受众而言，即鲜明地建立品牌。"特劳特（中国）品牌战略咨询有限公司总裁邓德隆认为：定位，就是让品牌在消费者的心智中占据最有利的位置，使品牌成为某个类别或某种特性的代表品牌。这样当消费者产生相关需求时，便会将定位品牌作为首选，也就是说这个品牌占据了这个定位。

品牌定位，企业应该根据目标市场上同类品牌或产品的竞争状况，针对消费者对该类产品某些特征或属性的关注程度，进而为企业产品塑造出强而有力、与众不同的鲜明个性，并将其形象生动地传递给消费者，以得到消费者的认知和认同，进而在消费者的心智中抢占一个最为有利的位置。其目的在于为自己的产品创造和培养一定的特色，使其富有鲜明的个性，树立独特的市场形象，以区别于竞争对手，从而满足消费者的某种需要和偏爱。当消费者的某种需要一旦产生，人们首先就会想到某一品牌。品牌定位的本质在于差异化。

二、检验品牌定位的"1 秒钟法则"

在品牌领域，有一个通用的"1 秒钟法则"，即当你说出一个品牌的时候，无论你是不是该品牌的消费者，如果能在 1 秒钟之内说出它的典型特征，那么这个品牌的定位是明确的，个性也是鲜明的。反之，这个品牌的定位是不明确的，个性也不鲜明，表 8.2 为检验品牌定位的"1 秒钟法则"。

表 8.2　　　　　　　　　　　检验品牌定位的"1 秒钟法则"

品牌	反应
肯德基、麦当劳（快餐）	方便、快捷、卫生
奔驰（汽车）	品质与声誉的象征
沃尔玛（超市）	永远的低价格
微软	软件之王
贵州茅台	高品质国宴酒
百度	搜索引擎
海飞丝	专业去屑

三、品牌定位的几个关键点

（一）要考虑产品属性

产品属性是品牌定位的载体。产品是品牌的载体，品牌必须依托于产品，这就决定了在进行品牌定位时必须考虑该品牌下产品的属性，即考虑产品的性质、使用价值（有用性），包括功能、结构、形状、质地、色彩等属性。这是品牌定位的"物资"基础。品牌定位所确定的众多的概念，需要给消费者可解释的理由。产品属性就是概念的载体，离开产品属性的定位只能是空中楼阁。例如，贵州茅台酒在我国白酒中始终占据最高的市场定位，从而为自己的品牌赢得了尊贵的地位。贵州茅台酒 1919 年获得巴拿马国际博览会白酒金奖。红军长征路过茅台镇，又得到了茅台酒的款待。新中国成立以后，茅台酒被周恩来总理亲自点名确定为国宴用酒，从此，贵州茅台就有了不同于其他八大名酒的国酒的尊贵身份。多少年来，不论贵州茅台酒的产量扩大多少倍，始终坚持质量不折不扣。特殊的酿造工艺和酱香型美味，使得贵州茅台酒定位非常明确，市场地位牢固。与贵州茅台酒呈现鲜明对比的北京红星二锅头，是一种在白酒市场上价格最便宜的酒。由于定位明确，产品特点突出，特殊的二锅头工艺成全了特殊的口味，物美价廉就成为红星的品牌定位，并为广大老百姓所喜爱。

（二）要考虑企业的资源条件

企业的资源优势或条件是品牌定位的基本保证。有些品牌的产品，有着独特的资源优势，这种优势是竞争对手所不具备的。比如生产茅台酒的贵州仁怀市茅台镇就坐落在风景秀丽的赤水河畔，特殊的地理位置成就了茅台镇特殊的地理气候。这种气候特别适宜于酿造酱香型白酒的生物菌群繁衍，使茅台酒的生产获得了得天独厚的自然条件。所以，贵州茅台品牌就经国家工商总局商标局特批获准使用地名作注册商标。这样的品牌也就有了独特的资源优势。品牌定位必须要考虑企业的资源条件，要能使企业资源获得优化利用，不要造成资源的闲置和浪费，也不要因资源缺乏陷入心有余而力不足的境地。也就是说，品牌定位要能与企业资源相匹配。如：企业将定位于高档，就要有能力确保产品的品质；定位于国际化品牌，就要有运作全球市场的经营管理人员；品牌定位于尖端产品，就要有相配套的技术。

（三）要有明确的目标群体

目标市场是品牌定位的指南针。企业自己的品牌究竟诉求的是什么样的消费者群体，一定要明确，绝对不能胡子眉毛一把抓。企业通过市场细分发现市场机会，为塑造自己独特的品牌提供客观依据。目标市场的人文特征、社会特征、经济特征、心理特征是影响品牌市场定位的基本因素。市场研究表明，消费者的生活方式、生活态度、心理特性和价值观念逐渐成为市场细分的重要变量，因此目标市场的基本变量是品牌市场定位的立足点和出发点。贵州茅台酒的目标群体是比较尊贵的客人，它是最高档的礼品酒，无论是宴会还是送礼，都能够使人享受到品牌的尊贵。所以茅台酒向来是"买的人不喝，喝的人不买"。相反，红星二锅头实行的是一种非常大众化的品牌定位，就是普通老百姓日常生活的享用品牌。花很少的钱，却能够得到心理的满足和口感的享受，它显示的是普通老百姓作为消费者的精明，实惠而不失尊严。

（四）要有别于竞争者的定位

竞争品牌是品牌定位的后视镜。在今天市场竞争十分激烈的情况下，几乎任何一个细分市场都存在一个或多个竞争者，未被开发的空间越来越少了。在这种情况下，企业在进行品牌定位时更应考虑竞争者的品牌定位，应力图在品牌所体现的个性和风格上与竞争者有所区别，否则消费者易于将后进入企业的品牌视为模仿者而不予信任。例如，在百事可乐最初推向市场时，以挑战者身份使用"Me Too（我也是）"策略。言下之意，你是"真正的可乐"，"我也是"。消费者在心目中产生了模仿者的概念，可口可乐推出"只有'可口可乐'才是真正的可乐"的战略，进一步强化了这一印象，它在提醒消费者，"可口可乐"才是真正的创始者，其他都是仿冒品，给百事可乐以迎头痛击。因此，企业在进行品牌定位时，要突出自己的特色，营造自己品牌的优势，使自己的品牌有别于竞争者品牌。

（五）要考虑企业文化

企业文化是品牌定位的灵魂。没有文化的品牌称不上是品牌，没有文化的品牌也是没有生命力的。品牌文化是企业文化的子文化，品牌文化体现着企业独特的价值理念和企业哲学。因此，只有当企业文化融入品牌，品牌才富有内涵，才能和消费者建立血脉相连的关系，才能赢得市场的认可和客户的忠诚。

（六）要考虑成本效益比

合理的成本效益比是品牌定位的目的。追求经济效益最大化是企业发展的最高目标，任何工作都要服从这一目标，品牌定位也不例外。品牌定位的支出因企业不同、产品不同、定位不同而各有差异。从整体上讲要控制成本，追求低成本效益化，遵循收益大于成本这一原则。收不抵支的品牌定位只能使品牌定位失败。假如将洗碗布定位于高端豪华产品就不合适，那样只会增加产品成本，降低经济效益，因为没有多少人愿意掏高价钱去购买最普通的家庭日常用品。假如一家小型企业为了向客户提供个性化服务，建立庞大的备件和管理体系、呼叫中心、服务工程师队伍、调度调节中心、服务质量管理和监督体系、全国范围的维修站等，结果只能使经营费用大幅提高，不仅不能为企业带来利润，反而会使企业背上沉重的包袱。

（七）定位要清晰、简单

清晰、简单是品牌定位的基本要求。一些人想当然地认为品牌的卖点越多吸引力就越大，消费者就越会购买。殊不知，在大量的品牌信息充斥消费者脑海的时候，唯有简明清晰的定位才能使品牌脱颖而出。因为消费者不喜欢复杂，没有兴趣去记忆很多有关品牌的信息。简单明了的品牌定位有助于消费者的接收、记忆和传播。例如，TCL 的美之声电话——"清晰"，王老吉凉茶——"预防上火"，"金利来领带"——"男人的世界"。"沃尔沃"曾一度把自己定位成可靠、奢华、安全、开起来好玩的车，结果造成了消费者混乱的认知，后来修正定位，只讲"安全"，从而形成现在一提起最安全的车就想到沃尔沃。

（八）品牌定位要相对稳定

定位一旦有了，不要经常换，至少要坚持 3～5 年。如果年年换，就等于没有定位。也无法形成竞争优势。比如，沃尔沃年年换一个定位，今年是安全，明年是乐趣，后年又是尊贵，其定位效果必然受到影响。

定位确实需要更新的时候，一定要把延续和创新相结合。比如，雀巢以前一直讲"好品质"，但现在又开始说"好生活"。但广告语变化不大，以前是"选品质选雀巢"，现在逐步引入"好食品，好生活"，这就是典型的将延续和创新有机结合的表现。

小链接

四大案例——杰克·特劳特定位理论实践应用

赢得可乐大战

20 世纪 80 年代，特劳特把"七喜"汽水重新定位为"不含咖啡因的非可乐"，此举痛击了可口可乐与百事可乐，使七喜汽水一跃成为仅次于可口可乐与百事可乐之后的美国饮料业的第三品牌。

帮助 IBM 成功转型

20 世纪 80 年代以来，IBM 在 IT 业内被众多的专业级对手所肢解，硬件被康柏、戴尔、苹果打败，软件被微软、甲骨文打败，芯片被英特尔打败，工作站被太阳打败。1991年亏 28 亿美元，1993 年亏 81 亿美元。IBM 向何处去？特劳特根据 IBM 电脑产品线长的特点，为 IBM 品牌重新定位为"集成电脑服务商"，这一战略使得 IBM 成功转型，走出困境，2001 年的净利润高达 77 亿美元。

使莲花公司绝处逢生

"莲花 1-2-3"试算表在软件业获取成功后，遭遇了微软 Excel 的攻击，莲花公司面临绝境。特劳特选择了其新产品 Notes，重新定位为群组软件，用来解决联网电脑上的同步运算。此举使莲花公司重获生机，并凭此赢得 IBM 青睐，卖出了 35 亿美元的价值。

造就美国最值得尊敬的公司

当美国所有航空公司都效仿美国航空公司的时候，特劳特协助客户西南航空重新定位为"单一舱级"的航空品牌，以针对美国航空的多级舱位和多重定价。很快，西南航空从一大堆跟随者中脱颖而出，1997 年起连续了 5 年被《财富》评为"美国最值得尊敬的公司"。

成功狙击全球石油巨头

在西班牙，当国家石化机构转型为私营企业的时候，特劳特为新生的公司 Repsol 制定了三重定位的多品牌战略，推出以汽车、服务、价格为区隔方向的品牌，有效地防御了壳牌、美孚、BP 等国际巨头的进入。目前，Repsol 在西班牙占有 50% 的石油市场，成为西班牙最大的石油商。

资料来源：京华时报，2002-10-11.

第三节　品牌定位的步骤

　　定位，就是使品牌实现区隔。今天，消费者面临着太多的选择，经营者要么想办法做到差异化定位，要么就定一个很低的价钱，否则，企业很难生存。其中的关键之处，在于能否使品牌形成自己的区隔，在某一方面占据主导地位。杰克·特劳特认为，企业一定要切实地厘清自己的区隔，并按照以下四个步骤来建立定位：分析竞争环境、寻找区隔概念、找到支持点、传播与应用。参照杰克·特劳特的观点，本书提出品牌定位的四个步骤，如图8.3所示。

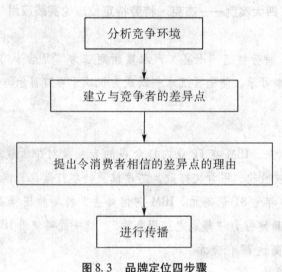

图8.3　品牌定位四步骤

一、分析竞争环境

　　企业不能在真空中建立区隔，周围的竞争者们都有着各自的概念，企业得切合行业环境实际才行。竞争环境分析方法主要有以下两种：

　　（一）五种竞争力量分析模型

　　借助美国哈佛商学院迈克尔·波特教授于20世纪80年代初提出的5种竞争力量模型，它们是：新进入者威胁、行业中现有企业的竞争、替代产品的威胁、供应商和购买者的讨价还价能力。该模型主要用来帮助企业了解自己所在行业的竞争状况，如：竞争力量的来源、强度、影响因素等。该模型的基本逻辑为，企业行为主要受其所在行业市场竞争强度的影响。竞争强度取决于市场上存在的五种基本力量，正是五种力量的联合强度，影响和决定了企业在行业中的最终盈利潜力。所以，研究企业战略，就是通过对其所处的经营环境进行分析，了解企业所面临的五种竞争力量情况，以采取相应的竞争性行动，削弱五种竞争力量的影响，增强自身的竞争实力与地位，从而保持良好的盈利状态，在竞争中获得主动权。图 8.4 为五种竞争力量分析模型。

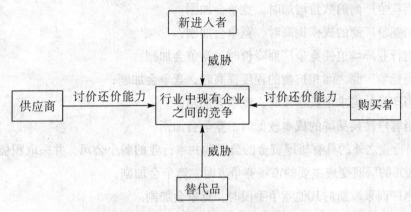

图 8.4　五种竞争力量分析模型图

1. 新进入者的威胁

新进入者在给行业带来新的生产能力、新资源的同时，希望在已被现有企业瓜分完毕的市场中赢得一席之地，这就有可能会与现有企业发生原材料与市场份额的竞争，最终导致行业中现有企业盈利水平降低，严重的话还有可能危及这些企业的生存。新进入者威胁的严峻性取决于一家新企业进入该行业的障碍大小（即进入壁垒）与预期现有企业对于进入者的反应情况。

进入市场的壁垒通常有以下几种：

（1）规模经济；

（2）关键技术或专业技能；

（3）消费者品牌偏好和客户忠诚度；

（4）资源要求（如冶金业对矿产的拥有）；

（5）销售渠道开拓；

（6）政府政策（如国家综合平衡统一建设的石化企业）；

（7）关税及国际贸易方面的限制。

行业的进入壁垒越高，新进入者的进入能力就越低。

预期现有企业对进入者的反应情况，主要是采取报复行动的可能性大小，则取决于有关厂商的财力情况、报复记录、固定资产规模、行业增长速度等。

2. 竞争威胁

竞争威胁是指行业中厂商之间的竞争水平以及竞争的激烈程度。行业内的竞争通过降低企业的绩效威胁各企业。

竞争威胁是五种力量中最强大的。为了赢得市场地位和市场份额，他们通常不惜代价。在有些行业中，竞争的核心是价格；在有些行业中，价格竞争很弱，竞争的核心在于产品或服务的特色、新产品革新、质量和耐用度、保修、售后服务、品牌形象。

以下一些情况会使竞争加剧：

（1）当竞争厂商的数量增加时，竞争会加剧；

（2）当竞争厂商的规模提高时，竞争会加剧；

（3）当行业环境迫使竞争厂商降价时，竞争会加剧；

（4）当竞争厂商之间相抗衡的程度提高时，竞争会加剧；

（5）当产品的需求增长缓慢时，竞争会加剧；

（6）当客户转换品牌的成本较低时，竞争会加剧；

（7）当行业之外的具有雄厚资金的公司购并本行业的弱小公司，并采取积极的行动试图将其新购并的厂商变成主要的市场竞争者时，竞争会加剧；

（8）当厂商采取新的其他竞争手段时，竞争会加剧。

评估竞争的激烈程度，关键是准确判断公司间的竞争会给盈利能力带来多大的压力。如果竞争行动降低了行业的利润水平，那么可以认为竞争是激烈的；如果绝大多数厂商的利润都达到了可接受的水平，竞争为一般程度；如果行业中的绝大多数公司都可以获得超过平均水平的投资回报，则竞争是比较弱的，具有一定的吸引力。

3. 替代品的威胁

替代品是指那些与客户产品具有相同功能的或类似功能的产品。某个行业的竞争厂商常常会因为另外一个行业的厂商能够生产很好的替代品而面临竞争。如汽车运输会受到铁路运输、水路运输的竞争，玻璃瓶生产商会受到塑料瓶和金属罐厂商的竞争，书籍会受到互联网信息和知识性网站的竞争。

决定替代品竞争压力大小的因素主要有：

（1）是否可以获得价格上有吸引力的替代品？容易获得并且价格上有吸引力的替代品往往会产生竞争压力。如果替代品的价格比行业产品的价格低，那么行业中的竞争厂商就会遭遇降价的竞争压力。

（2）在质量、性能和其他一些重要的属性方面的满意度如何？替代品的易获得性不可避免地刺激客户去比较彼此的质量、性能和价格，这种压力迫使行业中的厂商加强攻势，努力说服购买者相信它们的产品有着卓越的品质和有益的性能。

（3）购买者转向替代品的成本。最常见的转换成本有：可能的额外价格、可能的设备成本、测试替代品质量和可靠性的时间和成本、断绝原有供应关系建立新供应关系的成本、转换时获得技术帮助的成本、员工培训成本等。如果转换成本很高，那么替代品的生产商就必须提供某种重要的性能或利益，来诱惑原来行业的客户脱离老关系。

一般说来，替代品的价格越低，质量和性能越高，购买者的转换成本就越低，替代品所带来的竞争压力就越大。如，我国现在网上音乐下载相当便宜，对唱片出版商形成了极大的威胁。

4. 供应商的讨价还价能力

供应商影响一个行业竞争者的主要方式是提高价格（以此榨取买方的盈利），降低所提供产品或服务的质量。一旦供应商拥有足够的谈判权，在定价、所供应的产品的质量和性能或者交货的可靠度上有很大的优势时，这些供应商就会成为一种强大的竞争力量。

在下列情况下，供应商有较强的讨价还价能力：

（1）集中化程度高。供应商所处行业由少数几家企业控制，其集中化程度高于购买商行业的集中程度。这时，供应商能够在价格、质量的条件上对购买商施加较大的影响。

（2）无须与替代商品进行竞争。供应商如果存在着与替代商品的竞争，即使供应商再强大有力，他们的竞争能力也会受到牵制。

（3）商品差别化。供应商的商品是有差别的，并且建立起了很高的转换成本。购买者如果从其他渠道进货就会支付高额转换成本，此时，供应商的讨价还价能力较强，而购买者只能接受。

（4）下游企业多。对供应商来说，如果供应商向多个企业销售商品且每个企业的采购在其销售额中所占比例都不是很大时，供应商更易于应用他们讨价还价的能力。反之，如果某个行业或企业是供应商的重要客户，供应商就会为了自己的发展而会在价格上比较公道，也会通过研究与开发、疏通渠道等活动来保护下游的行业或企业。

（5）前向一体化。供应商实行前向一体化后，购买商所在行业若想在购买条件上讨价还价，就会遇到困难。例如汽车制造企业都要自销汽车，则会对汽车经销企业构成很大的威胁。

5. 购买者的讨价还价能力

与供应商一样，购买者也能够为行业盈利性造成威胁。购买者能够强行压低价格，或要求更高的质量或更多的服务。为达到这一点，他们可能使生产者互相竞争，或者不从任何单个生产者那里购买商品。购买者一般可以归为工业客户或个人客户，购买者的购买行为与这种分类方法是一般是不相关的。有一点例外：工业客户是零售商，他可以影响消费者的购买决策，这样，零售商的讨价还价能力就显著增强了。

在下列情况下，购买者有较强的讨价还价能力：

（1）买方相对集中并且大量购买。如果买方所处行业的集中程度高，由几家大公司控制，这就会提高买方的地位。这种情况在商业领域很少出现，因为商业企业面对的主要是成千上万的个人消费者，他们的讨价还价能力较低。在生产资料流通行业，买方主要是生产企业，可能会出现买方讨价还价能力高于生产资料流通企业的局面。

（2）产品的标准化程度。产品标准化程度越高，且购买者对产品的质量性能要求并不高时，购买者选择的范围就越大，竞争力就越强。

（3）买方的行业转换成本低。高的转换成本将使买方固定在特定的供应商身上。相反，低转换成本使买方对卖方的依赖程度减轻，买方的讨价还价能力加强。

（4）后向一体化。买方有采用后向一体化对供应商构成威胁的倾向，他们宁愿自己生产而不去购买。

（5）买方掌握供应商的充分信息。这样，买方便会在交易中享有优惠价格，而且在受到供应商威胁时可以进行有力的反击。

（二）竞争对手分析

竞争对手分析包含两个步骤：选择竞争对手；竞争对手要素分析。

1. 选择竞争对手

（1）选择目前重要的竞争对手。

（2）预测潜在的竞争对手。以下类型的企业可能成为潜在的竞争对手：

①不在本行业但是可以不费力气便可克服进入壁垒的公司；

②进入本行业便可获得协同效应的公司；

③其战略的延伸必将导致可加入本行业竞争的公司；

④可能前向整合或后向整合的客户或经销商；

⑤被收购的弱小公司。

2. 竞争对手要素分析

在确立了重要的竞争对手以后，就需要对每一个竞争对手的下列要素作出尽可能深入、详细的分析。这些要素有：市场占有率分析、财务状况分析、产能利用率分析、创新能力分析和领导人分析。

（1）市场占有率分析。市场占有率通常用企业的销售量与市场的总体容量的比例来表示。

进行竞争对手市场占有率分析的目的是明确竞争对手及本企业在市场上所处的位置。分析市场占有率不但要分析行业中竞争对手及本企业总体的市场占有率的状况，还要分析细分市场竞争对手的占有率的状况。

分析总体的市场占有率是为了明确本企业和竞争对手相比在企业中所处的位置是什么，是市场的领导者、跟随者还是市场的参与者。

分析细分市场的市场占有率是为了明确在哪个市场区域或是哪种产品是具有竞争力的，在哪个区域或是哪种产品在市场竞争中处于劣势地位，从而为企业制定具体的竞争战略提供依据。

（2）财务状况分析。竞争对手财务状况的分析主要包括盈利能力分析、成长性分析和负债情况分析等。

①竞争对手盈利能力分析。盈利能力通常采用的指标是利润率。比较竞争对手与本企业的利润率指标，并与行业的平均利润率比较，判断本企业的盈利水平处在什么样的位置。同时要对利润率的构成进行分析。主要分析主营业务成本率、营业费用率、管理费用率以及财务费用率。看哪个指标是优于竞争对手的，哪个指标比竞争对手高，从而采取相

应的措施提高本企业的盈利水平。比如，本企业的营业费用率远高于竞争对手的营业费用率。这里就要对营业费用率高的具体原因作出详细的分析。营业费用包括：销售人员工资、物流费用、广告费用、促销费用以及其他（差旅费、办公费等）。通过对这些具体项目的分析找出差距，并且采取相应的措施降低营业费用。

②竞争对手的成长性分析。主要分析的指标是产销量增长率、利润增长率。同时对产销量的增长率和利润的增长率作出比较分析，看两者增长的关系，是利润的增长率快于产销量的增长率，还是产销量的增长率快于利润的增长率。一般来说利润的增长率快于产销量增长率，说明企业有较好的成长性。但在目前的市场状况下，企业的产销量增长，大部分并不是来自自然的增长，而主要是通过收购兼并的方式实现。所以经常也会出现产销量的增长率远大于利润的增长率的情况。所以在作企业的成长性分析的时候，要进行具体的分析，剔除收购兼并因素的影响。

③资产负债率的分析。资产负债率是衡量企业负债水平及风险程度的重要标志。

一般认为，资产负债率的适宜水平是40%～60%。对于经营风险比较高的企业，为减少财务风险，应选择比较低的资产负债率；对于经营风险低的企业，为增加股东收益，应选择比较高的资产负债率。

在分析资产负债率时，可以从以下几个方面进行：

从债权人的角度看，资产负债率越低越好。资产负债率低，债权人提供的资金与企业资本总额相比，所占比例低，企业不能偿债的可能性小，企业的风险主要由股东承担，这对债权人来讲，是十分有利的。

从股东的角度看，他们希望保持较高的资产负债率水平。站在股东的立场上，可以得出结论：在全部资本利润率高于借款利息率时，负债比例越高越好。

从经营者的角度看，他们最关心的是在充分利用借入资本给企业带来好处的同时，尽可能降低财务风险。

（3）竞争对手的产能利用率分析。产能利用率是一个很重要的指标，尤其是对于制造企业来说，它直接关系到企业生产成本的高低。产能利用率是指企业发挥生产能力的程度。很显然，企业的产能利用率高，则单位产品的固定成本就相对低。所以要对竞争对手的产能利用率情况进行分析。

分析的目的，是为了找出与竞争对手在产能利用率方面的差距，并分析造成这种差距的原因，有针对性地改进本企业的业务流程，提高本企业的产能利用率，降低企业的生产成本。

（4）竞争对手的创新能力分析。目前企业所处的市场环境是一个超竞争的环境。所谓超竞争环境是指企业的生存环境在不断变化着。在这样的市场环境下，很难说什么是企业的核心竞争力。企业只有不断地学习和创新，才能适应不断变化的市场环境。所以学习和创新成了企业的主要的核心竞争力。

对竞争对手学习和创新能力的分析，可以从如下的几个指标来进行：

推出新产品的速度，这是检验企业科研能力的一个重要的指标。

科研经费占销售收入的百分比，这体现出企业对技术创新的重视程度。

销售渠道的创新。主要看竞争对手对销售渠道的整合程度。销售渠道是企业盈利的主要的通道，加强对销售渠道的管理和创新，更好地管控销售渠道，企业才可能在整个的价值链中（包括供应商和经销商）分得更多的利润。

管理创新。在我国，企业的管理水平一直处于一种不高的层次上。随着市场竞争的愈演愈烈，企业只有不断提高自身的管理水平，进行管理的创新，才能不被激烈的市场竞争所淘汰。

通过对竞争对手学习与创新能力的分析，找出本企业在学习和创新方面存在的差距，提高本企业的学习和创新的能力。只有通过不断学习和创新，才能打造企业的差异化战略，提高企业的竞争水平，以获取高于行业平均利润的超额利润。

（5）对竞争对手的领导人进行分析。领导者的风格往往决定了一个企业的企业文化和价值观，是企业成功的关键因素之一。一个敢于冒险、勇于创新的领导者，会对企业作大刀阔斧的改革，会不断为企业寻求新的增长机会；一个性格稳重的领导者，会注重企业的内涵增长，注重挖掘企业的内部潜力。所以研究竞争对手的领导人，对于掌握企业的战略动向和工作重点有很大的帮助。

对竞争对手领导人的分析包括：姓名、年龄、性别、教育背景、主要的经历、培训的经历、过去的业绩等等。通过这些方面的分析，全面了解竞争对手领导人的个人素质，分析他的这种素质会给他所在的企业带来什么样的变化和机会。此外，还要分析竞争对手主要的领导人的变更情况，分析领导人的更换为企业的发展所带来的影响。

二、建立与竞争者的差异点

建立与竞争者的差异点，就是要打造自己在市场上的差异性。现代企业为了在激烈的竞争中存活，必须发展与其他企业不尽相同的生存能力和技巧，必须懂得任何优势都来自于差异的道理，找到最能发挥自己作用的位置，从而发现生存和发展空间。企业在有限的资源条件下，为取得最大的竞争优势，要求企业在产品质量、价格或者服务、促销等方面创造差异化，突出企业的个性，充分利用内外部资源，达到降低成本、提高竞争力的目的。一般而言，企业可以从很多的角度寻求差异化，这具体表现在产品、服务、销售通路和企业形象四大方面，比如，一种独特的口味（比萨饼）、名望和特异性（劳力士手表）、可靠的服务（联邦捷运公司的隔夜快递业务）、及时提供备用零件（卡特皮勒公司保证向全球各地的任何一个客户提供 48 小时备用零件的送货和免费安装）、物超所值（麦当劳和沃尔玛）、工程设计和性能卓越（奔驰汽车）、产品可靠性高（强生公司婴儿产品）、高质量的制造（本田汽车）、技术领导地位（索尼公司的新产品）、全系列的服务（海尔的星级服务）等。又比如，就饮料来说，王老吉把自己定位于"预防上火的饮料"，与其他饮料成功区隔。碳酸饮料——可口可乐；果汁——汇源；矿泉水——乐百氏、康师傅；功能性饮料——红牛；天然水——农夫山泉；纯净水——娃哈哈。

最具吸引力的差异化方式是那些竞争对手模仿起来难度很大或代价高昂的方式。事实上，资源丰富的公司几乎都能够适时地仿制任何一种产品或者特色与属性。这就是为什么持久的差异化优势通常要建立在独特的内部能力和核心能力的基础上的原因。差异化战略的核心价值是：通过建立领先于竞争对手的独特优势，更好地满足某个细分市场顾客的需求，并获得额外收益。

三、提出令消费者相信的差异点的理由

建立了与竞争者的差异点，你还要找到其支持点，让它真实可信。差异点绝不是一个概念或者噱头，应该是顾客的真实价值，应该通过产品和品牌行为体现出来、支撑起来，任何一个与竞争者的差异点都必须有据可依。比如：曾经负债累累的 IBM 凭着为顾客提供集成服务而成功实施了战略转型，这是以 IBM 的规模和多领域的技术优势为基础的——它们是 IBM 天然的支持点；"宽轮距"的庞帝克（Pontiac）的轮距就比其他汽车更宽；可口可乐是"正宗的可乐"，这是因为它就是可乐的发明者……差异点不是空中楼阁，消费者需要你证明给他看，你必须能支撑起自己的差异点。

四、进行传播

并不是说建立了与竞争者的差异点，就是找到了支持点，就可以等着顾客上门了。最终，企业要靠传播才能将差异点植入消费者心中，并在应用中建立起企业的定位。一方面，企业要在每一方面的传播活动中都尽力体现出差异点；另一方面，只有当差异点被别人接受，又在企业研发、生产、销售、服务各环节得到深入贯彻，才可以说已经为品牌建立了自己的清晰定位。传播的方式主要有：广告、公共关系、销售促进和人员推销。企业在实际运用中要灵活采用更有针对性的形式与消费者达成情感、心灵的深层次沟通。

小链接

美国米雪罗淡啤酒的品牌定位三部曲

美国安氏公司是一家知名度很高的啤酒企业，旗下有米雪罗、百威及布希三种品牌的啤酒，其中百威在日本的影响最大。1988 年，日本的阿萨喜和麒麟均向美国大量出口淡啤酒。虽然一开始只针对日本餐厅，但安氏公司知道他们很快就会全面推广，因此必须赶在日本人大举占领市场之前推出自己的品牌。于是，安氏公司派出品牌主管等一组人到日本进行市场调研，并得出如下结论：①消费者正需要一种新的、更刺激的啤酒；②消费者对淡啤酒感到十分好奇（味道怎样？口感如何？）；③消费者了解"淡"在葡萄酒或香槟

酒上的意思，但不了解淡啤酒是怎么一回事；④嗜好啤酒的人急欲知道更多有关淡啤酒的信息。

安氏公司认为消费者的好奇心会有利于淡啤酒的销售和相关品牌的创建。市场的正面反应和日本淡啤酒成功的先例，加上美国人一向喜欢尝试新鲜事物，促进安氏公司决定推出自己的淡啤酒，向市场全面出击。那么用什么品牌？用旧品牌还是再创一个品牌？如果用旧品牌，应该选择哪一个？安氏公司经过认真分析，决定选用米雪罗作为淡啤酒的牌子，主要原因是：①淡啤酒是美国市场的新产品类别，风险大，投资多，需要一个稳健的品牌名称作支撑；②日本淡啤酒的品牌定位与具有上流形象的米雪罗系列相吻合；③米雪罗淡啤酒与百威啤酒都有可能受消费者欢迎，但如果百威先行推出，可能会因为其强大的市场影响力及消费者的高品牌忠诚度，增加米雪罗淡啤酒的销售难度；④安氏公司急需改善米雪罗系列产品的销售状况，因为米雪罗从1981年起销量一直在下降，推出淡啤酒可能会重振这个品牌。

通过市场调查，安氏公司为米雪罗淡啤酒选定了目标市场：①受过中等以上教育的年轻人，有上流社会的品位；②女性（喜欢饮用后不残留口味）；③喜欢喝口味清淡啤酒的人。

1988年9月米雪罗淡啤酒在全美上市，一年之后占领了83%的淡啤酒市场。此后两年，安氏又推出百威淡啤酒，深受消费者欢迎。1990年底，安氏旗下两大品牌拿下了美国淡啤酒市场94%的份额，几乎垄断美国市场。

安氏公司用旧品牌推出新产品，借新产品重振旧品牌的案例，基本上涵盖了品牌定位的全过程，即明确自身潜在的竞争优势，准确选择竞争优势和目标市场，通过一定手段向市场推广，这就是品牌定位的"三部曲"。

资料来源：中国酒业新闻网（http：//www.cnwinenews.com），乔春洋。

第四节　品牌定位策略

在产品越来越同质化的今天，要想成功打造一个品牌，品牌定位已是举足轻重。品牌定位是技术性较强的策略，离不开科学严密的思维，必须讲究方法。品牌定位策略通常有以下种类：

一、产品功效定位

消费者购买产品主要是为了获得产品的使用价值，希望产品具有所期望的功能、效果和效益。产品功效定位是以强调产品的功效为诉求内容。很多产品具有多重功效，定位时向顾客传达单一的功效还是多重功效并没有绝对的定论，但由于消费者能记住的信息是有限的，往往只对某一强烈诉求容易产生较深的印象，因此，向消费者承诺一个功效点的单一诉求更能突出品牌的个性，获得成功的定位。如以下产品的品牌定位分别是：海飞丝是"去头屑"；飘柔是使头发"柔顺"；潘婷是使头发"营养健康"；舒肤佳强调"有效去除细菌"；沃尔沃汽车定位于"安全"；王老吉是"预防上火"的饮料。

二、产品品质定位

品质定位是以产品优良的或独特的品质作为诉求内容，如"好品质"、"天然出品"等，以面向那些主要注重产品品质的消费者。适合这种定位的产品往往实用性很强，必须经得起市场考验，能赢得消费者的信赖。如蒙牛高钙奶宣扬"好钙源自好奶"；康佳彩电强调"专业制造，国际品质"。企业诉求制造产品的高水准技术和工艺也是品质定位的主要内容，体现出"工欲善其事，必先利其器"的思想，如乐百氏纯净水的"27层净化"让消费者至今记忆深刻，长富牛奶宣传的"全体系高端标准奶源，全程序高端标准工艺，纯品质完成真口味"给人以不凡的品质印象。

三、产品情感定位

该定位是为消费者提供情感利益作为诉求内容，将人类情感中的关怀、牵挂、思念、温暖、怀旧和爱等情感内涵融入品牌，使消费者在购买、使用产品的过程中获得这些情感体验，从而唤起消费者内心深处的认同和共鸣，最终形成对品牌的喜爱和忠诚。浙江纳爱斯的雕牌洗衣粉，借用社会关注资源，在品牌塑造上大打情感牌，其创造的"下岗片"，就是较成功的情感定位策略："妈妈，我能帮您干活啦"的真情流露引起了消费者内心深处的震颤以及强烈的情感共鸣，自此，纳爱斯雕牌更加深入人心；丽珠得乐的"其实男人更需要关怀"也是情感定位策略的绝妙运用；哈尔滨啤酒"岁月流转，情怀依旧"的品牌内涵让人勾起无限的岁月怀念。松下"爱妻号"洗衣机以其充满温馨味道的商品名将产品定位于丈夫送洗衣机给妻子、为妻子减轻家务负担，一进入市场便取得巨大的成功，在经历了1995—1998年的快速增长后，1998年达到了75万台的产量。

四、产品质量/价格定位

该策略是指将质量和价格结合起来构筑品牌识别。质量和价格通常是消费者最关注的要素，人们都希望买到质量好、价格适中或便宜的物品。因而实际中，这种定位往往表现宣传产品的价廉物美和物有所值。戴尔电脑采用直销模式，降低了成本，并将降低的成本让渡给顾客，因而戴尔电脑总是强调"物超所值，实惠之选"；雕牌用"只选对的，不买贵的"暗示雕牌的实惠价格；施奈德树脂镜片提出"攀登品质高峰"；奥克斯空调告诉消费者"让你付出更少，得到更多"；"巧手"洗衣粉提出"以质取胜，价格公道"。这些都是既考虑了质量又考虑了价格的定位策略。

五、企业理念定位

企业理念定位就是企业用自己的具有鲜明特点的经营理念和企业精神作为品牌的定位诉求，体现企业的内在本质。一个企业如果具有正确的企业宗旨、良好的精神面貌和经营哲学，那么，企业采用理念定位策略就容易树立起令公众产生好感的企业形象，借此提高品牌的价值，光大品牌形象。如"IBM 就是服务"是美国 IBM 公司的一句响彻全球的口号，是 IBM 公司经营理念的精髓所在；金娃的"奉献优质营养，关爱少儿长远身心健康"，使家长觉得金娃是一个有责任心与爱心的品牌，从而对金娃产生认同。飞利普的"让我们做得更好"，诺基亚的"科技以人为本"，TCL 的"为顾客创造价值"，招商银行的"因您而变"，海尔的"真诚到永远"等都是企业理念定位的典型代表。

六、自我表现定位

该定位通过表现品牌的某种独特形象和内涵，让品牌成为消费者表达个人价值观、审美情趣、个性、生活品位、心理期待的一种载体和媒介，使消费者获得一种自我满足和自我陶醉的快乐感觉。果汁品牌"酷儿"的"代言人"大头娃娃，右手叉腰，左手拿着果汁饮料，陶醉地说着"QOO"。这个有点儿笨手笨脚却又不易气馁地蓝色酷儿形象正好符合儿童"快乐、喜好助人但又爱模仿大人"的心理；小朋友看到酷儿就像看到了自己，因而博得了小朋友的喜爱。浪莎袜业锲而不舍地宣扬"动人、高雅、时尚"的品牌内涵，给消费者一种表现靓丽、妩媚、前卫的心理满足。夏蒙西服定位于"007 的选择"对渴望勇敢、智慧、酷美和英雄的消费者极具吸引力。

七、高级群体定位

企业可借助群体的声望、集体概念或模糊数学的手法，打出入会限制严格的俱乐部式的高级团体牌子，强调自己是这一高级群体的一员，从而提高自己的地位形象和声望，赢得消费者的信赖。美国克莱斯勒汽车公司宣布自己是美国"三大汽车公司之一"，使消费者感到克莱斯勒和第一、第二一样都是知名轿车了，从而收到了良好的效果。利君沙、雕牌、冷酸灵都打出"中国驰名商标"的口号，给人深刻的印象；升达地板、艾美特电风扇、恒源祥羊绒衫强调"国家免检产品"，增强了消费者对公司产品的信赖感。

八、首席定位

首席定位即强调品牌在同行业或同类中的领导性、首创性、专业性地位，把品牌塑造成专家、开山老祖、权威正宗等身份，如宣称"销量第一"。在现今信息爆炸的社会里，消费者对大多数信息毫无记忆，但对领导性、首创性、专业性的品牌印象较为深刻。如百威啤酒宣称是"全世界最大，最有名的美国啤酒"，双汇强调"开创中国肉类品牌"，波导手机宣称"连续三年全国销量第一",雅戈尔宣称是"衬衫专家",这些都是首席定位策略的运用。全球第一中文搜索百度、凉茶"始祖"王老吉、全球第一碳酸饮料可口可乐也都是首席定位策略的表现。

九、消费群体定位

该定位直接以产品的消费群体为诉求对象,突出产品专为该类消费群体服务,来获得目标消费群的认同。把品牌与消费者结合起来,有利于增进消费者的归属感,使其产生"我自己的品牌"的感觉。如金利来定位于"男人的世界",太太口服液的口号是"十足女人味",百事可乐的口号是"青年一代的可乐",水木年华的口号是"专业学生品牌"。

十、文化定位

将文化内涵融入品牌,形成文化上的品牌识别,文化定位能大大提高品牌的品位和附加价值,使品牌形象更加独具特色。产品的功能与属性很容易被竞争对手模仿,而品牌的文化内涵却是竞争对手无法模仿的。伟大的哲学家尼采曾经说过:"当婴儿第一次站起来的时候,你会发现,使他站起来的不是他的肢体,而是他的头脑。"而同样对于一个企业能否强大,从根本上讲,不是光靠企业的资产规模,也不是光靠企业的员工数量,而是靠企业所蕴含的内在文化内涵。因此,我们可以把企业文化视为企业或品牌的头脑。

中国文化源远流长,国内企业要予以更多的关注和运用,目前已有不少成功的案例。珠江云峰酒业推出的"小糊涂仙"酒,就成功地实施了文化定位,他们借"聪明"与"糊涂"反衬,将郑板桥的"难得糊涂"的名言融入酒中,由于把握了消费者的心理,将一个没什么历史渊源的品牌运作得风生水起;金六福酒实现了"酒品牌"与"酒文化"的信息对称,把在中国具有亲和力与广泛群众基础的"福"文化作为品牌内涵,与老百姓的"福文化"心理恰巧平衡与对称,使金六福品牌迅速崛起。

十一、类别定位

该定位就是与某些知名而又属司空见惯类型的产品作出明显的区别,或给自己的产品定为与之不同的另类,这种定位也可称为与竞争者划定界线的定位。如美国的七喜汽水之所以能成为美国第三大软性饮料,就是由于采用了这种策略,宣称自己是"非可乐"型饮料,是代替可口可乐和百事可乐的消凉解渴饮料,突出其与两"乐"的区别,因而吸引了相当部分的"两乐"的转移者。又如娃哈哈出品的"有机绿茶"与一般的绿茶构成显著差异,江苏雪豹日化公司推出的"雪豹生物牙膏"与其他的牙膏形成区别,也都是类别定位策略的运用。

十二、比附定位

比附定位就是攀附名牌,以借名牌之光而使自己的品牌生辉。它主要有两种形式:

①甘居第二，即明确承认同类中另有最负盛名的品牌，自己只不过是第二而已。这种策略会使人们对公司产生一种谦虚诚恳的印象，相信公司所说是真实可靠的。如蒙牛乳业启动市场时，宣称"做内蒙古第二品牌"、"千里草原腾起伊利集团、蒙牛乳业……我们为内蒙古喝彩"。②攀龙附凤，其切入点亦如上述，承认同类中某一领导性品牌，本品牌虽自愧弗如，但在某地区或在某一方面还可与它并驾齐驱，平分秋色，并和该品牌一起宣传。如内蒙古的宁城老窖，宣称是"宁城老窖——塞外茅台"。

十三、情景定位

情景定位是将品牌与一定环境、场合下产品的使用情况联系起来，以唤起消费者在特定的情景下对该品牌的联想，从而产生购买欲望和购买行动。雀巢咖啡的广告不断提示在工作场合喝咖啡，会让上班族口渴、疲倦时想到雀巢；喜之郎果冻在广告中推荐"工作休闲来一个，游山玩水来一个，朋友聚会来一个，健身娱乐来一个"，让人在快乐和喜悦的场合想起喜之郎。

十四、生活情调定位

生活情调定位是使消费者在产品使用过程中能体会出一种良好的令人惬意的生活气氛、生活情调、生活滋味和生活感受，而获得一种精神满足，该定位使产品融入消费者的生活中，成为消费者的生活内容，使品牌更加生活化。如青岛纯生啤酒的"鲜活滋味，激活人生"给人以奔放、舒畅和激扬的心情体验；美的空调的"原来生活可以更美的"给人以舒适、惬意的生活感受；云南印象酒业公司推出印象干红的广告语"有效沟通，印象干红"，赋予品牌在人际交往中获得轻松、惬意的交流氛围，从而达到有效沟通的效果。

十五、概念定位

概念定位是从人们的生产、生活实际中发现、发掘或发明一种概念，借助现代传媒技术，将一种新的消费概念向消费者宣传推广，赋予企业或产品以丰富的想象内涵或者特定的品位，从而引起消费者的关注与认可，并最终唤起消费者产生购买欲望。该类产品可以是以前存在的，也可是新产品。概念定位成功的案例是"脑白金"。脑白金的广告词"今年过节不收礼，收礼只收脑白金"目前已家喻户晓。脑白金从1999年9月投放电视广告以来，已成为保健品市场的增长速度最快的企业，销量节节上升，并在2001年1月实现了一个月销售额达到2亿元。脑白金避开保健品必需的功效诉求，不断强化"收礼只收脑白金"，脑白金一度成为城市居民重大节日送礼的首选产品，甚至后来被演绎到网络和春节联欢晚会，成为保健品界最流行的不是卖点的卖点。以下为一些保健品企业及其广告"送礼"诉求点。黄金搭档："有多少亲朋好友，就送多少黄金搭档"；鹰牌花旗参："送礼认准这只鹰";椰岛鹿龟酒:"椰岛鹿龟酒,父亲的补酒!";静心口服液:"静心买来送给妈";昂立多邦:"每逢佳节倍思亲,送礼更有礼";彼阳牦牛骨髓壮骨粉:"说得有礼,送的好礼";三株口服液:"送礼送健康";红桃K:"打工归来,红桃K献亲人"。

在市场竞争日趋白热化的今天,企业如果能够找到有效的品牌定位策略,将有助于企业或品牌迅速进入到消费者的心智阶梯,并在未来的市场竞争中抢占一席之地。

思考题

1. 结合自己熟悉的一个品牌来解读品牌内涵的六个层次。

2. 为什么说"产品整体概念的三个层次十分清晰地体现了一切以顾客为中心的现代营销观念"。

3. 为什么说"衡量一个产品的价值,是由顾客决定的,而不是由生产者决定的;产品生产者必须要更多的爱顾客而不是产品,努力为顾客创造价值"。

4. 结合自己熟悉的一个品牌来解读品牌与产品的区别。

5. 结合自己熟悉的一个品牌来解读品牌定位四步骤。

6. 试举例分析定位过低、定位过高和定位模糊或混乱会带来什么样的结果。

参考文献

[1] 杰克·特劳特. 定位 [M]. 北京:中国财政经济出版社,1981.

[2] 杰克·特劳特,史蒂夫·瑞维金. 新定位 [M]. 北京:中国财政经济出版社,2002.

[3] 迈克尔·波特. 竞争战略 [M]. 北京:华夏出版社,2005.

[4] 菲利普·科特勒. 营销管理 [M]. 上海:上海人民出版社,1999.

[5] 余伟萍. 品牌管理 [M]. 北京:清华大学出版社,北京交通大学出版社,2007.

[6] 周志民. 品牌管理 [M]. 天津:南开大学出版社,2008.

[7] 中国品牌网 (www.chinapp.com)

[8] 中国营销传播网 (www.club.emkt.com.cn)

第九章
塑造品牌的策略与手段

第一节　塑造品牌的步骤

塑造品牌的步骤可以按图9.1所示进行。

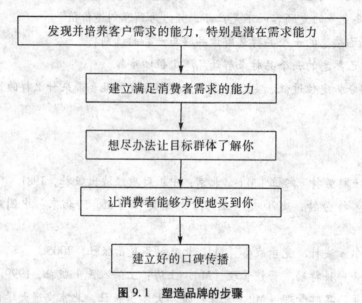

图 9.1　塑造品牌的步骤

一、发现并培养客户需求的能力，特别是潜在需求能力

优秀的品牌总是有比其他品牌更强的发现客户潜在需求的能力，并能够引导客户的消费需求。这种能力的培养应主要把握以下环节：

（1）能够对现实的需求进行真正的把握，并了解这种需求的可实现的变化趋势。

（2）了解行业技术变化趋势，预测将来可能出现的全新需求，这种能力更加关键。

（3）每一个明显性需求背后都隐含着巨大的潜在需求。

（4）要从了解产品所涉及的客户的企业背景出发，发现问题，提出问题，协助客户认识问题，并让客户认识到问题的关键性或严重性，最后让客户确认需求。

（5）站在客户角度，了解客户的背景，协助客户发现问题、认识问题，并让客户认识到问题的关键性或严重性，最后让客户确认需求。

（6）善于发问，并从中发掘客户需求。善于发问是了解需求的重要环节。

小链接

台湾的王永庆是著名的台商大王、华人首富，被誉为华人的经营之神。他一生之所以能够取得如此辉煌的成就，其中一个重要的原因就是他能够提供比别人更多更卓越的服务。王永庆 15 岁的时候在台南一个小镇上的米店里做伙计，深受掌柜的喜欢，因为只要王永庆送过米的客户都会成为米店的回头客。他是怎样送米的呢？到顾客的家里，王永庆不是像一般伙计那样把米放下就走，而是找到米缸，先把里面的陈米倒出来，然后把米缸擦干净，把新米倒进去，再把陈米放在上面，盖上盖子。王永庆还随身携带两大法宝：第一个法宝是一把软尺，当他给顾客送米的时候，他就量出米缸的宽度和高度，计算它的体积，从而知道这个米缸能装多少米。第二个法宝是一个小本子，上面记录了客户的档案，包括人口、地址、生活习惯、对米的需求和喜好等。用今天的术语来说就是客户资料档案。到了晚上，其他伙计都已呼呼大睡，只有王永庆一个人在挑灯夜战，整理所有的资料，把客户资料档案转化为服务行动计划，所以经常有顾客打开门看到王永庆笑眯眯地背着一袋米站在门口说："你们家的米快吃完了，给你送来。"然后顾客才发现原来自己家真的快没米了。王永庆这时说："我在这个本子上记着你们家吃米的情况，这样你们家就不需要亲自跑到米店去买米，我们店里会提前送到府上，你看好不好？"顾客当然说太好了，于是这家顾客就成为了米店的忠诚客户。后来，王永庆自己开了一个米店，因为他重视服务，善于经营，生意非常的好，后来生意越做越大，成为著名的企业家。

王永庆的故事给了我们如下启示：

（1）服务可以创造利润、赢得市场。

（2）卓越的、超值的、超满意的服务，才是最好的服务。

（3）通过服务来实施差异化策略，比你的对手做得更好、更多、更棒。

要像雅倩化妆品一样"比女人更了解女人"，我们要比客户更了解客户，提前发现客户的潜在需求，培养满意忠诚客户群。

资料来源：现代客户服务的理念. http://wenku.baidu.com/view/fbe5ca0d6c85ec3a87c2c5d0.html.

二、建立满足消费者需求的能力

在掌握了客户需求以及需求的变化趋势以后，第二步就是要建立满足这种需求的能力。应主要把握以下环节：

（一）产品质量要过硬

不论你的产品是什么样的，第一是要提供质量合格的产品，并且要满足国家规定的相关要求。产品是品牌的载体，产品的质量就是品牌的生命。产品的质量犹如人的身体健康状况，如果身体不好，即使拥有再多的知识、再英俊的外表、再好的衣服，最终还是一个病夫。

（二）产品技术要优良

产品的技术含量就如人的知识，产品的技术层次就是品牌创新能力的体现。在满足消费者现实需求的前提下，越是技术层次高的产品越可以获得高额附加值，越能增加品牌的美誉度，并可提升品牌的档次。

（三）产品外观要时尚，产品包装要有吸引力

产品的外观就像人的外表。三分人才，七分打扮，产品也一样：同样技术含量、同样质量的产品，外表好者更能够获得客户的认同，也同时可以获得更高的附加值。当然，产品的外包装与产品外观起着同样重要的作用。

（四）产品成本要比别人低

随着产品竞争的不断加剧，厂家之间的竞争最终会集中到价格战的层面。所以，在技术、质量相同的条件下，谁能够以更低的成本提供产品，谁就能最终获得胜利。

三、想尽办法让目标群体了解你

有了好东西，就要想方设法让别人知道你的东西，这样才能卖出去。所以，我们就要想办法让我们的目标消费群体了解我们所能提供的产品及服务。

"名字"取好了，"衣服"也穿好了，就去告诉你想告诉的人"你是谁，是干什么的"，这就是广告。不同的产品、不同的时期应该使用不同的广告策略。以下是一个让目标消费群体了解你的方法：

（一）做一套最基本的 VI 系统

VI 就是以标志、标准字、标准色为核心展开的完整的、系统的视觉表达体系。它将企业理念、企业文化、服务内容、企业规范等抽象概念转换为具体符号，塑造出独特的企业形象。视觉识别设计最具传播力和感染力，最容易被公众接受。VI 系统设计可以分别体现在以下方面：

（1）办公用品。信封、信纸、便笺、名片、徽章等。

（2）企业环境。公司旗帜、企业门面、企业招牌、公共标识牌、路标指示牌、广告牌、霓虹灯广告、庭院美化等。

（3）交通工具。轿车、面包车、大巴士、货车、工具车等

（4）服装服饰。员工制服、领带、工作帽、肩章、胸卡等。

（5）广告媒体。电视广告、杂志广告、报纸广告、网络广告、路牌广告、招贴广告等。

（6）招牌。

（7）产品包装。纸盒包装、纸袋包装、木箱包装、玻璃容器包装、塑料袋包装、金属包装、陶瓷包装、包装纸。

（8）公务礼品。T恤衫、领带、领带夹、打火机、钥匙牌、雨伞、纪念章、礼品袋等。

（9）陈列展示。橱窗展示、展览展示、货架商品展示、陈列商品展示等。

（10）印刷品。企业简介、商品说明书、产品简介、年历等。

（二）建立（至少）一个企业的宣传网站

企业可以通过网站介绍企业形象和业务，发布技术和产品信息。通过网络，可以有效拓展客户群，与国内外合作伙伴进行有效沟通和商务往来。

（三）根据需要投放广告

尽管方法各异，但是相同条件下，投入越大，传播效率越高，因此企业应考虑企业本身的发展战略以及自身资源投入广告费。

四、让消费者能够方便地买到你的产品

光让别人知道你的产品好还不够，你还要让目标消费群体能够在方便的地方买得到你的产品，形成足够大的现实消费群体。因此根据你的产品类型建立销售渠道体系，便能够比你的竞争对手更加方便地为目标消费群体提供产品（或者服务）。可以按下列思路和步骤建立销售渠道：

（一）提炼产品的卖点

所谓"卖点"是指商品具备了别出心裁或与众不同的特色、特点。在产品趋于同质化、消费者面临众多选择、市场竞争日渐激烈的今天，提炼产品的卖点，并加以强化和突出，对于促进销售、树立品牌以及提升公司形象具有重要的意义。对产品卖点的提炼和强化，有如下一些方法和途径：产品本身的性能是卖点的一个重要来源，可以卖技术、卖品质、卖包装、卖价格、卖服务等。对于人们更高层次需求，可以卖情感、卖时尚、卖热点、卖文化和卖梦想等。

（二）设计产品推广方案

产品推广方案应该阐明以下几个要点：

（1）市场潜力和消费需求预测。

（2）详细分析经销本产品的赢利点，以及经销商自身需要投入多少费用。

（3）要给经销商讲解清楚如何操作本产品市场，难题在哪，如何解决。

（三）选择合适的经销商

选经销商同样要全面考查：

（1）实力。经销商的人力、运力、资金、知名度。

（2）行销意识。经销商对做终端市场的意识是否强烈，是否是那种坐在家里等生意上门的老式经销商。

（3）市场能力。经销商是否有足够的渠道网络，他现在代理的品牌做得怎么样。

（4）管理能力。经销商自身的经营管理状态如何。

（5）口碑：同业（其他厂家）、同行（其他批发商）对经销商的评价。

（6）合作意愿。经销商是否对厂家的产品、品牌有强烈的认同，是否对市场前景有信心——没有合作意愿的经销商不会对这个产品积极投入。

（四）选择合适的销售渠道模式

销售渠道模式是指渠道成员之间相互联系的紧密程度以及成员相互合作的组织形式。根据有无中间商参与交换活动，可以将渠道模式归纳为两种最基本的类型：直接分销渠道和间接分销渠道。间接渠道又分为短渠道与长渠道。

直接分销渠道是指生产者将产品直接供应给消费者或用户，没有中间商介入。直接分销渠道的形式是：生产者→用户。直接渠道是工业品分销的主要类型。例如大型设备、专用工具及技术复杂等需要提供专门服务的产品，都采用直接分销，消费品中有部分也采用直接分销类型，诸如鲜活商品等。

间接分销渠道是指生产者利用中间商将商品供应给消费者或用户，中间商介入交换活动。间接分销渠道的典型形式是：生产者→批发商→零售商→个人消费者（少数为团体用户）。

渠道模式丰富多彩，各有特色和利弊。如快速消费品、民用品、食品，这类产品主要依靠消费者的日常反复购买，目前国内所采用的销售模式基本以超市、便利店为主。这类产品目前常用的渠道管理模式有三种：一种是依靠代理商操作；另一种是建设自营渠道，通过企业驻外各办事处或分公司操作；第三种也是最简单的一种是直接通过国内一些有规模的专业批发市场操作。究竟一个产品应当选择哪个渠道作为主渠道销售呢？这取决于国内市场的渠道特点和自身企业现状以及产品竞争现状。没有最好的渠道模式标准，只要合适就行。

在选择合适的渠道模式基础上要对分销方案进行评估，评估标准有三个：

（1）经济性。主要是比较每个方案可能达到的销售额及费用水平。经济性是三个评估标准中最重要的一个。

（2）可控性，一般来说：采用中间商可控性小些，企业直接销售可控性大；分销渠道长，可控性难度大，渠道短可控性较容易些。企业必须进行全面比较、权衡，从中选择最优方案。

（3）适应性。如果生产企业同所选择的中间商的合约时间长，而在此期间，其他销售方法如直接邮购更有效，但生产企业又不能随便解除合同，这样企业选择分销渠道便缺乏灵活性。因此，生产企业必须考虑选择策略的灵活性，不签订时间过长的合约，除非在经济或控制方面具有十分优越的条件。

五、建立好的口碑传播

将产品卖给了消费者时，你应该关注客户对你的产品的反应，随时为可能出现的问题给你的客户提供售后服务。服务好你的现有客户，使他们喜欢你的产品，自然他们就会成为你的口碑传播者。企业在营销产品的过程中巧妙地利用口碑的作用，就能快速发掘潜在顾客、培养顾客忠诚度、避开竞争对手锋芒，收到许多传统广告所不能达到的效果。企业要做好口碑传播，以下要点可供参考：

（1）赋予品牌或产品生动而深刻的文化内涵，让文化本身成为口口相传的力量。

（2）构筑产品与众不同的特色，让超出顾客期望的特色产品成为人人称道的焦点。

（3）开展无处不在的服务营销，让上帝一般的服务成为顾客向他人炫耀的资本。

（4）送产品、礼物或者服务，让顾客在向朋友展示的过程中使产品得到传播。

（5）关注消费者的每一点看法，让被尊重的崇高地位感驱动消费者向他人传播。

（6）制造别出心裁的促销活动，让从中受益的顾客为您的产品广播赞誉和好评。

（7）巧妙利用广告及热点话题，让口碑营销在顾客中产生全面开花的加速效应。

（8）策划深谋远虑的营销事件，让事件营销的内涵成为顾客互相传颂的经典案例。

第二节　品牌营销策略及其实施要点

品牌营销策略是企业经营自身产品（含服务）之决策的重要组成部分，是指企业依据自身状况和市场情况，最合理、有效地运用品牌商标的策略。品牌营销策略主要有以下几种：

一、单一品牌策略

为了最大限度地节省传播费用，实现新产品的快速切入市场，彰显强势品牌形象，企业在所有产品上用同一个品牌。如佳能公司，它所生产的照相机、传真机、复印机等产品都统一使用"Canon"品牌；雀巢公司生产的3000多种产品（包括食品、饮料、药品、化妆品等）都冠以雀巢品牌。

（一）什么是单一品牌策略

这是指企业生产经营的全部产品使用同一个品牌。这些产品既有门类很接近的，也有差异很大、关联度很低的产品。如海尔、宝马、三菱、索尼、飞利浦、TCL等都是采用单一品牌策略。单一品牌策略如图9.2所示。海尔的单一品牌策略如图9.3所示。

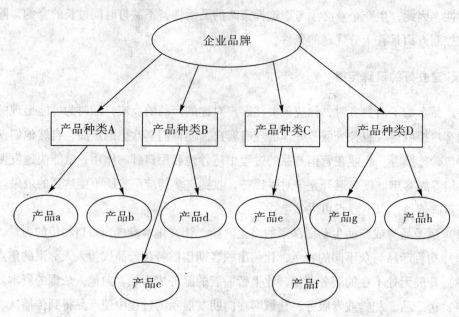

图 9.2　单一品牌策略

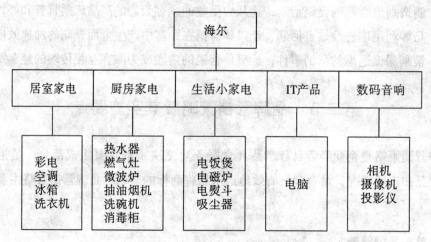

图 9.3　海尔的单一品牌策略

（二）单一品牌策略的优劣势

优势主要有：

（1）品牌架构简单、清晰。

（2）企业品牌对产品的拉动力强。单一品牌策略实现了企业形象和产品形象的统一。

（3）可以节省品牌传播的费用。企业集中资源宣传单一品牌，节约了促销费用。

劣势主要有：

（1）市场风险较大，一类产品出现问题，对其他品类产品的市场影响会较大。

（2）不便于作更深的市场细分。

（三）实施单一品牌策略的要点

企业必须对所有产品的质量严格控制，以维护品牌声誉。

二、多品牌策略

随着消费需求日趋多样化和差异化，企业必须在科学的市场调查的基础上，积极发展多个品牌，来针对每一细分群体进行产品设计、价格定位、分销规划及广告活动，这样才能保证品牌和产品利益点能够满足消费者的个性需要。

（一）什么是多品牌策略

这是指企业给每一种产品冠以一个品牌名称，或是给每一类产品冠以一个品牌或一个以上品牌名称。它包括两种情况：一品一牌或一品多牌。

一品一牌是指一种产品冠以一个品牌。如松下公司，其音像制品以"Panasonic"为品牌，家用电器产品以"National"为品牌，高保真音响则以"Technics"为品牌。多品牌策略的一品一牌如图9.4所示。

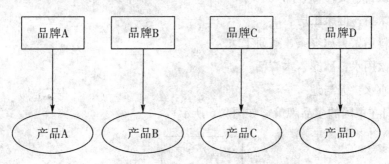

图9.4　多品牌策略的一品一牌

一品多牌是指企业将同一类产品发展多个品牌。如宝洁公司在中国推出了四个品牌洗发水：海飞丝、飘柔、潘婷、沙宣，每一品牌都以基本功能以上的某一特殊功能为诉求点，吸引着不同需要的消费者。希望自己"免去头屑烦恼"的人会选择海飞丝；希望自己头发"营养、乌黑亮泽"的人会选择潘婷；希望自己头发"舒爽、柔顺、飘逸潇洒"的人会选择飘柔；希望自己头发"保湿、富有弹性"的人会选择沙宣。一品多牌是将市场细分更加深入化，保证每一个产品都有自己的定位和独特的个性，从而更好地满足不同消费者的差异化需求。多品牌策略的一品多牌如图9.5所示。

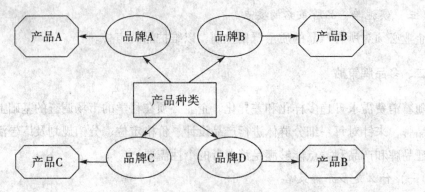

图9.5 多品牌策略的一品多牌

可口可乐采用的也是多品牌策略模式。多品牌策略既不易伤害可口可乐这个主品牌，又为企业拓展了新的市场空间。下面是可口可乐公司旗下的饮料和饮用水的系列品牌。

· 碳酸饮料（汽水）：可口可乐、雪碧、醒目、芬达、健怡

· 果汁饮料：美汁源、酷儿

· 本草饮料：健康工房

· 茶饮料：雀巢冰爽茶、茶研工坊

· 纯净饮用水：冰露、水森活

· 矿物质水：天与地

宝洁公司在中国的多品牌策略如图9.6所示。

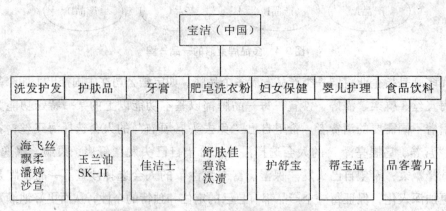

图9.6 宝洁公司在华多品牌策略

（二）多品牌策略的优劣势

优势主要有：

（1）满足不同消费者的需求。消费者的需求是千差万别、复杂多样的：不同的地区有不同的风俗习惯，不同的时间有不同的审美观念，不同的人有不同的爱好追求，等等。实行多品牌制，每一个品牌都有其鲜明特点，品牌个性特征可以适合不同消费者的品牌偏好，更好地迎合消费者的不同需求。

（2）有利于提高产品的市场占有率。多品牌策略最大的优势便是通过给每一品牌进行准确定位，从而有效地占领各个细分市场。如果企业原先单一目标的顾客范围较窄，难以满足扩大市场份额的需要，此时可以考虑推出不同档次的品牌，采取不同的价格水平，形成不同的品牌形象，以抓住不同偏好的消费者。

（3）有利于企业最大限度地获取品牌转换者的利益。大多数消费者都不是某些品牌忠贞不贰的消费者，对品牌的游离倾向会不时表现出来。比如，对其他品牌感兴趣，尝试性地消费其他品牌，在不同的品牌之间来回转换。企业实施多品牌战略，同时提供几种甚至几十种品牌，就可能锁住大部分品牌转换者，使他们继续使用本企业其他品牌的产品。在一定条件下，多品牌战略是获取品牌转换者的主要手段和办法。

多品牌策略不仅仅是企业满足消费需求的被动选择，也是企业制定竞争战略的主动选择。对市场攻击者和挑战者而言，其抢占市场的一个惯用伎俩就是发展出一个专门针对某一细分市场的品牌来逐渐蚕食；对市场领导者而言，与其坐等对手来占据某一细分市场，不如自己先发展出一个品牌去抢占，实施有效防御，从而锁定不同目标的消费群。采用多品牌战略可以为企业争得更多的货架空间，也可以凭借新产品来截获"品牌转换者"，以保持顾客对企业产品的忠诚，使企业的美誉度不必维系在一个品牌的成败上，降低企业的经营风险。

劣势主要有：

（1）企业资源可能过分分散，不能集中投放到较成功的产品上。

（2）企业品牌可能自相竞争。

（3）多品牌容易造成品牌混淆。

（4）大量的研发投入造成成本上升，风险较大。

（三）实施多品牌策略的要点

1. 企业应审视一下自己是否具有多品牌管理的能力和技巧

为什么多品牌比单一品牌的管理难度要大得多？因为各品牌之间要实施严格的市场区分，具有鲜明的个性，且这些个性足以吸引消费者。企业实施多品牌的最终目的是用不同的品牌去占有不同的细分市场，联手对外夺取竞争者的市场。

2. 多品牌战略具有一定风险，一个新品牌的推出耗费巨大

将某种商标用于缺乏实力的企业，品牌销售额不足以支持它成功推广和维持生存所需的费用，就很难实施多品牌策略。这时不如"将所有的鸡蛋装进一个篮子里"，打出一个高知名度品牌，再进行延伸；这样推出新产品的费用将会大大降低。

3. 优化品牌组合，组建以核心品牌为中心的品牌团队

企业管理者应明确不同时期、不同阶段，哪些品牌是战略性品牌，哪些品牌是防御性品牌，哪些品牌是竞争性品牌，哪些品牌是主打市场的盈利性品牌。多品牌、多层次、不同的目标任务，使得企业品牌组合重点突出、角色分明，品牌营销思路一目了然。

4. 合理分配资源，为品牌发展提供强大的支持

品牌的塑造是一个长期过程，期间需要大量的经济资源予以配合。对不同品牌资源作合理的预算、分配安排，应从三方面去思考：

（1）企业的核心品牌有哪些。核心品牌能反映企业资源优势及使用方向，体现企业的核心竞争力。

（2）哪些品牌具有上升为核心品牌地位的潜力。对于那些目前还处于二线的品牌，随着市场需求的变化、企业营销能力的增强，有的可能成为下一时期的核心品牌。

（3）哪些属于防御性品牌。它们只是为企业构造完善的多品牌体系，对企业战略目标的实现不会产生实质性影响。在此基础上，进行企业资源的分配，确保核心品牌，照顾一般品牌，使得不同的品牌都有机会得到养护与维持，保证品牌根基稳固。

三、副品牌策略

多品牌策略虽然降低了弱化原有品牌的风险，但又带来了宣传费用大幅提升的弊端，如何才能"鱼和熊掌兼而得之"呢？这时可以在保持主品牌的基础上，对新产品或服务使用其他品牌名称，来凸显新产品或服务不同的个性形象，这就是副品牌策略。

（一）什么是副品牌策略

这是以企业一个成功品牌作为主品牌，以涵盖企业的系列产品，同时又给不同产品起一个生动活泼、富有魅力的名字作为副品牌；通俗地讲，就是在企业主品牌（商标）不变的情况下，再给产品起一个小名。以主品牌展示系列产品的社会影响力，而以副品牌凸显各个产品不同的个性形象，以加深消费者对每种产品的印象和好感。例如，海尔空调中的"海尔——小英才"，索尼彩电中的"索尼——贵翔"等。副品牌策略如图9.7所示。

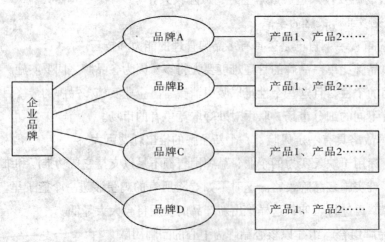

图9.7 副品牌策略

副品牌既享受了成功主品牌的知名度和美誉度，又节省了广告宣传费用，大大降低了新产品的市场进入成本。

家电业中的海尔是运用副品牌较成功的企业，在冰箱、洗衣机、热水器、彩电等系列产品的品牌命名上，海尔都推出过相应的主副品牌系列。

· 冰箱："海尔——小王子"、"海尔——双王子"、"海尔——大王子"、"海尔——帅王子"、"海尔——金王子"等；

· 空调："海尔——小超人"变频空调、"海尔——小状元"健康空调、"海尔——小英才"窗机；

· 洗衣机："海尔——神童"、"海尔——小小神童"；

· 彩电："海尔——探路者"；

· 暖风机："海尔——小公主"；

· 热水器："海尔——小海象"；

· 空气清新机："海尔——水晶公主"；

· 美容加湿器："海尔——小梦露"。

（二）副品牌的基本特征

1. 品牌宣传以主品牌为核心，副品牌处于从属、附和、表白的作用

副品牌战略要最大限度节省资源，利用主品牌的灵魂地位与作用，所以，宣传的中心是主品牌——借助主品牌地位、声誉的不断提高，强化消费者对主品牌的识别、记忆、认可、信赖和忠诚，继而使他们接受副品牌。

2. 主副品牌之间的关系不同于企业品牌和产品品牌之间的关系

企业品牌是企业的名称、标识、标记或其组合，具有整体性、综合性特征。产品品牌具有具体性、指向性特点。如"海尔——小王子"，海尔是企业品牌，直接用于产品，具有产品归属、识别作用，人们的认知会由海尔过渡到"小王子"。因而，它们的关系是一种主从关系，即主副品牌关系。"科龙"与"容声"则是企业与产品品牌的关系。

3. 副品牌一般直接、直观、形象地表达产品的优点和个性

如长虹彩电的"精显王"、"画中画"，海尔洗衣机的"小小神童"等，富有感染力、想象力，能把产品的性能、优点通过形象性的语言表达出来。

4. 副品牌具有口语化、通俗化的特点

副品牌借用通俗的口语，不仅生动形象地表达了产品的性能特点，而且极有利于副品牌传播，对产品迅速打开市场十分有利。如海尔的"探路者"、长虹的"精显王"等。

5. 副品牌相对于主品牌，内涵丰富，针对性强，适用范围小

副品牌一般被用来直接表现产品，因而副品牌与某种具体产品相对应。副品牌名称要比主品牌内涵丰富。

6. 副品牌通常不增加企业品牌管理费用

副品牌一般不需要注册，加之，在副品牌战略中，企业品牌宣传是主品牌，因此品牌推广宣传费用主要花在主品牌上。

（三）副品牌策略的优势

1. 减少统一品牌战略延伸品牌的风险，发挥主品牌的优势与作用

在统一品牌战略下，品牌延伸损害原品牌的形象、模糊品牌定位、稀释品牌个性的副作用时有发生。而副品牌的出现，一方面能够兴利除弊，有力地减少这种损害；另一方面，又能利用消费者对现有成功品牌的信赖和忠诚度，推动副品牌产品的销售。

2. 突出产品个性

人们对多品牌最大的忧虑是冲淡产品个性，而主副品牌的同时出现有力地克服了这种弊端。如果企业的每一样新产品都套用企业的主品牌，那么产品的个性就无法通过品牌而精确地体现出来：人们对"海尔"这个主品牌的认识如果是比较宏观的话，而"小小神童"、"小海象"都是具体的。它们所起的作用不光是一个品牌的作用，还起到了区别产品类别、突出个性的作用。一看小小神童，人们立刻会与小巧玲珑的洗衣机联系起来。

3. 产生品牌联想

易写、易读的副品牌能让人通过这些非条件刺激产生品牌联想，从而引发出条件反射。"王子"、"神童"、"状元"除了具有营销美学的价值之外，很自然地让人将其与高质量的产品联系在一起。

4. 节省品牌创建费用

建立一个主品牌不仅需要较长时间，而且需要付出巨大的人力与财力，还要承担巨大的风险。如果企业每一个新产品都去新建一个品牌，则风险更大、成本更高、周期更长。唯一的办法是让主品牌与副品牌进行分工合作，通过一个成功的主品牌获得消费者的"认可"。也就是说，让消费者相信主品牌旗下的产品，再通过副品牌引导顾客个性需求，达到从"认可"到"认同"的飞跃。

（四）实施副品牌策略的要点

如何赋予副品牌更多的灵性、智慧与指示特点，使副品牌充分表达产品的个性特点，并与消费者的心理诉求保持一致，十分重要。

1. 主品牌要与副品牌遥相呼应

主品牌是副品牌的基础，副品牌是主品牌的延伸，是对主品牌进一步的说明和补充，二者相互联系、相得益彰。副品牌是主品牌旗下某一产品的具体体现，是充实主品牌的闪光点。比如，"长虹——红双喜"、"海尔——探路者"等，主副品牌相互呼应、互相协调，给人一种自然、和谐的感觉。

2. 副品牌要起到提示、暗示或联系产品功能特征的作用

主品牌一般很难把企业不同种类产品的功能属性完全表达出来，但是可以借助副品牌来进行弥补。问题的关键是，副品牌名称要具备补充、弥补主品牌这一缺陷的能力。比如，"TCL——美之声"无绳电话、"伊莱克斯——省电骑兵"冰箱，有效地利用了副品牌这一功能特点。

3. 副品牌名称要通俗、简洁，易读、易记

可以用"四易"、"五化"来说明。"四易"指易读、易记、易认、易传，"五化"指口语化、通俗化、信息化、简洁化、个性化。如，"海尔——小小神童"、"乐百氏——健康快车"、"康佳——七彩星"等，读起来顺口，听起来顺耳，记起来容易，传起来快捷。

4. 副品牌要富有时代感

副品牌肩负着开拓市场的重任。副品牌的名称、功能提示语暗示、联想与想象，都要与目标市场在某些方面高度吻合。副品牌要凝练、概括市场的需求特征，迎合消费者时尚的消费理念。

5. 副品牌要有震撼力

在品牌林立的竞争时代，并不是每一个品牌都能快速地脱颖而出，唯有那些具有某种独特性，从而能对市场产生冲击力、震撼力的品牌，才能在消费者的心目中留下深刻的印记。比如，"东芝——火箭炮"、"格力——冷静王"、"海尔——帅王子"等，都是颇具市场想象力的副品牌。

6. 副品牌要服务于产品市场定位

统一品牌战略难以区分不同产品的市场定位，而副品牌战略运用得恰当与否，关系到能否解决品牌市场定位不准、模糊不清的问题。副品牌要依据不同类产品市场的特点，量身定做。只有这样，副品牌才能和目标市场需求较好地对接，把产品定位信息传递到消费者心中。比如，长虹针对农村市场推出"长虹——红双喜"，厦华针对老年市场推出"厦华——福满堂"。

四、品牌延伸策略

著名经济学家艾·里斯说过："若撰述美国过去10年的营销史，最具有意义的趋势就是延伸品牌线。"早在20世纪初，品牌延伸已成为欧美发达国家市场导入新产品的通用方法，许多公司通过品牌延伸实现了快速的扩张。据统计，1991年在美国超市及各种商店有1600种新商品上市，其中大约90%采用的是品牌延伸策略。在中国，自20世纪90年代以来，品牌延伸也被国内企业广泛应用，海尔、联想、美的、娃哈哈等企业都通过品牌延伸获得了快速发展，成为同行业的佼佼者。

（一）什么是品牌延伸策略

公司推出一种新产品时，在为新产品命名的问题上，有3种决策可供选择：

（1）单独为新产品开发一个新品牌；

（2）以某种方式使用一个现有品牌；

（3）将一个新品牌与一个现有品牌结合使用。

如果公司选择后两种方法，即采用一个已有的品牌作为刚推出的新产品的品牌，这种做法就是品牌延伸。将现有品牌名称用于产品线，扩张或推出新的产品类别，可以期望减

少新产品进入市场的风险，以更小的成本获得更大的市场回报。

如果新品牌与现有品牌结合使用，那么该品牌称为子品牌，而实施品牌延伸的现有品牌称为母品牌；若母品牌通过品牌延伸已经与多个产品相联系，还可以称为家族品牌。

品牌延伸指一个现有的品牌名称使用到一个新类别的产品上。比如，本田利用"本田"之名推出了许多不同类型的产品，如汽车、摩托车、铲雪车、割草机、轮机和雪车等；三菱则从重工业一直延伸到汽车、银行、电子乃至食品业。"金利来，男人的世界"这句广告词早已家喻户晓，金利来从一开始推出的男士的领带，之后延伸到西服、衬衫、皮具、皮鞋及珠宝等。

（二）品牌延伸的作用

1. 品牌延伸可以加快新产品的定位，保证新产品投资决策的快捷准确

尤其是开发与本品牌原产品关联性和互补性极强的新产品，它的消费群与原产品完全一致，它不需要长期的市场论证和调研，原产品每年的销售增长幅度就是最实际、最准确和最科学的验证。因此它的投资规模大小和年产量多少很容易预测，就可以加速决策。

2. 品牌延伸有助于降低新产品的市场风险

新产品推向市场，首先必须获得消费者的认识、认同、接受和信任，这一过程就是新产品品牌化。开发和创立一个新品牌需要巨额费用：新品牌的设计、注册、包装设计、包装的保护、有持续的广告宣传和系列的促销活动等，往往超过直接生产成本的数倍、数十倍乃至上百倍。如在美国消费品市场，开创一个新品牌大约需要 5 千万至 1 亿美元。

品牌延伸使新产品一问世就开始品牌化，甚至获得知名品牌，这可大大缩短被消费者认知、认同、接受、信任的过程，科学地防范新产品的市场风险，并且可以节省数以千万计的巨额开支。

3. 品牌延伸有益于降低新产品的市场导入费用

在市场经济高度发达的今天，消费者对商标的选择，体现在"认牌购物"上。因为很多商品带有容器和包装，质量凭肉眼难以看透，品牌延伸可以使消费者对品牌原产品的高度信任感有意或无意地传递到延伸的新产品上，促进消费者与延伸的新产品之间建立起信任关系，大大缩短市场接受时间，降低广告宣传费用。

4. 品牌延伸有助于强化品牌效应，增加品牌这一无形资产的经济价值

品牌原产品起初都是单一产品，品牌延伸效应可以使品牌从单一产品向多种领域辐射，就会使部分消费者认知、认可、接受、信任本品牌的效应，强化品牌自身的美誉度和知名度，这样也就使得品牌这一无形资产不断增值。

恰当的、适合时机的品牌延伸，可使品牌无形资产在产品销售市场不断扩大的过程中，充实资产内涵，扩大影响，增强品牌竞争实力，维系品牌较高的知名度、美誉度和忠诚度。

（三）品牌延伸的类型

品牌延伸总体来说可以分为以下两大类：

1. 线延伸

线延伸是指母品牌作为原产品大类中针对新细分市场开发的新产品的品牌。目前在品牌延伸中有 80%～90% 是属于这种延伸，是品牌延伸的主要形式。产品线延伸的方式很多，如不同的口味、不同的成分、不同的形式、不同的大小、不同的用途、不同的档次等。如，康师傅从红烧牛肉面到香辣牛肉面、麻辣牛肉面等产品的延伸就属于口味延伸，可口可乐香草可乐的推出就属于成分延伸，农夫山泉从桶装水到瓶装水属于形式延伸，一品国香中华香米的 5kg、10kg、25kg 属于大小延伸，步步高商务手机和音乐手机属于用途延伸。

2. 类延伸

类延伸是指母品牌被用来从原产品大类进入另一不同的大类。类延伸又可分为两种：

（1）连续性延伸。企业借助技术上的共通性在近类产品之间进行延伸。如理光、佳能利用其卓越的光电技术在照相机、复印机、传真机等产品上进行延伸，耐克借助运动产品的研发能力推出各类运动鞋、运动用品、运动装等。

（2）非连续性延伸。将母品牌延伸到与原产品并无技术联系的新产品类别上。如雅马哈既是摩托车品牌，也是古典钢琴的品牌；海尔既有电器，又有生物医药、金融、地产、通信、IT 等不相关的产业。这意味着品牌的延伸远离了原有的产品领域，覆盖了宽广的产品范围。

（四）实施品牌延伸策略的要点

1. 有共同的主要成分

主力品牌与延伸品牌在产品构成上应当有共同的成分，即具有相关性。如果主力品牌与延伸品牌在价值、档次、品牌定位、目标市场、产品属性等方面不具备相关性，消费者就难以理解两种不同的产品为何存在于同一品牌识别之下。这是因为品牌的延伸性主要是由核心识别要素来决定。核心识别是一个品牌永恒的精髓，其内容决定了品牌延伸的范围。

比如，联想集团以汉卡起家，以电脑系列为主打，旗下推出的系列延伸产品有数码相机、数码随身听、手机等。

2. 有相同的服务体系

使延伸的品牌在售前、售中、售后的服务体系中与主力品牌保持一致，让消费者感到无论是消费主力品牌还是延伸品牌，都有一样的好效果。

比如，在市场经济大潮中经历了 130 多年却仍旧屹立于世界 100 强之列的雀巢，在取得婴幼儿奶粉的成功之后，就开始进行品牌的延伸。其产品除了咖啡，还有奶制品、冷冻食品、宠物食品、预制食品、糖果、饼干、烹调作料和营养品等。在每条产品线内，又有各种不同的品牌名称，如在矿泉水品牌大类中，就分别有 Perrier、Contrex、Vittel、Vera、Sanmaria 等十几种品牌。由于雀巢延伸品牌的营销和服务体系之间存在着相同之处，均为食品类，消费对象也多以女性、儿童为主，所以其品牌的延伸较为成功。

又比如，巨人集团从汉卡延伸到营养液（巨人脑黄金），蓝宝石集团从手表延伸到生命红景天（营养保健品），娃哈哈从儿童营养液延伸到白酒，在其服务体系上都很难找到共同点，这必然会导致消费者对核心品牌的原有定位模糊，因而其延伸也就有些勉强。

3. 有相似的消费群体

主力品牌与延伸品牌的消费者群体相当接近，主力品牌的概念就很容易延伸到延伸品牌上。比如金利来，从面料到西服到衬衣到皮包，都紧盯白领和绅士阶层的消费，延伸得比较成功。

迪斯尼从 1930 年设计"米老鼠"并获得成功开始，就十分关注消费者关心什么、喜爱什么。从《艾丽丝漫游仙境》到《白雪公主和七个矮人》，再到《美女与野兽》《狮子王》，其主要的消费者均为青少年。

迪斯尼还延伸到动感、新奇的迪斯尼主题公园、迪斯尼动物公园、迪斯尼游轮、迪斯尼品牌专卖店、迪斯尼网站等。现在迪斯尼已经从经营日用品发展到儿童食品和饮料。它与可口可乐公司合作，以迪斯尼品牌生产一种专门供孩子喝的、纯果汁的健康饮料，还与其他一些公司合作，开发了儿童健康早餐。这些延伸品牌所提供的产品大都根据青少年的特点设计，以至于许多孩子在成长为大人后，还会带他们的孩子到迪斯尼世界中寻找欢乐、重温旧梦。

目前迪斯尼品牌专卖店在全世界有 600 多家，分布在 9 个不同的国家和地区，它的产品已有 2400 多种，主要包括孩子的玩具、卧具、文具、服装和儿童出版物、电脑游戏软件以及以迪斯尼品牌与厂商合作发展的手机等各种产品，提供 24 小时的网上销售服务。2002 年其销售收入约 26 亿美元。难怪人们常说迪斯尼的成功是因为它有一大批爱迪斯尼的孩子。"迪斯尼是青少年的天堂与乐园。"

4. 技术上密切相关

主力品牌与延伸品牌的产品在技术上要有较好的相关度。比如三菱重工在制冷技术方面非常优秀，自然而然地将三菱冰箱的品牌延伸到三菱空调上。海尔品牌延伸也是如此。相反，春兰空调与其"春兰虎"、"春兰豹"摩托车的技术就没什么相关性，其延伸就没有意义。西门子公司利用其技术上的优势大肆进行相关技术品牌的延伸。因其技术的可靠性与相关性，大幅度保持了消费者的忠诚，使得西门子成为世界电子电器行业中规模最大的跨国公司之一，并获得了"电子帝国"的美称。

5. 质量档次相同

开发出来的新产品系列必须具有与原品牌产品不相上下的质量。质量是品牌的生命，是名牌存在和发展的关键。比如耐克从运动鞋向运动服装系列延伸，对质量的要求就很高。Nike 运动服装系列的设计采用仿生学技术，完全以运动中的人体为主体，最大限度地减少人体与衣服之间的摩擦，在运动中给人体以充分的自由。Nike 运动服系列的成功，就在于其与原产品不相上下的质量，再借助主力品牌的知名度，因此很快征服了消费者的心。

6. 回避已高度固化定位的品牌延伸

如果一个品牌已经成为某个产品的代名词，在消费者心目中形成了固定的形象定位，最好不要再将这一品牌的名称冠到另一类产品上去。这是因为当品牌在某一高度的定位已经深入人心并形成完整的形象后，品牌就取代了产品，是容不得一点节外生枝的，如若强求或外溢，品牌力一定会大受损害。如 SONY 在消费者心目中代表优质的收音机或彩色电视机，已经成为知名视听产品的代名词。如果此时将 SONY 的名称冠到微波炉、冰箱、洗衣机等家电产品上去，必将非常冒险。这也是 SONY 一直经营到现在都没有向其他行业或领域延伸而专心做视听产品的重要原因。娃哈哈是中国儿童饮品的"大哥大"，当人们一提到它时就会想到那个可爱、调皮的娃哈哈小男孩卡通，所以在许多消费者心目中，"娃哈哈"一直是儿童饮品。后来"娃哈哈"在延伸品牌系列中走向了"娃哈哈关帝白酒"、"娃哈哈房地产公司"，就让消费者不好理解，以至于难获认同。

7. 注意品牌名称联想的范围

要注意品牌延伸所造成的"联想"关系，即消费者由某一品牌名称成功地联想到其延伸产品。比如提起 IBM 品牌，就会让人想到是电脑，而不会想到影印机。将它延伸到各种电脑的相关产品上去，如主机电脑/个人电脑/笔记型电脑等。"活力28"这个老百姓家喻户晓的品牌，首先让人们想起的就是洗衣粉，而不是化妆品。把它延伸至洗涤用品上就十分恰当，如把它延伸到饮品上就让人难以接受，这也是"活力28"矿泉水推出后被消费者拒绝接受而惨败的重要原因。

（五）品牌延伸的步骤

企业在实施品牌延伸策略时主要采取以下步骤，如图9.8所示。

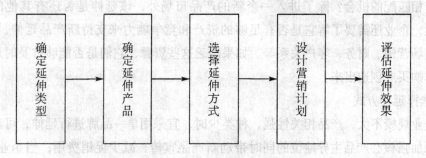

图9.8　品牌延伸的步骤

1. 确定延伸类型

一般的规律是先进行产品线延伸，在某一个产品领域做大做强之后，再凭借建立起来的专业品牌优势来进行产品类别延伸。产品线延伸并不困难，因为延伸产品与原产品同属于一个产品线，消费者容易形成一致认知。选择产品类别延伸难度较大，因为各产品类别存在着较大差异，若考虑不周，延伸产品可能会与原产品产生冲突，不仅不容易成功，而且还会使母品牌受损。所以，不到万不得已，尽量不要采用产品类别延伸。一般来说，只有当原产品类别利润空间不大、竞争过于激烈的时候，延伸到新的产品类别才是明智之举。例如，康佳在电视机行业面临巨大竞争压力的时候，选择了手机、电冰箱作为延伸的新品类，以求增加新的利润增长点。

2. 确定延伸产品

确定延伸产品必须进行消费者调查，来判断哪些是适合品牌的、能够增加价值的产品类别。可参照下面步骤来确定延伸产品：

第一步，明确现有的品牌联想和品牌识别。企业可以采用联想法等多种调查技术了解消费者心目中的品牌联想。比如，在给出品牌名称后，可要求消费者在一个比较短的时间里，将与该品牌有关的情形、事物一一记录下来，或者通过与其他品牌的比较，要求消费者指出本品牌的独特之处。

第二步，识别可供选择的候选产品。通过上面的调查，企业应在有限的范围内进行筛选，其目标是提出品牌延伸的建议方案。例如，麦当劳可以利用它与儿童之间的联系来开发玩具、服装或游戏产品线，甚至以儿童为主的主题公园。高效、低成本服务的联想使它可以进入任何重视上述品质的服务领域。因此，人们期望麦当劳的服装商店以较低的价格和有效的方式销售商品。

第三步，评估候选产品。候选产品究竟能不能延伸？哪些可以实际用于延伸？必须对其进行可行性研究。它是不是有吸引力的产品，将来是否能保持吸引力？它是否将不断发展？它的利润空间是否足够大还是在不断萎缩？现在和未来的竞争情况如何？现在的竞争对手是否非常强大，还是易受到攻击、正在寻找未来发展的其他途径？其他经营者是否会进入？是否存在生产能力过剩？是否存在未满足的顾客需求？在某些细分市场中是否存在与该品牌相匹配的机会？除了进入一个新的产品市场外，该延伸是否还有其他的战略目标？当然，企业还需要了解它是否有足够的资产和竞争能力来支持新产品延伸，如研发、制造、市场营销、财务、客户关系等。如果缺乏这些资源，它们是否能够被及时地、以合理的成本购买或创造出来？

3. 选择延伸方式

当企业规模不大，产品相关性强、种类少时，宜采用单一品牌进行延伸，可以在集中企业资源加强核心产品主导地位的同时带动新产品宣传、减少促销费用；当企业规模大，产品种类多且性能各异、款式不同时，采用副品牌来直观、形象地表达产品优点和个性；当推出个性化、细分程度高的产品，且企业自身能力强、品牌经营能力强时，则可使用多品牌延伸战略，迎合不同细分市场的需要，提供差异化产品或服务。

最优的品牌延伸方式选择应考虑下列三个问题：

主品牌是否有助于这个延伸？

这个延伸是否会提升主品牌？

是否有充分理由创造一个新品牌？

上述问题中的前两个关心的是在利用主品牌时会发生什么，主品牌的资产价值（知名度、美誉度等）会对延伸产生正面或负面的影响。而延伸对于主品牌的影响力也是延伸的重要结果，这种影响力的特点和大小都取决于主品牌资产的强度，以及主品牌在新环境中的适宜度和可信度。一般来说，新品牌总是高费用、高风险。因此，企业在决定创造新品牌前应作详细的调查和周密的分析，在可能的情况下，应减少需要供养的品牌数量。

4. 设计营销计划

明确了延伸产品之后，管理者需要设计品牌营销计划对其进行推广。本质上，延伸产品营销的关键在于建立延伸产品与母品牌之间的共同点，使母品牌的资产能够部分转移到延伸产品上面。最核心的一个问题是延伸产品的品牌命名问题，即究竟采用单一品牌延伸、主副品牌延伸还是亲族品牌延伸。如果延伸产品与原产品属于同一类别但希望强调其产品的特色，就可以采用主副品牌延伸，如马自达在其中国合资公司推出的 M6、M3、M2 等不同风格的车型。如果延伸产品与原产品尽管不属于同一个类别但类别之间不容易产生认知冲突（如档次相当）的话，那么可以采用单一品牌延伸，如三菱空调和三菱电梯。如果延伸产品与原产品之间容易产生认知冲突（如档次差异大、行业之间产生不良联想等）的话，则最好采用亲族品牌延伸。亲族品牌延伸是一种特殊形式的主副品牌延伸，适合于主品牌与副品牌保持若即若离的关系。比如，五粮液集团为了向中低端延伸，推出了五粮春和五粮醇等亲族品牌，其中"五粮"二字表明了几个品牌之间的根源关系，而"液"、"春"、"醇"则避免了各种不同档次产品的冲突。

除了品牌命名，延伸产品营销的计划还有：采用相同或类似的品牌标志，如华伦天奴的"V"型标志在皮具、服饰上都稍有微调；采用相同的品牌口号，如飞利浦在所有产品的广告上都以"精于心简于形"作为结尾；采用类似的产品特征或广告诉求，如飘柔洗发水宣扬"使头发柔顺"而飘柔沐浴露和香皂宣扬"使肌肤顺滑"。

5. 评估延伸效果

最后，管理者需要对品牌延伸的效果作出评估。评估的标准有以下两个：

延伸的产品是否获得了良好业绩？

延伸产品对母品牌资产产生了什么样的影响？

如果在两个标准上得分都很高的话，那么该品牌延伸就非常成功。如耐克从篮球鞋延伸到运动用品和运动服装就非常成功；如果只是标准1得分很高，标准2得分接近0，那么该品牌延伸效果尚可，如奥克斯从空调延伸到手机，后者对前者并无明显作用，延伸效果一般；如果标准2得分为负数，那么无论标准1得分如何，该品牌延伸都是失败的，如

Clorox 从漂白剂延伸到洗衣粉就很失败，因为人们总是担心使用了这种洗衣粉会使色彩鲜艳的衣服褪色。

如何保证品牌延伸的成功？品牌延伸领域的专业研究人士爱德华·陶博博士提出了品牌延伸的十大原则。

小链接

品牌延伸的十大原则

原则 1：除非品牌对新的目标市场来说是非常知名和有好的声誉的，否则不应该进行品牌延伸。例如，康师傅在方便面领域的地位使其很成功地延伸到了其他方便食品领域（如雪饼等）。

原则 2：品牌延伸从逻辑上来说应当符合消费者的期望。例如，荣昌肛泰痔疮栓和荣昌甜梦口服液联系在一起，让人有不良联想，从逻辑上无法接受两种产品是出自同一个品牌。

原则 3：品牌延伸要能够对新产品类别有杠杆作用，即母品牌的独特资产能够转移到新产品上面以助其优势。维珍的"反权威"的品牌精髓就很好地贯穿到其所有的延伸产品上面。

原则 4：如果延伸产品会使母品牌的认知混淆或者对母品牌有负面影响，那么品牌延伸就不应该进行。

原则 5：如果消费者已把品牌等同于产品类别了，那么就不应该将品牌延伸到其他产品类别上面。立白、雕牌等品牌已经被消费者认为是洗涤织物的产品，延伸到牙膏上面就不能采用原来的品牌了，只能换名。

原则 6：品牌不应该被延伸到过多不相干的产品类别上面，否则长期来看品牌会被稀释。就目前来看，与主业差异甚大的延伸是很难成功的，除了维珍等寥寥无几的几个品牌，做得好的几乎都是相关类别的延伸。美的的家电系列产品做得很有影响力，因为延伸是相关的，而美的客车目前并不算成功，因为客车与家电毕竟差异太大。

原则 7：不能为母品牌创造正面协同效应，品牌延伸就不应该进行。如娃哈哈关帝白酒对娃哈哈这个品牌并没有正面效应，因此延伸是失败的。

原则 8：品牌延伸必须使业务清晰化。

原则 9：每一次品牌延伸都应该为公司开辟新的产品类别。总是在一个产品类别范围内开展产品线延伸使得品牌的发展过于局限。

原则 10：品牌延伸研究的关键在于制订一个品牌计划。品牌发展的短期和长期的可能性都需要预先考虑。

资料来源：爱德华·陶博的品牌延伸研究网站。

第二节　品牌策略在产品生命周期不同阶段的应用

一、产品生命周期

产品生命周期是产品的市场寿命，即一种新产品从开始进入市场到被市场淘汰的整个过程。它反映了消费者对产品从接受到舍弃的全过程。典型的产品生命周期一般可以分成四个阶段，即引入期、成长期、成熟期和衰退期，如图 9.9 所示。

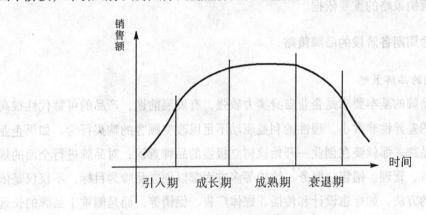

图 9.9　产品生命周期

第一阶段：引入期

产品从设计投产直到投入市场进入测试阶段。新产品投入市场，便进入了引入期。此时产品品种少，顾客对产品还不了解，除少数追求新奇的顾客外，几乎无人购买该产品。生产者为了扩大销路，不得不投入大量的促销费用，对产品进行宣传推广。该阶段由于生产技术方面的限制，产品生产批量小、制造成本高、广告费用大、销售价格偏高、销售量极为有限，企业通常不能获利，反而可能亏损。

第二阶段：成长期

当产品的销售取得成功之后，便进入了成长期。成长期是指产品通过试销效果良好，购买者逐渐接受该产品，产品在市场上站住脚并且打开了销路。这是需求增长阶段，需求量和销售额迅速上升。生产成本大幅度下降，利润迅速增长。与此同时，竞争者看到有利可图，将纷纷进入市场参与竞争，使同类产品供给量增加，价格随之下降，企业利润增长速度逐步减慢。

第三阶段：成熟期

产品投入大批量生产并稳定地进入市场销售，经过成长期之后，随着购买产品的人数增多，市场需求趋于饱和。此时，产品普及并日趋标准化，成本低而产量大，销售增长速度缓慢直至转而下降。竞争的加剧导致同类产品生产企业之间不得不在产品质量、花色、规格、包装服务等方面加大投入，在一定程度上增加了成本。

第四阶段：衰退期

产品进入了淘汰阶段。随着科技的发展以及消费习惯的改变等，产品的销售量和利润持续下降，产品在市场上已经老化，不能适应市场需求，市场上已经有其他性能更好、价格更低的新产品，足以满足消费者的需求。此时成本较高的企业就会由于无利可图而陆续停止生产，该类产品的生命周期也就陆续结束，以致最后完全撤出市场。

产品生命周期理论研究的实质在于提示产品在其生命周期中的销售规律，是企业进行营销管理、制定营销策略的重要依据。

二、产品生命周期各阶段的品牌策略

（一）引入期的品牌策略

引入期建立品牌的基本要求是企业自身实力较强，有发展前途，产品的可替代性很高即竞争产品之间的差异性非常小，理性的利益驱动不足以改变顾客的购买行为。如果企业选择建立自己的品牌，那就要在创业一开始就树立极强的品牌意识，对品牌进行全面的规划，在企业的经营、管理、销售、服务、维护等多方面都以创立品牌为目标，不仅仅是依赖传统的战术性的方法，如标志设计和传播、媒体广告、促销等，而是侧重于品牌的长远发展。产品在引入期创立品牌，除了要尽快打响品牌的知名度以外，关键的问题是要确立品牌的核心价值，给顾客提供一个独特的购买理由，并力争通过有效的传播与沟通让顾客知晓。这是创造产品的品牌阶段。

（二）成长期的品牌策略

当产品步入成长期时，企业营销努力的重点是提高品牌的认知度、强化顾客对品牌核心价值和品牌个性的理解，形成企业品牌。

品牌认知度不等同于品牌知名度。品牌知名度只是反映了顾客对品牌的知晓程度，但并不代表顾客对品牌的理解。顾客通过看、听，并通过对产品感觉和思维来认识品牌。建立品牌认知，不仅仅是让顾客熟悉其名称、术语、标记、符号或设计，更进一步的是要使顾客理解品牌的特性。要提高品牌认知度，最重要的途径是加强与顾客的沟通。顾客是通过各种接触方式获得信息的，既有通过各种媒体的广告、产品的包装、商店内的推销活动，也有产品接触、售后服务和邻居朋友的口碑，因此，企业要综合协调运用各种形式的传播手段，来建立品牌认知，为今后步入成熟期打下良好基础。

另外，成长期产品品牌定位是很重要的。通过锁定目标顾客，并在目标顾客心目中确立一个与众不同的差异化竞争优势和位置，连接品牌自身的优势特征与目标顾客的心理需求。这样，一旦顾客有了相关需求，就会开启大脑的记忆和联想之门，自然而然地想到该品牌，并实施相应的购买行为。

（三）成熟期的品牌策略

产品进入成熟期，在市场已经站稳了脚跟，但由于竞争者的大量加入和产品的普及，竞争变得尤为激烈。因此，企业应该根据成熟期的市场、产品、竞争特点，提高企业品牌的忠诚度，并结合企业自身实力，进行适当的品牌延伸，或实施多品牌策略与副品牌策略。

品牌忠诚度是顾客对品牌感情的量度，高品牌忠诚度是企业重要的竞争优势。在成熟期，企业可运用顾客对该品牌的忠诚来影响顾客的行为。

采用品牌延伸，企业不仅可以保证新产品投资决策的快捷准确，而且有助于减少新产品的市场风险，节省新产品推广的巨额开支，有效地降低新产品的成本费用。通过品牌延伸，企业可以强化品牌效应，增加品牌这一无形资产的经济价值和核心品牌的形象，提高整体品牌组合的投资效益。

企业在成熟期由于竞争者的大量涌入，因此，通过建立品牌组合，实施多品牌战略，能尽可能多地抢占市场，避免风险。实行多品牌，可以迎合不同顾客的口味，吸引更多的顾客，能使企业有机会最大限度地覆盖市场，使得竞争者感到在每一个细分市场的现有品牌都是进入的障碍，从而限制竞争者的扩展机会，有效地保证企业维持较高的市场占有率。

（四）衰退期的品牌策略

在这个阶段，企业应着眼未来，退出衰退期产品的竞争，把精力投入到二次创业上。企业可实施品牌重新定位、品牌创新等策略重新进入市场。

一种品牌在市场上最初的定位可能是适宜的、成功的，但是到后来企业可能不得不对其重新定位。品牌需要重新定位的原因是多方面的，如：竞争者可能推出类似定位的品牌，抢夺企业的市场份额；顾客偏好转移，对企业品牌代表的产品的需求减少；企业决定进入新的细分市场。在此期间，企业的原有产品技术走下坡路，销售额下降。在作出品牌再定位决策时，企业首先应考虑将品牌转移到另一个细分市场所需要的成本，包括产品品质改变费、包装费和广告费。一般来说，再定位的跨度越大，所需成本越高。其次，要考虑品牌定位于新位置后可能产生的收益。收益大小是由以下因素决定的：某一目标市场的顾客人数、顾客的平均购买率、在同一细分市场竞争者的数量和实力，以及在该细分市场中为品牌再定位要付出的代价。

随着企业经营环境的变化和顾客需求的变化。品牌的内涵和表现形式也要不断变化发展，以适度顺应消费者求新求变的心理。品牌创新是品牌自我发展的必然要求，是克服品牌老化的唯一途径。因此，企业必须不断更新品牌的内涵、保持品牌的生命力。如可口可乐从 1886 年创立至今已有 100 多年历史，它之所以能够保持长盛不衰，一个很重要的原因就是它不断地给自己的品牌注入新的内涵。它至今已采用过 30 多个广告主题，90 多句广告标语，其目的就是一个，不断地适应和满足新的需求。

思考题

1. 结合自己熟悉的一个品牌来解读塑造品牌的五个步骤。

2. "多品牌策略最大的优势便是通过给每一品牌进行准确定位，从而有效地占领各个细分市场"，那么可以说"企业越早启动多品牌策略就越好"吗？为什么？

3. 试举例分析品牌延伸不当和品牌过度延伸会带来什么样的结果。

4. "做品牌就是投放广告，不打广告就做不了品牌"，对吗？为什么？

5. "创造品牌就是创造名牌"对吗？为什么？

参考文献

[1] 迈克尔·波特. 竞争战略 [M]. 北京：华夏出版社，2005.

[2] 菲利普·科特勒. 营销管理 [M]. 上海：上海人民出版社，1999.

[3] 余伟萍. 品牌管理 [M]. 北京：清华大学出版社，北京交通大学出版社，2007.

[4] 周志民. 品牌管理 [M]. 天津：南开大学出版社，2008.

[5] 冯丽云，等. 品牌营销 [M]. 北京：经济管理出版社，2006.

[6] 中国品牌网（www.chinapp.com）

[7] 中国营销传播网（www.club.emkt.com.cn）

[8] 新浪财经专栏（www.finance.sina.com.cn）

第十章
品牌的缔造

小链接

菲利普·莫里斯的收购

卡夫（Kraft）的账面资产只有30亿美元，世界上最大的包装食品公司和最大的卷烟生产公司菲利普·莫里斯（PHILIP MORRIS PRODUCTS INC.）花了180亿美元去购买它。

面对股东的质疑，菲利普·莫里斯如何自圆其说？

他认为公司购买了一个强势品牌。因为 Kraft 具有以下的特征：

卡夫对忠诚的消费者有一种购买的动员力；他可以把自己对消费者的吸引力转化为菲利浦·莫力斯在食品业的商业影响力；这个品牌可以被延伸；最重要的是卡夫可以保证菲利浦·莫力斯在香烟生意之外进行成功的多样化经营。

菲利浦·莫力斯在未来的时日里旺盛的生命力和蓬勃的收入增长充分证明了这一决断的成功。

表 　　　　1996—2000 年菲利普·莫里斯主要经济指标变化①

指标	单位	1996	1997	1998	1999	2000
销售收入	亿美元	692.04	720.55	743.91	785.96	803.56
经营利润	亿美元	117.69	116.63	99.77	134.90	146.79
净利润	亿美元	63.06	63.10	53.72	76.75	85.10
每股红利	美元	1.47	1.60	1.68	1.84	2.02
总资产	亿美元	548.71	559.47	599.20	613.81	790.67
员工人数	万人	15.4	15.2	14.4	13.7	17.8

问题：你认为令菲利普·莫里斯作出这样决断的关键在哪里？

资料来源：逸卿，菲利普·莫里斯公司的一些历史资料，我的财讯，10-05-30，内容有改动。

---

① 资料来源：Philip Morris Companies Inc. 2000 Annual Report。

"厂房老化毁坏了，机器破损了，工人去世了，仍然具有生命力的是品牌。品牌是我们经济的原子核。"品牌是企业和产品前行的最终动力。

第一节 品牌资产

品牌资产是一种重要的资产。是消费者对于企业产品或者服务的主观认知和无形评估。现代企业越来越倚重通过品牌资产的建构，它可以为企业和消费者创造更高的价值。

一、品牌资产的概念

(一) 各种理论认识

品牌资产是一种超越生产、商品、所有有形资产以外的价值。

同样的商品或服务，因为挂上品牌，就可以让消费者付更高的价钱。而这种因由品牌资产给企业带来的利益，最终源于品牌对消费者的吸引力和感召力。

美国学者 Alexander L. Biel 认为："通常按经济学术语定义来说，品牌是一种超越生产、商品及所有形式资产以外的价值。"

强生公司前任首席执行官詹姆斯·伯克将品牌描述为"企业与其消费者之间那种信任的价值资产化"。

美国 S&S 公关公司总裁乔·马克尼说："品牌是个名字，而'品牌资产'（Brand Equity）则是这个名字的价值，品牌资产的重要性不论对本地方或全球各地企业，都变得越来越重要。企业界为了建立品牌价值，不惜投注几十亿美元的资本，但随之而来的是有些公司出售转让；买主旋即放弃这些公司旗下原来的产品，因为他们要的是这些卖方公司的'名字'，而不是产品。"

美国营销科学研究所认为"品牌资产是品牌的客户、配销商和公司本部各方面的联想与行为的集合，它容许品牌的使用比不用品牌时赢得更多的销售量和更大的利润边际，它给予品牌一个强烈的、可持续的以及差异化的优势以压制竞争者。"

(二) 定义

简单来讲，品牌是个名字，而"品牌资产"（Brand Equity）就是这个名字的价值。

品牌资产是一种超越生产、商品、所有有形资产以外的价值。

同样的商品或服务，因为挂上品牌，而让消费者愿意付更高的价钱。而这种因由品牌资产给企业带来的利益，最终源于品牌对消费者的吸引力和感召力。

大卫·艾克（David Aaker）进一步提升了该概念，认为品牌资产是一组联结品牌名及符号的品牌资产及负债，透过产品、服务去提升或降低给公司及消费者的价值，如图 10-1 所示。

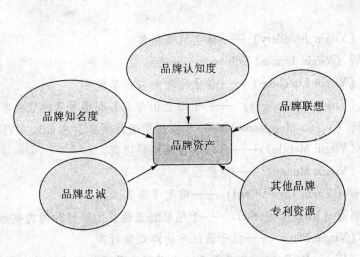

图 10-1　大卫·艾克的品牌资产模型

品牌不仅是名称和象征，还是重要的无形资产和可积累资产，这才是企业生生不息的发展源泉。

小链接

维珍集团

维珍集团（Virgin Group）是一个由 350 家公司构成的商业帝国，也是英国最大的私营企业，其创始人是理查德·布兰森。

从 1971 年创立至今，维珍集团的业务扩展到金融、航空、唱片、饮料、服装等诸多领域，比如：

维珍行动（Virgin Active）——分布于南非、意大利和英国的健康俱乐部连锁

维珍美国（Virgin America）——2006 年在美国成立的低价国内航线

维珍大西洋航空（Virgin Atlantic Airways）——基于伦敦希思罗机场的国际航空公司

维珍气球航线（Virgin Balloon Flights）——热气球运营商

维珍蓝（Virgin Blue）——营运于澳大利亚及南太平洋地区的航空公司

波利尼西亚蓝天（Polynesian Blue）——萨摩亚低价国际航线

维珍出版（Virgin Books）——书籍出版、零售、发行业务

维珍婚礼（Virgin Brides）——设立于曼彻斯特的婚礼用品店

维珍汽车（Virgin Cars）——英国廉价汽车销售商

维珍化妆品（Virgin Cosmetics）——专门于网上或店铺销售 Virgin Vie 牌化妆品

维珍数码（Virgin Digital）——网上数码音乐销售业务

维珍饮料（Virgin Drinks）——生产包括"维珍可乐"在内的软饮料

维珍游戏（Virgin Games）——在线游戏与赌博业务

维珍假日（Virgin Holidays）——英国旅游中介

维珍互动（Virgin Interactive）——游戏发行商

维珍珠宝（Virgin Jewellery）——珠宝装饰销售

维珍限量版（Virgin Limited Edition）——高级酒店业务

维珍房车（Virgin Limobike）——位于伦敦的自行车服务

维珍房车（Virgin Limousines）——于旧金山与北加利福尼亚运营的客车服务业务

维珍大卖场（Virgin Megastores）——于主要街道及网络销售 CD、DVD 和游戏的业务

维珍移动（Virgin Mobile）——移动电话网络供应商

维珍理财（Virgin Money）——财经服务

维珍信用卡（Virgin Credit Card）——信用卡服务

维珍尼日利亚（Virgin Nigeria）——于尼日利亚运营的国际和国内航线

维珍游戏（Virgin Play）——位于西班牙的游戏发行商

维珍电台（Virgin Radio）——主要业务在英国，另延伸至法国及亚洲地区

维珍唱片（Virgin Records，维京唱片）——隶属于百代唱片

维珍温泉（Virgin Spa）——化妆品零售店

维珍铁路（Virgin Trains）——主要运营于英国境内

维珍联合（Virgin Unite）——慈善机构

维珍假日（Virgin Vacations）——美国旅游中介

维珍服饰（Virgin Ware）——服饰品牌

……

维珍，这个叛逆、不羁、充满争议的品牌，在众多全球著名商业评论家的讥笑和指责中，我行我素、毫不理会的进行着它的扩张。从 1971 年维珍创立到现在，维珍的名字已经出现在金融、航空、零售、娱乐、软饮料、铁路、服装等多个商业领域。通过和消费者建立起的千丝万缕的关系，维珍品牌成功地融入了生态圈，成为了人们生活的一部分。人们调侃说："如果你愿意，可以这样度过一生——喝着维珍可乐长大，穿着维珍牛仔到维珍百万店去买维珍电台播放的唱片，去维珍影院看电影，通过维珍网站交友，和她乘坐维珍航空环球旅行，享受维珍假日无微不至的服务，然后由维珍新娘安排一场盛大的婚礼，幸福地大量消费维珍避孕套，直到拿着维珍养老保险安度晚年，烦闷的时候，喝一口维珍的伏特加，借酒消愁。"

维珍企业领袖理查德·布兰森说："我们正不断扩张，我们的品牌的运用越来越广。不过我们随时都得小心翼翼，因为我们知道只有符合我们所制定的非常严格的介入标准的产品和服务，我们才能运用我们的品牌。"

布兰森的五条标准是：

（1）它必须有最佳的品质

（2）它必须有创意

（3）它必须有较高的金钱价值

（4）它必须对其他选择具有挑战性

（5）它必须能增添一种趣味或顽皮感

只要能够至少满足这五项标准中的四项，维珍就会认真考虑如何介入这个行业。而不论它是否与维珍现在所经营的产业有无相关之处。

布兰森说："只要你有一个好品牌，无论面对什么行业你都可以运用同样的规则。"

维珍的经营战略是服务于那些另类、不循规蹈矩、反叛的年轻人，它不追求在所有领域都成为行业的领导者，而是希望担当一个行业破坏者和市场补缺者的角色。

其品牌推广常常是以其创始人、董事长兼公司形象代言人布兰森的各种另类、夸张的个人秀主打：驾着热气球飞越大西洋，驾着坦克在广场上游行，赤裸着全身在海滩上奔跑等，这既能有效吸引眼球，又和公司及产品服务的形象非常吻合，是效果不凡而成本低廉的宣传推广方式。

英国进行的一项民意调查显示：96%的英国人熟悉维珍品牌，有95%的人能立刻说出维珍集团创始人布兰森的名字。人们喜欢他，称他为叛逆的布兰森、嬉皮士布兰森、冒失鬼布兰森、冒险家布兰森。爱屋及乌，人们愈来愈喜欢维珍的品牌，乐意接受维珍的产品和服务。

资料来源：李海龙. 我是维珍，我怕谁?! [EB/OL]. 中国营销传播网，2002 - 05 - 27. http://www.emkt.com.cn/article/68/6800.html.

（三）品牌资产如何创造价值

品牌资产的价值除了体现在其资产价值上，还能体现在多方面：

1. 对客户而言品牌资产能提供的价值

在浩瀚的信息海洋中，凭借品牌对信息加以处理和筛选；优异的品牌能提高购买品牌的兴趣和可能，并增强客户在决策时的信心，促进决断；品牌能提高客户的心理满足感。

2. 对企业而言品牌资产能提供的价值

提高营销计划的效率；创造品牌忠诚度；帮助提高售价及边际效用，提高获利能力；提高品牌延伸的能力，实现品牌多样化；增强竞争能力，创造交易中的竞争优势；创造价值上的优势。

二、品牌形象

品牌是企业重要的无形资产，而驱动这种资产的关键因素就是品牌形象。

品牌形象是消费者对品牌的总体感知和看法，进而影响和决定着人们的品牌购买和消费行为。

品牌形象是由存在于消费者头脑中的品牌联想反映出来的。虽然品牌的设计、策划和推广都很重要，但品牌建设的成效根本上取决于顾客的评价。所以，品牌的价值是存在于消费者头脑中的。

（一）品牌形象的主要理论

美国著名广告专家大卫·奥格威（David Oilgvy）在20世纪50年代就从品牌定位的

角度提出了"品牌形象"这个概念，但是对品牌形象的内涵特别是测评方面的研究在很长时间内并无多大进展。直到 20 世纪 80 年代后期，围绕品牌资产（Brand Equity）这个大的主题，学术界在品牌形象研究方面才取得一些重要突破。

其代表性的研究如表 10.1 所示：

表 10.1　　　　　　　　　　　　品牌形象的主要理论

理论名称	主要内容
品牌个性理论	提出品牌个性的五个测量维度：纯真、刺激、称职、教养、强壮
战略性品牌概念——形象管理理论	把品牌形象分为功能性概念、象征性概念和体验性概念三个方面
品牌形象三维度模型	从内容上将品牌形象分解为产品/服务提供者形象（或企业形象）、使用者形象以及产品/服务形象三个方面
科乐品牌形象模型	将品牌形象视为一个较为综合的概念，通过品牌联想来反映，而品牌联想可以从特点、益处、态度等方面考察
品牌形象二重性模型	把品牌形象分为软性和硬性两大类："硬性"形象是指消费者对品牌有形的或者功能性属性的认知；"软性"形象则主要反映品牌的情感特性

（二）品牌形象的四个维度

为了能够准确而全面地考察品牌形象的构成，同时站在消费者的角度审视其对企业品牌形象的感知，我们从大卫·艾克的品牌形象识别四个维度（产品、人性化、企业和符号）出发，来衡量品牌形象，如图 10-2 所示：

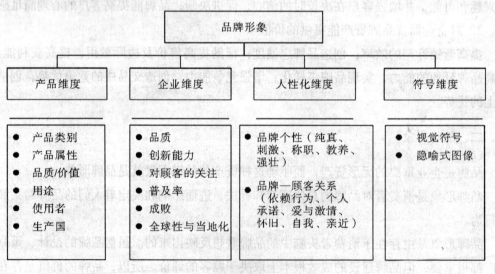

图 10-2　品牌形象的四个维度

1. 产品维度

产品是品牌的实物载体，它承载了消费者对该产品的总体满意程度，是构建品牌形象的基础。

产品维度主要测评指标包括：

（1）一个品牌与它所代表的产品类别密切相关。重要的不是让消费者知道某品牌属于哪种产品类别，而是当消费者考虑购买某类产品时会想到某种品牌，使该品牌成为消费者选择的首要对象。比如买电脑会第一时间联想到 IBM、戴尔，吃快餐会第一时间联想到麦当劳、KFC，去儿童乐园会第一时间联想到迪斯尼。

（2）产品属性往往能激发消费者购买和使用的意愿，给消费者带来实质性的利益。如麦当劳"全球一致"的口味、苹果系列"时髦、漂亮"的外形。当产品的某些属性特别突出时，消费者心目中就会形成高品质或高价值的印象，而这往往是企业努力诉求的焦点。

（3）产品的用途、使用者和生产国（或产地）也都影响着人们对品牌产品的评价和判断。品牌形象可借助其使用者形象或产地形象得到强化。比如法国香水、日本电器和德国啤酒畅销国际市场无不得益于"生产国效应"。

2. 企业维度

人们不仅关心产品本身的特点，而且越来越注重产品提供者的情况。优秀的企业形象为产品销售提供了保障。看到品牌，人们会自然联想到提供产品的企业。

产品维度的品牌形象一般建立在顾客对产品具体特性和消费群体等的联想上。而企业维度的品牌形象则与较为抽象的企业价值观、组织专长和技术特色等相关。

企业角度的主要测评指标包括：

（1）品质。有些时候对品质的认同是消费者通过企业而不是产品产生的，所以许多企业都致力于改善品质而使企业成为同业中的"最佳"。

（2）创新能力。创新能力也是最重要的"企业联想"之一，尤其是对于高科技企业。苹果公司、SONY 等企业的关键优势都在于其优异的技术基础。

（3）对顾客的关注。许多企业都将"顾客至上"视为企业的核心价值，如果能真正做到这一点，消费者会产生被重视的感觉，对企业更加信赖，且容易产生亲近感。

（4）普及率和成败。如果企业产品的普及率高而且企业在所处行业表现优秀，顾客购买其产品就更加放心。

（5）全球性与当地化。本土化的品牌容易拉近与消费者的距离，而全球性品牌往往具有良好的声望和巨大的市场影响力。

3. 人性化维度

人们常常喜欢将事物拟人化，赋予其人性特征。将品牌拟人化，因此形成了无穷的魅力和吸引力，我们会发现品牌形象更丰富和有趣。例如万宝路充满阳刚气，可口可乐是古典隽永的，百事可乐是年轻时尚的。

在消费者眼里品牌不仅仅代表了某种产品，它实际上也是消费者微妙的心理需求的折射。人们不会对任何人都接受，因为他的心理空间是有限的。所以，在人群中，个性鲜明者容易脱颖而出，而如果此人再具有多数人所欣赏的个性如诚信、幽默、热情等品质，就会为多数人接受并喜欢。

同样，消费者不会任何品牌都接受，因为他把品牌看做人，所以他只接受具有他所认可的个性的品牌。只有具有消费者所欣赏的个性的品牌，才能为消费者接纳、喜欢并乐意购买，从而体现出其品牌价值。

由此可见，品牌个性乃是品牌价值的核心，要提升品牌价值就必须塑造出鲜明的品牌个性。

最早用归纳法研究品牌个性维度的学者是美国著名学者珍妮弗·阿克尔（Jennifer Aaker），她第一次根据西方人格理论的"五大"模型，以个性心理学的研究方法为基础，以西方著名品牌为研究对象，发展了一个系统的品牌个性维度量表（Brand Dimensions Scales，BDS）。五个维度下有 15 个层面，包括有 42 个品牌人格特性。这套量表是迄今为止对品牌个性所作的最系统也是最有影响的测量量表，据说可以解释西方 93% 的品牌个性的差异（David A. Aaker）。

表 10.3　　　　　　　　　　珍妮弗·阿克尔的品牌个性分类①

类别	属性	代表品牌
Sincerity（真诚）	①脚踏实地的：家庭导向的、小城镇的、传统的、蓝领的；②诚实的：真诚的、真实的、合乎伦理的、体贴的、有同情心的；③健康的：原创的、名副其实的、永葆青春的、经典的、老套的；④愉悦的：感情丰富的、友好的、热心的、幸福的	柯达
Excitement（刺激）	①大胆的：追逐潮流的、令人兴奋的、反传统的、炫目的、煽动性的；②活泼的：酷的、年轻的、有活力的、开朗的、具有冒险精神的；③有想象力的：独特的、幽默的、令人惊奇的、有美感的、有趣的；④时尚：特立独行的、紧随时代的、创新的、积极进取的	贝纳通
Competence（胜任）	①可靠的：勤奋的、安全的、有效的、值得信赖的、仔细的；②智慧的：技术的、团结的、严肃的；③成功的：领导者的、自信的、有影响力的	IBM
Sophistication（教养）	①上流社会的：富有魅力的、外形美观的、自命不凡的、精细的；②有魅力的：女性化的、流畅的、性感的、温柔的	奔驰
Ruggedness（强壮）	①户外的：男性化的、西部的、活跃的、运动的；②结实的：粗犷的、强健的、直截了当的	万宝路

4. 符号维度

符号（或标志）往往是消费者头脑中感受最为深刻的东西，是品牌整体形象的高度

① 资料来源：David A Aaker. Building Strong Brands [M]. NewYork：Free Press, 1996.

浓缩和象征。有两种符号标识是非常重要的，即视觉符号和隐喻式图像。

（1）视觉符号是能激发强烈视觉印象的符号，例如，耐克球鞋的勾型商标、麦当劳的黄色 M 型、可口可乐的红白字体、奔驰汽车的商标等，都强烈地传达着品牌的形象。

（2）隐喻式图像主要指能够同时显示一个品牌的功能和传达这个品牌"感情"的标识或标志。例如，篮球名将乔丹高高跃起，表现了耐克球鞋的运动特色。

品牌的产品形象是指产品的质量、功能、价格、购买是否便利以及购买过程是否愉快，等等。

品牌的人性化形象是品牌拟人化的表现，它使得品牌形象更丰富、更能打动人心。人们往往倾向于偏爱那些与自己存在共性的人和事，因为彼此间更容易产生共鸣。品牌的人性化特征能与消费者进行良好的沟通。

品牌的企业形象是品牌综合形象的坚强后盾。由于消费者在选购商品时往往面临着信息的不对称，因此在对产品和品牌的优劣作出主观判断时，良好的企业形象能对企业品牌形成了一种有力的支持。消费者由品牌联想到企业，包括企业文化、社会声誉、创新能力、技术实力、管理水平、规模、产品/服务质量等。企业形象传承的核心是品牌的精神内涵，这种内涵除了从产品和品牌本身展现出来，同时还体现在企业的文化、组织、管理以及员工之中。

品牌的符号形象是品牌形象最直接的表象，包括品牌标识、包装、广告等。其简洁有力的信息传递和强烈的视觉冲击力极易征服消费者，是消费者头脑中对品牌形象感受最为深刻的一部分，是品牌综合形象的高度浓缩和象征。品牌符号要具有一定寓意和易记性，并且其设计必须与要传达的品牌形象保持一致。

三、品牌联想

品牌联想指记忆中和品牌相连的每一个知识，是人们对品牌的想法、感受以及期望等的集合。比如一提到麦当劳，人们就会联想到金黄色的 M 标志、微笑小丑的麦当劳叔叔、红色为主的麦当劳招牌、快餐、汉堡包、小孩生日会，等等。这种联想多少会反映消费者与品牌之间的联系程度，是消费者进行购买决策和形成品牌忠诚的基础。有益的联想越丰富，品牌的价值越高。

（一）品牌联想的作用

1. 联想具有导向性的心理作用

曾经有一个著名的心理学试验：把被实验者分成左右组，每组各发一瓶一模一样的蒸馏水让其分别饮用。待其喝完了后，实验者告诉他们左边小组喝的水是矿泉水，而右边小组喝的是从厕所马桶里的水蒸馏出来的。结果，左边小组兴高采烈的大赞好喝而右边小组不少人开始呕吐。这个实验有效地说明了联想的作用。

2. 品牌联想能帮助人获得、理解并记住关于品牌的信息

比如米其林轮胎胖巨人的形象有利于对其品牌的记忆和联想。

3. 通过特定联想而产生品牌区别

比如联想到意大利的皮具就意味着优质，联想到海飞丝就意味着去屑。有益的品牌联想能使品牌资产增值。

4. 特定的联想可能是购买的依据

比如可口可乐会使我们联想到经典美国风格；而百事可乐会令我们联想到年轻时髦的一代。这些不同的联想吸引着不同的人群。

总之，品牌联想能够帮助消费者对品牌形成不同的态度，是品牌延伸的重要基础。

(二) 品牌联想的主要内容

1. 品牌核心价值

品牌核心价值是品牌提供给消费者的关键利益，是消费者认同、喜欢和愿意购买某一个品牌的主要动因。品牌核心价值既包括功能性利益如"舒肤佳有效除菌"，也包括精神价值如"宝马代表着身价不凡"。一旦品牌核心价值成为最强劲的联想，就为占领市场奠定了坚实基础。

2. 产品特性

最常见的品牌战略定位就是将定位目标与产品属性或者特性联系起来，比如一支高露洁牙膏具有外包装质地、大小、膏体颜色、细腻程度、洁齿与护齿功能、香味、价格等许多特征，而高露洁的品牌核心价值只是"有效防止蛀牙"。

不过一般特征也能提供辅助价值，如透明或者颜色清凉的蓝白相间的牙膏膏体也是消费者选择牙膏时的偏好，而精美别致的包装也让"有效防止蛀牙"这一关键利益更可信。

3. 声望感与领先感

声望感与领先感指的是联想中对品牌的整体评价，如质量、技术及企业整体实力在行业中的领导地位。消费者愿意花更高的价格购买某品牌在很多时候是因为其具备了威望感与领先感，如 ARMARNI 的西装、苹果 IPAD 等等。

4. 清晰的相对价格

产品的价格档次会决定人们对品牌的评价。所以，品牌制定什么样的价格必须与其品牌形象相适应。例如，低价品牌的形象，如果要制定相对高的价格来提升品牌地位，会经历消费者的怀疑和不信任，并付出更高的消费者教育成本。同样，高价品牌如果制定较低的价格去争取低端市场，则很容易破坏原有高端形象，产生不好的联想。因此，品牌定位中价格是非常重要的环节。

5. 使用场合

雀巢咖啡提示的饮用场合是写字楼白领们的放松一刻，人们在星巴克聊天看街景会朋友，穿着小礼服的人们在范思哲咖啡举行"PARTY"，一个人在河滨漫步看书喝罐装的左

岸咖啡……品牌的使用场合存在着明显的差别,这也是实现品牌差异的关键因素之一。

6. 使用者/顾客

将品牌与产品的使用者/顾客联系起来,这是一种有效的品牌定位方法。如百事可乐用时尚偶像演绎的"活力、个性、激情"更易获得年轻人的喜欢;乐百氏酸奶明确指向儿童,而达能酸奶的主要消费群是成人;奔驰车比宝马更适合年纪大、略微保守、稳健的商界成功人士乘坐;沃尔沃则代表着含而不露的知识精英。

当然,品牌强有力的使用者/顾客联想也会限制品牌目标市场的扩大能力,然而鱼与熊掌不可兼得,在产品过剩、竞争异常激烈的年代,必须作出牺牲,选择特定目标消费群,以使产品与服务更符合目标消费群的需要,增强在细分市场的竞争力,增进目标消费群对品牌的归属感。

7. 生活方式与个性

一个品牌就代表着一种生活方式与个性。例如芝华士在中国市场就全力打造着"享受芝华士人生"的生活方式:到阿拉斯加钓鱼、到灯塔野餐、在中国体验全球顶尖音乐的现场表演……轻松惬意地过着一切都在掌握之中的有情调、有能力、有品位的芝华士式生活。消费者因为向往着这样的生活方式而青睐芝华士。

8. 产品类别

哈根达斯是表达爱情的冰淇淋、SONY 是画质优越的电脑、IPHONE 是智能手机……品牌牢牢与产品类别联系起来,有助于品牌在这一产品类别上立稳脚跟,使其他品牌侵入的难度倍增。不过品牌成为一个品类的代名词,也容易作茧自缚,降低品牌的延伸能力。如五粮液从白酒到矿泉水的延伸就比较失败。

9. 竞争对手

参照竞争对手进行定位是定位战略的主要手段。因此,利用与竞争对手的差异进行联想是创建品牌的重要手段,如海飞丝的去头屑功能要比别的洗发水突出,索尼在显像管技术上站在行业最前沿,竹叶青比别的绿茶更有品位和高档……

10. 国家或地理区域

国家或地理区域的自然环境资源、发展历史、文化造就了其在某些产品领域的特别优势,如日本的小家电、瑞士的手表与军用刀、法国的红酒与香水、意大利的时装,等等。被消费者认同的地域联想,可节省大量宣传成本。当然,在品牌全球化发展的过程中,与国家相关的联想变得既复杂又重要。

(三)品牌联想的建构方式

1. 讲述品牌故事

品牌故事是品牌在发展过程中将那些优秀的东西总结、提炼出来,形成一种清晰、容易记忆又令人浮想联翩的传导思想。其实,品牌故事是一种比广告还要高明的传播形式,它是品牌与消费者之间成功的情感传递。消费者购买的不是冷冰冰的产品,他们更希望得到产品以外的情感体验和相关联想，而且，这种联想还有助于诱发消费者对品牌的好奇心和认同感。

哈佛堪称世界教育第一品牌。有关哈佛的故事很多，最著名的有两个：一个是关于哈佛这个创始人（一说捐献人）的，一个是关于哈佛的"傲慢与偏见"（据说，这个故事的始作俑者是查尔斯河对岸以"西海岸的哈佛"自居的斯坦福大学）。尽管这两个故事并不一定是真的历史，但真真假假，却像磁石一样吸引着年复一年的新生和来自全世界的旅游观光者，更为这座古老的大学增添了几分神秘的色彩。

世界未来学者之一、哥本哈根未来研究学院的主任罗尔夫·詹森，早在 1999 年就作出预测，在 21 世纪，一个企业应该具有的最重要的技能就是创造和叙述故事的能力。正如詹森提出的："这是所有企业都面临的挑战——不管是生产消费品、生活必需品、奢侈品的公司，还是提供服务的公司，都必须在自己的产品背后创造故事。"

小链接

宅急便的故事

从 1957 年说起，当时日本大和运输的创立者——小仓康臣先生，在某天看到一只落单的初生小猫，孤零零躺在马路边，眼睛还睁不开，微弱地喵喵呼喊着母猫，让人看了心疼。康臣心生恻隐，本来要过去移走小猫，以免小猫在人来车往的马路上受伤，突然一只母猫出现，过去温柔地舔了一下小猫的眼睛，小心翼翼，轻轻衔起小猫的脖子，然后慢慢地把小猫移往安全的窝。

当时，康臣先生从那只母猫的眼神中发现，这种细心呵护、无微不至的态度，正是宅急便服务应该有的精神："用母猫对待对自己亲骨肉的心态，用小心翼翼的态度面对每次托付，对顾客的包裹视如己出般地呵护。"

虽然当时这个亲子猫的标志已经由全美最大的联合货运公司所拥有。康臣先生为了传达这种小心翼翼、呵护送达的一份感动，他特别向美国公司提出授权的请求，便开始以此作为黑猫宅急便的故事象征。

黑猫宅急便的每一分子，都谨记着这个 Logo 代表的用心与感动："每天从不同的顾客手中，接过托运的包裹。我们知道，这些都是有温度的。"就是为了把客人传出来的温暖传递下去，宅急便也是用最小心翼翼、视如己出的态度来达成。"小心翼翼，有如亲送"也成为其不变的承诺。

资料来源：http：//www.t-cat.com.tw/Component/SPageFotT-Cat.aspx？MID=3&SPID=7，黑猫宅急便企业介绍。

2. 借助品牌代言人

借助品牌代言人是指品牌在一定时期内以契约的形式指定一个或几个能够代表品牌形象并展示、宣传品牌形象的人或物。

借助有影响力的用户代表来建立有价值的品牌联想。如 2006 年 4 月，中共中央总书记胡锦涛在北京钓鱼台接见了台湾国民党名誉主席连战，并以国酒茅台互敬。相信许多人还记得，那几天在世界各大媒体上刊播的那一精彩瞬间，这是茅台企业花多少钱也买不到的传播价值。

而著名首饰品牌蒂凡尼（Tiffany），在很多消费者心目中都是第一时间联想到著名演员赫本在电影《蒂凡尼早餐》（Breakfast at Tiffany）中的美丽倩影。而这种联想，早已让客户忘掉了价格等外在因素的对比，其购买决策更像是来自心灵深处的召唤。

所以，好的代言人对品牌而言是如虎添翼，但如何选择及如何调控代言人与品牌间的关系，是个复杂的课题。

3. 建立品牌感动

未来学家约翰·奈比斯特说："未来社会正朝着高技术与高情感平衡的方向发展。"优秀品牌的传播无不充满了人类美好的情感，并给消费者带来了丰富的情感回报。比如，钻石彰显永恒之爱，一句"钻石恒久远，一颗永留传"的广告语，便将一段刻骨铭心的爱情与一颗光彩夺目的钻石联系了起来，并在消费者心目中建立了一种发自内心的品牌感动。

举例来讲，希望在客户和最终使用者心中塑造"环保、亲近自然"形象的著名石油公司雪佛龙，曾拍摄了一则旨在让消费者感动的形象广告。广告片的诉求表现十分真实：当太阳在西怀俄明升起的时候，奇异好斗的松鸡跳起了独特的求偶之舞。这是一个生命过程的开始，而一旦有异类侵入它们的孵育领地，这一过程就会遭到破坏。这就是铺设输油管道的人们突然停止建设的原因，他们要一直等到小松鸡孵化出来之后才回到管道旁继续工作。企业为了几只小松鸡，真的能够搁置其商业计划吗？这就是雪佛龙广告为顾客创造的一种品牌感动，这种感动不仅加深了顾客对该品牌意欲树立的环保形象的认知，而且使得社会大众将他们对环保的需求在该类联想中得到理解和融合，从而愈加认同乃至忠诚于雪佛龙品牌。

四、品牌忠诚

在整合营销传播的视野里，品牌价值体现为与顾客及相关利益者的关系程度，因此构建品牌的核心就是构建与顾客及相关利益者的稳定关系。

比如说在美国 8% 的家庭消费者消费 84% 的可乐；16% 的消费者喝掉接近 80% 的酸奶；30% 的消费者吃掉 56% 的快餐；33% 的零售商卖掉 73% 的卷烟产品；6% 的人掌握并拥有 40% 的金融服务……所以，建立品牌资产的关键在于发展与顾客之间的互相依赖、互相满足的关系。

艾克在其《品牌领导》一书中说："这就要求赋予品牌人性化的特征，使品牌能够成为消费者的朋友、老师、顾问或者保镖等，从而品牌就在消费者日常生活中扮演了某个角色。消费者的利益价值主张在这人性化的品牌形象得以体现，品牌将会获得消费者的认同，使消费者对品牌产生强烈的归属感，为最终形成品牌忠诚奠定基础。"

（一）消费品市场品牌忠诚

这里，消费品是指经常或大量购买的、价值较低的非耐用品。消费品市场品牌忠诚通常可以用顾客购买的量、购买的频率、使用的时间长度来衡量。

作为消费品市场的品牌忠诚有一个十分明显的特征，那就是品牌忠诚十分分散，几乎每一个品牌都会拥有一批忠诚的顾客，而每一位顾客对一个特定品牌的忠诚度也很有限，他们往往同时购买几个品牌的产品，其原因主要有以下几个：

（1）顾客因为采用新品牌要冒的风险往往不大，所以有时他们愿意冒险去发现新旧产品之间的异同。

（2）促销作用下，譬如说某一新品牌产品大幅度降价销售的时候，会激起一部分消费者去采购新品牌。

（3）由于产品多属于低值产品，在销售渠道方面往往不能完全满足顾客的需求，当渠道出现问题，顾客无法买到他所忠诚的某一品牌产品时，会改而使用其他品牌的产品。

（4）这类产品的购买者往往不是直接消费者，且消费者包括几种不同的品牌忠诚情形，如办公室秘书为公司采购办公用品时就是这样。这种情况下，购买者往往会不断改变他的品牌忠诚对象。

（5）有些消费品，由于它与消费者（顾客）的切身体会的联系不十分明显，所以当顾客重复购买这类产品时（如保鲜袋）往往对品牌的忠诚表现不明显。

从以上分析可见，消费品市场品牌忠诚比较好评估但却很难建立。其主要原因集中在产品与消费者之间的利益关系不突出、消费者更换品牌时所冒的风险较小这两点上。因此，消费品市场营销者应该努力去提高产品质量，提供更多的服务，走差异化营销的道路，并且适时地采用促销策略。

当然，有的企业从培养顾客对品牌的忠诚转向经营顾客对企业的忠诚，以适合顾客不断更新的需求，如联合利华就是一例。

（二）耐用品市场忠诚

对于耐用品市场而言，由于产品的价值较高、使用时间较长，因此消费者介入的程度高，产品性能、形象对消费者的利益影响深远，故而消费者往往对某一品牌具有较高的忠诚度。

耐用品的产品质量和性能的重要性是显而易见的，而且与消费者的切身利益关系密切，因此，要培养耐用品市场的品牌忠诚，企业应该将产品的质量放在第一位。适当的品牌定位往往也是获得耐用品市场品牌忠诚的有效手段。

（三）服务市场品牌忠诚

目前对服务市场的品牌忠诚研究较少，然而服务市场的品牌忠诚对于服务营销者来説,其重要性并不比有形产品市场差。相反,有时显得更加重要,譬如说餐饮业、美容美发行业、信息产品、咨询行业都能受益于品牌的忠诚。服务市场品牌忠诚有以下特点:

说,其重要性并不比有形产品市场差。相反,有时显得更加重要,譬如说餐饮业、美容美发行业、信息产品、咨询行业都能受益于品牌的忠诚。服务市场品牌忠诚有以下特点:

(1)一方面,服务(含信息产品)是无形的,顾客往往不能感觉它们的品质和质量的真实内涵;另一方面,顾客与服务的利益涉及程度较高,譬如说咨询,顾客往往希望利用它来为某一重大决策服务。很明显,顾客在选择服务的时候会更看重品牌,将品牌作为衡量服务质量的标准之一。

(2)很多服务具有连贯性,一旦选择,很难改变,所以在服务市场,顾客对品牌的忠诚度往往较高,而且比较单一,如财会服务的选择就是这样。

(3)在服务市场,顾客对服务的忠诚度往往受他们同服务提供者之间的关系密切程度影响较大,一旦建立起了良好的关系,顾客也就很容易形成对品牌的忠诚。一般来说,企业同消费者维持关系的能力都很强,所以服务市场品牌忠诚度一般也都较高,而且有较多的手段加以培养和巩固。

(4)在服务市场,顾客对产品容易形成习惯、产生依赖,而对其他同类服务的选择表现出惰性。人们往往喜欢到同一个地方吃饭、理发、洗衣就是这种原因造成的。

(5)在服务市场中,品牌忠诚度与交易的满意度之间关系密切,所以服务的满意度不但从质量上,而且从心理态度方面满足了顾客的需要,它是服务市场建立和培养品牌忠诚的有力工具。

第二节 品牌成长十阶梯

品牌不等于产品,它是一个系统概念,是企业各方面的优势如质量、技术、服务、宣传等的综合体现。所以,实施品牌战略要求企业系统地改善整体运作以促进品牌的段位升级。每上一个阶梯都要经过企业多方面的努力,是一个长期繁复的巨大工程,一环扣一环。

一谈起品牌,人们都会不约而同地谈起品牌的知名度、美誉度、忠诚度。实际上,品牌的表现不只是这三个度。我们进一步细化、量化品牌的"度",可将品牌的缔造分成十个不同的阶段。众所周知,品牌的形成非一朝一夕所能完成,品牌的打造犹如攀升阶梯一般,需要经过一步步地累积、不断地提高段位,最后才能登上成功的巅峰,如图 10-3 所示。

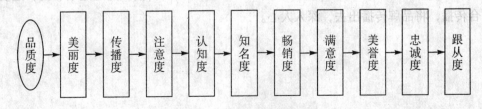

图 10-3 品牌建设阶梯模型

一、品牌入段——品质度

所谓品质度，是指品牌结构中核心产品的质量。产品质量（包括服务质量）是品牌这座摩天大楼得以建立的根本基础，基础不牢，任何知名度、美誉度都是建造在沙滩上的一座海市蜃楼。同样的产品，其品质度不一样，品牌的基础就不一样。通常，我们认为只有处于一段以上的产品才能面对营销市场，并且随着品牌的上升，产品质量也应该从二段到三段……六段、七段等往上攀登。

品质是市场接受的基本理由。所以，众多品牌都大力宣传自己品质优良。比如吉列强调自己是"男人可以得到的最好的剃须刀"，VOLVO 的广告语是"最安全的汽车"等等。可惜这么初级的要求，并不是所有的品牌都能做得到。没有优良品质作基础，是无法成就一个真正的品牌的。

二、品牌一段——美丽度

所谓美丽度，就是一个品牌的形象塑造后所呈现的美观程度。

人们所感知的外部信息，有83%是通过视觉通道到达人们心智的。消费者也是首先通过视觉感知产品与品牌。因此，好的产品外观设计、良好的材质运用、妥帖漂亮的包装、独特精致的产品标志、赏心悦目的广告等，美丽的东西通常会给人们留下良好的第一印象，将为品牌的后续的发展开创一个良好的开端。

瑞士雷达表在我国的售价每只1万元以上，可它生产成本只有不到1000元。事实证明，在新的产业革命推动下，世界已进入了设计时代。而国产品牌由于在设计等方面不够重视，无法给消费者提供惊喜和激动，在与国际品牌的市场竞争中很容易处于下风。在未来，没有设计的品牌就没有发言权。我们必须通过设计创新，才能提升产品附加值和品牌形象。

三、品牌二段——传播度

好的产品、好的形象必须通过有效的传播才能取得更大的市场。广泛的传播度是品牌建立的坚实基础，是品牌发展的有力支持。在现今的媒体社会中，无论是在品牌建立的初始阶段还是成熟阶段，传播的支持都尤为重要。如何能够达到覆盖面广、影响力深的程度，这是品牌传播的目标。仅靠视觉传播、口碑传播、广告传播，是远远不够的，还要进行整合传播，将品牌传播出去，深入人心。

小链接

整合营销传播

1992 年，全球第一部 IMC（Integrated Marketing Communications，简称 IMC）专著《整合营销传播》在美国问世。作者是在广告界极负盛名的美国西北大学教授唐·舒尔茨及其合作者斯坦利·I. 田纳本（Stanley I. Tannenbaum）、罗伯特·E. 劳特朋（Robert F. Lauterborn）。其概念的内涵也随着实践的发展不断丰富和完善。整合营销传播的开展，是 20 世纪 90 年代市场营销界最为重要的发展，整合营销传播理论也得到了企业界和营销理论界的广泛认同。

整合营销传播 IMC 的核心思想是将与企业进行市场营销有关的一切传播活动一元化。整合营销传播一方面把广告、促销、公关、直销、CI、包装、新闻媒体等一切传播活动都涵盖到营销活动的范围之内，另一方面则使企业能够将统一的传播资讯传达给消费者。所以，整合营销传播也被称为用一个声音说话（Speak With One Voice），即营销传播的一元化策略。

一、整合营销传播的两个特性

1. 战术的连续性

战术的连续性是指所有通过不同营销传播工具在不同媒体传播的信息都应彼此关联呼应，在所有营销传播中的创意要素要保持一贯性。譬如在一个营销传播战术中可以使用相同的口号、标签说明以及在所有广告和其他形式的营销传播中表现相同行业特性等。心理的连续性是指对该机构和品牌的一贯态度，它是消费者对公司的"声音"与"性格"的知觉，这可通过贯穿所有广告和其他形式的营销传播的主题、形象或语调等来完成。

2. 战略的导向性

战略的导向性是通过设计来完成战略性的公司目标，强调在一个营销战术中所有的包括物理和心理的要素都应保持一贯性。许多营销传播专家虽然能制作出超凡的创意广告作品，深深地感动受众甚至获得广告或传播大奖，但是却未必有助于本机构的战略目标，例如销售量市场份额及利润目标等。能够促使一个营销传播战术整合的就是其战略焦点，信息必须设计来达成特殊的战略目标，而媒体则必须通过有利于战略目标的考虑来对其进行选择。

二、整合营销传播的七个层次

1. 认知的整合

这是实现整合营销传播的第一个层次，在这里只有要求营销人员认识或明了营销传播的需要。

2. 形象的整合

第二个层次牵涉到确保信息与媒体一致性的决策。信息与媒体一致性一是指广告的文字与其他视觉要素之间要达到的一致性，二是指在不同媒体上投放广告的一致性。

3. 功能的整合

把不同的营销传播方案编制出来，作为服务于营销目标（如销售额与市场份额）的直接功能，也就是说每个营销传播要素的优势劣势都要经过详尽的分析，并与特定的营销目标紧密结合起来。

4. 协调的整合

第四个层次是人员推销功能与其他营销传播要素（广告公关促销和直销）等被直接整合在一起，这意味着各种手段都要用来确保人际营销传播与非人际营销传播的高度一致。例如推销人员所说的内容必须与其他媒体上的广告内容协调一致。

5. 基于消费者的整合

营销策略必须在了解消费者的需求和欲求的基础上锁定目标消费者，在给产品以明确的定位以后才能开始营销策划。换句话说，营销策略的整合使得战略定位的信息直接到达目标消费者的心中。

6. 基于风险共担者的整合

营销人员应该认识到目标消费者不是本机构应该传播的唯一群体，其他共担风险的经营者也应该包含在整体的整合营销传播战术之内，如本机构的员工、供应商、配销商以及股东等。

7. 关系管理的整合

这一层次被认为是整合营销的最高阶段。关系管理的整合就是要向不同的关系单位进行有效的传播，公司必须发展有效的战略。这些战略不只是营销战略，还有制造战略、工程战略、财务战略、人力资源战略以及会计战略等。也就是说，公司必须在每个功能环节内（如制造、工程、研发、营销等环节）发展出营销战略以达成不同功能部门的协调，同时对社会资源也要作出战略整合。

三、整合营销传播的六种方法

1. 建立消费者资料库

这个方法的起点是建立消费者和潜在消费者的资料库。资料库的内容至少应包括人员统计资料、心理统计、消费者态度的信息和以往购买记录等。整合营销传播和传播营销沟通的最大不同在于整合营销传播是将整个焦点置于消费者、潜在消费者身上，因为所有的厂商、营销组织，无论是在销售量还是利润上的成果，最终都依赖消费者的购买行为。

2. 研究消费者

这是第二个重要的步骤，就是要尽可能使用消费者及潜在消费者的行为方面的资料作为市场划分的依据，相信消费者"行为"资讯比起其他资料如"态度与意想"测量结果更能够清楚地显现消费者在未来将会采取什么行动，因为用过去的行为推论未来的行为更为直接有效。在整合营销传播中，可以将消费者分为三类：对本品牌的忠诚消费者、他品牌的忠诚消费者和游离不定的消费者。很明显这三类消费者有着各自不同的"品牌网路"，而想要了解消费者的品牌网路就必须借助消费者行为资讯。

3. 接触管理

所谓接触管理就是企业可以在某一时间、某一地点或某一场合与消费者进行沟通，这是20世纪90年代市场营销中一个非常重要的课题。在以往消费者自己会主动找寻产品信息的年代里，决定"说什么"要比"什么时候与消费者接触"重要。然而，现在的市场由于资讯超载、媒体繁多，干扰的"噪声"大为增大。目前最重要的是决定"如何、何时与消费者接触"，以及采用什么样的方式与消费者接触。

4. 发展传播沟通策略

这意味着在什么样的接触管理之下，该传播什么样的信息，而后，为整合营销传播计划制定明确的营销目标。对大多数的企业来说，营销目标必须非常正确，同时在本质上也必须是数字化的目标。例如对一个擅长竞争的品牌来说，营销目标就可能是以下三个方面：激发消费者试用本品牌产品；消费者试用过后积极鼓励其继续使用并增加用量；促使他品牌的忠诚者转换品牌并建立起对本品牌的忠诚度。

5. 营销工具的创新

营销目标一旦确定之后，第五步就是决定要用什么营销工具来完成此目标。显而易见，如果我们将产品、价格、通路都视为和消费者沟通的要素，整合营销传播企划人将拥有更多样、广泛的营销工具来完成企划，其关键在于哪些工具、哪种结合最能够协助企业达成传播目标。

6. 传播手段的组合

这最后一步就是选择有助于达成营销目标的传播手段。这里所用的传播手段可以无限宽广，除了广告、直销、公关及事件营销以外，产品包装、商品展示、店面促销活动等，只要能协助达成营销及传播目标的方法，都是整合营销传播中的有力手段。

资料来源：http://wiki.mbalib.com/wiki/整合营销传播理论，智库百科。

小链接

英特尔品牌营销启示录

这是一个具有典型意义的品牌营销和整合传播案例。英特尔（Intel）以生产电脑的中央处理器而众所周知，在全世界有80%的个人电脑所使用的都是英特尔生产的微处理器芯片，它已经成为当今世界IT产业的最为著名的品牌之一。虽然生产一系列微处理器是英特尔多年以来始终如一的业务，但是市场最初对它的品牌认同并不像今天这样。早期英特尔的微处理器是通过它的数字代码标识的。早在20世纪80年代个人电脑开始流行的时候，人们就知道286、386、486——英特尔用不同的数字表示相应的科技水准，它的微处理器横扫整个电脑市场。然而英特尔却并没有为这些"X86"申请商标注册——事实上数字本身也不能成为一种商标，"X86"也仅仅只代表了一种产品的科技含量，因此许多类似的公司都不约而同地在自己生产的微处理器上标示出"X86"的字眼。英特尔巨大的市场份额受到了蚕食。于是，一种经过精心策划的有意识的品牌运动开始在全球推广。

这项运动就是著名的"内有英特尔"（Intel Inside）。英特尔的整合营销传播活动是从1991年开始的，他的做法是：要求众多的电脑生产商，如IBM、康柏（Compaq）、戴尔（Dell）、通路电脑（Gateway）等，在所生产销售的电脑、说明书、包装和广告上，都增加"内有英特尔"（Intel Inside）的商标。作为报答，英特尔将从他们的销售额中划出最高达3%的返利给这些电脑生产商作为联合广告补助，而如果同业将"Intel Inside"商标印在售出的电脑包装上，那么他们将获得的回扣高达5%。可以说这种双管齐下的整合策略远远超出了一般广告运动的影响。它不仅极大地提高了英特尔的知名度，而且使英特尔的形象从单纯芯片制造商转变为一种质量领袖。当每一个下游电脑生产商在他的产品或者包装上标注"内有英特尔"（Intel Inside）标识时，实际上都在向消费者传输着这样一个信念：购买内有英特尔处理器的电脑，无论从技术含量和稳定性上都是一个深思熟虑的选择。这样英特尔通过这项整合运动，不但稳定了他和下游生产商、经销商的关系，而且也与消费者达成了一种默契，这些都直接反映到了他的品牌价值之上。

为了扩大这项活动的影响面，英特尔同时还花巨资开展了一个声势浩大的广告运动。它运用了电视、报纸以及大量的印刷广告等形式，并把"内有英特尔"（Intel Inside）设计成为一个有特色的商标，向整个社会集中宣传。这项计划从一开始广告预算就是每年一亿美元，其明显的结果是在短短18个月内，仅仅出于这项计划之下的"Intel Inside"广告，总量就高达90 000多则。如果把这些广告份数换算成曝光次数，据估计可能高达100亿次。根据调查，就在这短短18个月里，电脑的商业用户中，知道英特尔的人数从原来的46%骤然上升到80%，这个巨大的增长幅度相当于其他品牌数十年的努力结果。然而最重要的还不在于此，在英特尔的品牌价值也大幅度提升的同时，其市场份额也大幅提升。仅仅在1992年，即"Intel Inside"广告推出之后的一年，英特尔的全球销售额就增长了63%。就在采用英特尔处理器电脑风靡全球之时，那些因为没有采用英特尔处理器的电脑却必须折价出售。

这项持续的运动给英特尔带来了巨大的利益。在运动推广开始的1991年，英特尔公司的市值仅仅是100亿元。到10年后的2001年，它的市值增加了26倍，是2600亿元。2002年，国际品牌公司Interbrand根据权威调查进行评估，美国《商业周刊》（Business Week）评选出年度最有价值的"全球品牌100强"（Top 100 Global Brands），英特尔的品牌价值为306亿美元，居于可口可乐（696亿美元）、微软（640亿美元）、IBM（512亿美元）和通用电器（413亿美元）之后，名列全球最有价值品牌第五位。

在"内有英特尔"（Intel Inside）活动之后，它的整合营销传播活动一直没有停止。几乎在后来的每一次战略性营销中，英特尔都在强化着自己的品牌，从"英特尔有颗奔腾的心"，到"英特尔无处不在"（Intel Everywhere）。正如英特尔首席执行官克雷格·巴雷特（Craig Barrett）所说的那样，公司将积极寻找 PC（个人电脑）之外的商业机会。也许未来英特尔的芯片将会出现在各种数字设备中，从手机到平面电视，再到便携式影视播放器和家庭无线网络甚至是诊断设备。如果这些新的市场能够进一步开发，它将为公司带来新的收益。而这一切都来自品牌的整合与创新。

"内有英特尔"（Intel Inside）是一个典型的整合营销传播活动。尽管在 1991 年整合营销传播还没有得到充分的认识，大家也没有意识到英特尔实际上所做的是一项地道的整合营销传播创举，但事实上它的操作过程却完整地体现了整合营销传播的精髓：通过一致性的信息传播突出了英特尔品牌，不仅巧妙地把自己从同类产品中区隔开来，而且使这种隐藏在电脑里面的部件跳出个人电脑的框架，进入到消费者的视野中。它不仅大大扩大了自己的市场，而且通过强化品牌增加了产品附加值，使消费者心服口服地愿意付出更多的价钱去购买它。在这项整合营销传播运动中，每一步都可以看出英特尔的精心设计。

其一是对品牌价值的确认。英特尔认识到，要想建立自己的竞争优势，必须强化品牌资源与营销链中的各个环节的稳定关系，尤其是得到个人电脑的终端用户认同，为此第一步是确立品牌商标。最初英特尔曾打算保护他的产品编号，使自己不再受到竞争对手的侵犯；但是这种试图把编号变为品牌商标的做法在联邦法院被驳回，最后那些"X86"编号只能是作为芯片发展水准的代名词。因此英特尔必须为自己创立一个商标，这个商标不仅能够使自己与其他产品区隔开来，而且还必须能够有效地实现一种品牌资源的整合。为此他创立了"Intel Inside"（内有英特尔）。这个商标的好处就在于它突出了英特尔品牌本身，同时又不仅仅是一个简单的区隔符号，还明确地传达了一种信念，包含了对营销价值链的整合意识。也就是说，这个商标的确立本身就是基于对市场以及未来开发策略的考虑。

其二是渠道和技术传播的有力推动。对此英特尔采取两个方面的策略：一方面通过营销渠道，实现多层级的渠道传播；另一方面借助渠道宣传，强化消费者对这种技术产品的认识。电脑微处理器是一个高技术性产品，它和电脑的其他许多组件一样，隐藏在电脑中，并没有真切被消费者感觉到。英特尔要求电脑生产商在自己的包装和说明中，特别强调"内有英特尔"（Intel Inside），这不仅突出了英特尔的品牌，而且也相应地强调了这个组件对电脑的重要性。而且渠道传播对于技术性产品具有特别的引导价值：当普通的电脑购买者冲着所谓"奔Ⅲ"、"奔Ⅳ"而来时，绝大部分的购买者并不十分清楚这个被称做"微处理器"的电脑部件的具体工作程序是怎样的，英特尔的微处理器与其他品牌又有什么不同。尽管不断有技术人员在解释，事实上还是有很多消费者依然不明白"微处理器"到底是什么东西。从消费者角度分析，一个简单的理由可能是：这些电脑制造商——如IBM、康柏等，他们花那么多钱做广告，告诉大家自己采用的是英特尔处理器，这些电脑公司显然不是笨蛋，这个被称做"微处理器"的东西一定很重要。

其三是媒体和各种接触点的整合。"Intel Inside"（内有英特尔）这个商标被完整地套用在各种营销传播活动中，英特尔一方面通过各种广告不断强化它，另一方面专门为它设计了公关、促销以及各种内外传播活动。可以说无论是生产商、渠道商、消费者、媒介、金融机构，还是股东和员工，对此的认识都十分清楚，并且统一各方面认识也有助于形成合力。这样英特尔就首先完成了操作层面上的整合，即有利于创造出"一种形象、一个声音"的整合形象，并且在此后的媒体策略中使之不断延伸，体现了整合营销传播的一致性原则。

当然，如果说英特尔的整合营销传播仅限于此，那只不过是形式意义上的整合。事实上英特尔所做的是整合营销传播从形式到本质的整合。正如舒尔茨教授所说的那样，这项计划跨越了多项传统的销售与营销范畴。①英特尔在这项活动中，尽量发展与电脑制造商、渠道商等各个方面的关系。通过优厚的激励措施，有效地保证了营销链中各个环节的利益平衡，并以此与相关利益者建立了良好的品牌关系。这种激励措施不仅体现在合作广告中，还体现在对整个下游环节的推动中。如果没有这些使生产商和渠道商完美结合的措施，英特尔的整合计划必然会大打折扣。因此直到今天，无论是在电脑制造、渠道商，还是在电脑消费者那里，英特尔的微处理器都占据着不可动摇的地位。

整合营销传播是一项综合性的战略运作，很多情况下它会超出单纯的营销或者传播范畴，比如实施整合营销传播涉及的组织层级和财务支持。从英特尔的案例中，这些都得到了良好处理。从内部来说，英特尔通过最高层的坚定决心，有效地把研究、生产、管理、物流整合起来，使每一个环节都成为对"Intel Inside"强大的支持因素，使整合营销传播不只是一个单纯的营销传播计划，而是一个关乎整个企业运营的品牌发展战略。最后，为了保证计划实施，英特尔提供了坚实的财务支持，在这项活动推进的 1991—1993 年间，英特尔为了建立品牌资产，耗资 5 亿美元进行市场推广。对于整个市场而言，推广的受益者不仅是英特尔，也不仅是电脑生产商和渠道商，更重要的还有消费者。当消费者从不同的传播渠道获得英特尔品牌信息时，便坚定不移地相信英特尔就是最好的微处理器品牌，并在购买中获得了相应的价值满足。因此，英特尔在创造品牌价值的同时也为消费者创造了消费价值。

资料来源：卫军英，http://dealer.yesky.com/college/42/11006042_2.shtml，2009-09-22，全球品牌网。

四、品牌三段——注意度

传播能不能引起媒体、公众、消费者的注意是关键。注意力经济时代，传播若不能引起注意，就等于无的放矢。但是在这其中，公众对品牌有一个反应过程，当品牌的传播逐步引起受众的注意并达到一定的程度时，才能量变引起质变，在冲动连锁反应后引起大规模的购买反应。所以，在此阶梯，品牌打造的重点是引起广大受众的眼球聚焦，上升品牌的注意度，激起受众的反应。

吸引眼球并不意味着成功。注意和好感是有很大区别的。在此期间要注意两个问题：其一，对传播度的把握。避免过度频繁的简单重复。其二，注意内容的科学化。单纯、生硬的内容在过度传播的状态下，只会起负面作用。比如恒源祥十二生肖拜年广告就是一个反面例子。

五、品牌四段——认知度

品牌认知度指消费者对品牌的知晓程度，是消费者对一个品牌的质量或特征的感性认识。

随着消费者对品牌的注意不断提高，对接触的该品牌产品有所了解，消费者开始关注品牌，但是从注意度到对产品的特性、功能、价值、特征有清楚的认识还有一个跳跃。当品牌被深入一层地了解，品牌的发展就又上升了一个阶梯，即品牌的认知阶段。

品牌认知的作用有：其一，提供购买的理由；其二，区别同类品牌；其三，影响产品的价格；其四，吸引流通渠道的兴趣。在此阶段，要注重建立品牌的大众性，提高大众对品牌的认知，综合运用广告、公关宣传、公关活动等宣传方式，加强与顾客的全方位的沟通。

六、品牌五段——知名度

品牌的知名度是品牌资产资源的重要组成部分之一，是形成品牌形象、打造成功品牌的先决条件。品牌知名度越高，消费者购买此品牌的可能性也越高，抵御竞争对手的能力也越强。当品牌达到这个段位时，消费者对之已经有了相当的品牌联想度，能够透过品牌联想到品牌形象。如果这一形象正是消费者所需的，他们便会通过购买满足需求。

七、品牌六段——畅销度

知名的产品并不一定畅销，而拥有畅销度的知名品牌是更高段位上的品牌。

品牌的畅销度是品牌生产力的反应，是营销网络是否健全科学的评价指标。如果说，知名度的建立更多是传播、广告、媒体炒作的功劳，畅销则更多地仰仗于产品价值、价格、通路、网络、方便性、服务等。因此，从知名度转化到畅销度就像从空中打击转化到地面进攻一样，还有太多工作要做。所以，打造品牌的同时，必须建立科学的营销网络，综合运用促销组合方式，在促进产品的营销时，将品牌信息传递给广大消费者，扩大、加深消费者对品牌文化及其内涵的了解。而当品牌越畅销，购买者越多，知名度就越会落到实处，同时反过来也会进一步增加认知度、知名度，从而形成正向反馈、良性循环。

八、品牌七段——满意度

满意度是指顾客接受产品和服务的实际感受与其期望值比较的程度。

很多品牌在畅销一时之后便销声匿迹，究其根本是没能够让消费者感到满意。消费者对品牌的需求有几个方面：①品质需求，包括使用性、适用性、使用寿命、安全性、经济性和美观等；②功能需求，包括主导功能、辅助功能和兼容功能等；③外延需求，包括服务需求、文化需求、品牌形象需求等；④价格需求，包括价位、价质比、价格弹性等。而这些都是构成消费者满意的必不可少的内容。

当消费者的满意度得以实现时，他们就会对品牌保持长时间的忠诚度，并且会对企业的绩效进行有力的宣传。反之，他们会慢慢的转移、远离品牌。

九、品牌八段——美誉度

品牌美誉度是品牌力的组成部分之一，它是市场中人们对某一品牌的好感和信任程度。

在市场经济日益发展的今天，品牌已经成为企业占领市场的制胜法宝。人们的生活变成了各种品牌构成的世界：电脑芯片使用的是英特尔，购买运动服装首选耐克，轿车追捧奔驰或者宝马，手机还是诺基亚和苹果比较受青睐……人们选择品牌的原因是因为人们信任品牌，品牌给人们带来了超越于产品本身的价值，购买者认为产品物有所值或得到了超值享受。

品牌的知名度可以通过广告宣传等途径来实现，而美誉度反映的则是消费者在综合自己的使用经验和所接触到的多种品牌信息后对品牌价值认定的程度，是消费者的心理感受，是形成消费者忠诚度的重要因素，它不能仅仅靠广告宣传来实现。很多优质品牌之所以能够获得很高的品牌美誉度，与其提供的产品和服务的高品质密不可分，而且是经过前面的品牌阶梯逐步累积而成的。所以，当品牌拥有很高的美誉度时，说明它在消费者中已经有了较好的口碑，那么，更需要每时每刻以消费者为核心，维护并提高品牌的美誉度。

十、品牌九段——忠诚度

品牌忠诚是指消费者对某一企业的品牌形成偏爱并长期重复购买该企业产品或服务的倾向，是品牌资产中的最重要部分，也是以上各阶梯成绩的累积体现。消费者的品牌忠诚一旦形成，就很难受到其他竞争品牌产品的影响。忠诚度是企业竞争优势的主要来源。

值得注意的是，需要区分满意与忠诚的概念。真正的顾客忠诚度是一种思想行为，而顾客满意度只是一种情感态度。满意度的不断增加并不代表顾客的忠诚度也在增加。调查显示，即使满意度评分达到了 70 以上，依然还会有 65% ~ 85% 的顾客可能选择竞争对手的产品或服务。两者的区别在于：企业提供的可使顾客满意的产品（服务）质量标准是在顾客的期望范围之内，顾客认为你是应该或者可以提供的，英文中用 desired（渴望的）表示；而可提高顾客忠诚度的产品（服务）质量标准是超出顾客想象范围、令顾客感到吃惊、兴奋的服务，英文用 excited（兴奋的）表示。然而，两者又有必然的联系。满意度是忠诚度的基础，如果没有满意度作为保障，企业不可能提升忠诚度。可以说，服务满意度提升是企业创建品牌及维系提升忠诚度的必由之路。

忠诚度是顾客忠诚的量，一般可运用三个主要指标来衡量，分别是：整体的顾客满意度、重复购买的概率、推荐给他人的可能性。

十一、品牌十段——跟从度

当一个品牌拥有广泛的品牌跟从度，表明它是一个成功的品牌，就如同被广大群众崇拜喜爱并追随的明星一样，有很好的市场势力范围和发展潜力，可谓达到了品牌营销的最高境界。在这个段位上，该品牌已经处于市场上的领先地位，品牌所有拥有的资源已经成为经济效益的重要源泉。达到这个段位的品牌，所考虑的主要是巩固和保持自己的品牌地位。品牌做到这样的程度已不仅仅是为了利润，而是在做一种文化、一种艺术。

总的来说，品牌只是简单的两个字，但它的养成却是一个长期繁复的巨大工程，是一步一步依循品牌阶梯，经过企业多方面的努力，层层递升、综合累积的，需要经过十段位的层层锻造、逐步升华，最终达到成功，从而为企业的发展壮大建立起巨大的无形资产。

思考题

1. 品牌联想对于品牌资产塑造有什么意义？
2. 建设品牌最重要的是建立知名度吗？
3. 品牌形象是企业塑造的吗？
4. 维珍集团的发展，其根本原因在于什么？

参考文献

[1] 张树庭，吕艳丹. 有效的品牌传播 [M]. 北京：中国传媒大学出版社，2008.

[2] 吉尔·格里芬. 抓住顾客心（如何培养维系忠诚的顾客）[M]. 王秀华，译. 广州：中山大学出版社，2000.

[3] 祁定江. 口碑营销：用别人的嘴树自己的品牌 [M]. 北京：中国经济出版社，2008.

[4] David A. Aaker. Building Strong Brands [M]. New York：Free Press，1996.

[5] 祝合良. 品牌创建与管理 [M]. 北京：首都经济贸易大学出版社，2007.

[6] 李克琴，喻建良. 品牌忠诚分类研究 [J]. 湖南大学学报：社会科学版，2002 16（3）.

[7] 晁钢令. 市场营销学 [M]. 3版. 上海：上海财经大学出版社出版，2008.

[8] 邓肯. 整合营销传播：利用广告和促销建树品牌 [M]. 周洁如，译. 北京：中国财政经济出版社，2004.

[9] 舒尔茨，等. 整合营销传播：创造企业价值的五大关键步骤 [M]. 北京：中国财政经济出版社，2005.